高等职业教育"十三五"规划教材

www.jswsedu.com
立体化教材

工商管理专业系列

企业管理实务

主编◎吕艺高　张凌燕

QIYE GUANLI SHIWU

北京师范大学出版集团
BEIJING NORMAL UNIVERSITY PUBLISHING GROUP
北京师范大学出版社

图书在版编目(CIP)数据

企业管理实务/吕艺高,张凌燕主编. —北京:北京师范大学
出版社,2019.1
(高等职业教育"十三五"规划教材. 工商管理专业系列)
ISBN 978-7-303-24027-2

Ⅰ.①企… Ⅱ.①吕… ②张… Ⅲ.①企业管理—高等职业
教育—教材 Ⅳ.①F272

中国版本图书馆 CIP 数据核字(2018)第 182416 号

营 销 中 心 电 话	010-62978190　62979006
北师大出版社社科技与经管分社	www.jswsbook.com
电 子 信 箱	jswsbook@163.com

QIYE GUANLI SHIWU

出版发行:北京师范大学出版社　www.bnup.com
　　　　　北京市海淀区新街口外大街 19 号
　　　　　邮政编码:100875
印　　刷:保定市中画美凯印刷有限公司
经　　销:全国新华书店
开　　本:730 mm×980 mm　1/16
印　　张:16.25
字　　数:360 千字
版　　次:2018 年 9 月第 1 版
印　　次:2019 年 1 月第 2 次印刷
定　　价:42.00 元

策划编辑:张自然　　　　责任编辑:张自然
美术编辑:刘 超　　　　装帧设计:刘 超
责任校对:赵非非　黄 华　责任印制:赵非非

前　　言

　　本书是在对管理理论深入理解的基础上，参阅使用了国内外企业管理的教科书和管理学科的研究成果编纂而成。

　　本书本着简洁、实用的指导思想来编写，在注重讲述理论知识的同时，引入了大量贴近企业实战的案例，便于读者对企业管理相关知识的理解和掌握。

　　本书重点阐释了管理学的基本理论和企业管理要素理论，主要涵盖的内容包括管理学基础、管理职能、人力资源管理、财务管理、生产管理、质量管理、营销管理、企业管理创新等。为利于加深理解，把握理论，本书引用诸多泉州民营企业的案例。

　　管理学基础及管理职能是企业管理的重要前提基础，没有这个基础，企业管理很难达到效益最大化，故而把管理学基础及管理职能放在前两章。其中管理思想部分输入了东方管理的精华——儒、道、法、墨等家管理思想，为管理学基础平添了一些光彩。管理的实质是管人，人是企业管理最具活力的要素。人管好了，一切问题都会迎刃而解，人没管好，则问题百出、矛盾重重、效益低下，故而把人力资源管理放在第三章，本章充分展示了人力资源管理的六大模块。然后就是企业管理的另一要素"财"，第四章财务管理主要阐释了筹资、投资、资金运营、利润及其分配等财务活动，另外，亦把财务关系作为必要内容进行编纂。有了资源还远远不够，还必须开展生产经营活动，故第五、六章则把产销作为重点而辑入。质量管理是企业管理的重要一环，尤其生产的产品，必须在质量上下功夫，否则假冒伪劣就会充斥市场。创新是企业的生命，企业要发展、要强大就必须创新，而管理创新是企业竞争力之所在，故最后一章详述了企业创新。

　　编纂本书的思想：主要是为了适应高职高专的工商管理、企业管理、人力资源管理等专业的用书需求。

　　绿色，无污染，乃当今人类所共祈盼。而教材（教科书）亦需如此。21世纪以来，我们的高校教材尤其是高职教材，往往充斥着教案、参考书等内容和体例。众所周知，教材不是教案，亦非参考书，那么应该逐步把教案、参考书式教材修正过来，故而，回归本源、彰显绿色乃本教材编写的初衷。

　　本书特色有三：绿色无染、中西合璧、海丝案例。只要展卷，特点自然凸显。尤其东方管理内容，彰显表达了具有悠久历史的中国管理思想，如：人为中心、正己正人、中庸和谐的儒家管理；道为中心、上善若水、无为而治的道家管理；法为中心、法术势合、以法治国、以势立威的法家管理；运筹帷幄、预测判断、战略决策、识人用人，沟通纳谏、考核察鉴等管理思想。

  本书编写组由来自福建省泉州市黎明职业大学经济管理学院的五位教师组成。其中，第一、二、三章由吕艺高教授编写，第四章由颜秀春教授编写，第五、六章由张雅彦副教授编写，第七章由张凌燕讲师编写，第八章由周仕平副教授编写。最后由张凌燕讲师统稿。

  经过老师们的辛勤劳作，回归绿色，博采众长，选萃撷英，汇成此书，以飨学子。如有纰漏，不吝赐教。

吕艺高

2018-3-28

目　录

第一章
管理学基础

【案例导入】

内守外放　处下争上

"内守外放"是指内心深处守住一些最为传统的美德和行为标准，而在企业发展上秉持开放包容的姿态。"处下争上"更多指的是低调务实。在福建就有这样一家企业。

在福建省东南沿海的一个小渔村，有这样一家企业，是国内知名的家庭生活用品企业，在全国拥有 40 余家独立法人公司，拥有固定资产 200 多亿元，生产和销售网络遍布全国：三大主导产品——七度空间/安尔乐/安乐卫生巾、安儿乐婴儿纸尿裤、心相印纸品，其市场占有率连年居全国同行前茅。这就是位于晋江市安海镇的福建恒安集团有限公司。

1985 年恒安实业有限公司创立，这是全国最早生产卫生巾产品的企业之一，主要产品为"安乐"卫生巾。历经创业后两年的艰辛，"安乐"卫生巾打入上海市场，不久进入全国市场，受到国内女性同胞的广泛欢迎。恒安于 1990 年开始引进先进设备，自行配套生产部分原辅材料。1991 年安乐"卫生巾一枝独秀，占据全国卫生巾市场 40％的市场份额。在"安乐"成功占据半壁江山时，恒安并未被成功冲昏头脑，相反，恒安在产品最火的时候就看到了危机，并对产品进行了更新换代，提前破局。

那是在 1992 年，当时的恒安在国内已经打着灯笼也找不到对手了。产品火到有人包里同时装着现金和刀子来抢购。但是许连捷却忧心忡忡，他认为：任何一个行业，当生意太好做的时候，都不是好事——有钱谁不会去做？大家都看好这个行业都来做，行业的利润末日就到了。

而随后一次随福建省商会到马来西亚参展的机会，更让许连捷震惊不已，并且推动了恒安的产品革命。当时，许连捷带了两箱"安乐"作为参展产品，到那儿一看，这个档次的卫生巾是发达国家要淘汰的产品，别人早就不生产了，两箱第一代产品——长条的"安乐"始终没敢拿出来露面，最后还是私下送了人。

在参展之前，恒安原准备从日本一家很大的公司购进生产第二代产品——弧形超薄卫生巾的设备，在参展之后，许连捷认为，竞争对手的产品已经是第三代——有翅膀，会"飞"的护翼卫生巾了，如果恒安再引进第二代就已经迟了。因此，他力主从日本直接引进最先进的第三代生产设备，生产应用热风无纺布、流延薄膜的护翼卫生巾。尽管这种生产线比普通生产线要贵 5 倍，恒安要多花一亿多元，但当时国内根本没有护翼产品，这样"安尔乐"护翼卫生巾上市时，在国内完全是一枝独秀，有力地巩固了恒安的市场领导地位。

　　在晋江安海镇最为气派的酒店里，许连捷的主餐也离不开豆豉和地瓜粥。这位身家巨万的大老板，用言传身教的方式，恪守社会和企业优秀朴实的传统文化理念。

　　恒安很早之前定的很多制度直到现在都没有改变，比如招待客人不能去唱KTV，不准去娱乐性场所，这条规矩从1988年就开始了。谈到这条规定的初衷，许连捷说："如果去娱乐场所可以报销，我们的员工都会堕落。去泡吧谁不喜欢？如果客人没想到，员工都会主动提醒要不要陪你去。"这点不仅员工遵守，还影响了许连捷的儿子。许连捷的儿子有时也会被同学或朋友邀请去KTV等。他也从没告诉过儿子们不要去，但儿子们却不会去，因为他们知道许连捷不喜欢。也许，这就是"榜样"的力量。

　　1988年，恒安还制订了"公车私用"的制度，不论是谁，如果公车私用，1千米交两元钱，起步是30元钱。许连捷第一个交钱，从公司开到后林5千米，这个制度也是到现在都没打破。1993年的时候，华侨大学一个工商管理系的主任曾到恒安来调研了三天，临走跟许连捷说了一句话："你们比共产党还共产党！"

　　恒安的原始股东多，但是第一管理者都执行了，底下的股东就很服气，制度能够执行到位。但凡制度一健全，一透明，一公开，就没有了猫腻。用许连捷的话说，就是："我们定了制度一个字就是一个字，谁也不能违背，这才叫制度，如果写在纸上不执行那叫'纸度'，企业文化逐步这样形成。"

　　尽管对内略显传统甚至有些"古板"，但在企业发展上恒安往往秉持特别开放包容的姿态。

　　比如，2001年，恒安不惜签下1000万美元的咨询合同，请汤姆斯集团来进行第一次管理改革。汤姆斯的第一刀，就"砍"到了许连捷的头上。因为许连捷开会时打断下属讲话，汤姆逊的专家要求他在恒安的内部刊物上向全体员工道歉。许连捷道了歉，白纸黑字——而且平常只印2000多份的内刊那一期印了4000份。恒安的"自我革命"，就这样从一把手开始拉开了序幕。许连捷说："我可以肯定地说，我们的钱没有白花。"尽管汤姆斯提前终止了合同，但5年后恒安的税后销售额、税后利润和人均贡献率三项指标都超过了汤姆斯集团制定的三年实现增长4倍的目标。

　　低调务实的许连捷，做的是最传统的产业，却做成了市值700亿的产业，其竞争力却连跨国公司宝洁都无可奈何。

　　思考：谈谈恒安的成功要素。

第一节　管理与管理系统

一、管理的必然性与重要性

(一)管理是共同劳动的产物

　　共同劳动是一种多人之间的协作行为。在多个人进行集体劳动的条件下，为使劳动有序进行，获取劳动成果，就必须进行组织与协调，这就是管理。共同劳动的效率与效益取决于管理。共同劳动是一种多人之间的协作行为。群体协作需要协调与指挥——管理。共同劳动的效率与效益取决于管理。

(二)管理是现代社会极为重要的社会机能

管理在社会化大生产条件下得到强化和发展。社会化大生产，关系复杂，协作紧密，管理的重要性日益增强。管理广泛适用于社会的一切领域。小到我们的班级和寝室，大到一个国家，都需要管理，并对其绩效产生极为重要的作用。管理已成为现代社会极为重要的社会机能。

(三)管理是一切组织与事业成功的关键要素

管理的核心是人，而人是一切组织与事业成功的决定性要素。管理是成就事业最重要的宝贵资源。特点：①潜在性，管理只有通过一定载体才能表现出来的；②广泛性，无时无处不在；③经济性，不要或少要投资就能带来巨大的效益；④无限性，管理的潜力是取之不尽，用之不竭的。管理的关键作用已通过大量组织与事业的事例所证明。

(四)管理是管理专业大学生最基本的职业生存能力

管理是管理专业大学生业务素质结构中最基本的构成部分。管理是管理专业大学生未来职业生涯的关键能力，是一种职业生存力。管理将与管理专业大学生结下终生不解之缘，管理将伴你终生成长与发展。

二、管理的概念

(一)管理定义的多样化

管理学者们对管理的定义做了大量的研究，并从不同的角度和侧重点，提出了大量的关于管理的定义。

(1)泰勒的定义：管理是一门怎样建立目标，然后用最好的方法经过他人的努力来达到的艺术。

(2)法约尔的定义：管理就是计划，组织，控制，指挥，协调。

(3)西蒙的定义：管理就是决策。

(4)马克斯·韦伯的定义：管理就是协调活动。

(5)美国管理协会的定义：管理是通过他人的努力来达到目标。

归纳：①强调作业过程，管理是计划、组织、领导、控制的过程；②强调管理的核心环节，管理就是决策；③强调对人的管理，管理就是通过其他人把事办好；④强调管理者个人作用，管理就是领导；⑤强调管理的本质，管理就是协调。

(二)本章定义

管理，就是通过计划、组织、领导和控制，协调以人为中心的组织资源与职能活动，以有效实现目标的社会活动。

理解要点：①管理的目的是有效实现目标。②实现目标的手段是计划、组织、领导和控制。③管理的本质是协调。④管理的对象是以人为中心的组织资源与职能活动。管理，最重要的是对人的管理。

三、管理系统与管理职能

(一)管理系统

(1)管理系统管理系统，是指由相互联系、相互作用的若干要素或子系统，按照管理的整体功能和目标结合而成的有机整体。

关于管理系统的理解：①管理系统是由若干要素构成的，这些要素可以被看作管理系统的子系统；而且这些要素之间是相互联系、相互作用的。②管理系统是一个层次结构。其内部划分成若干子系统，并组成有序结构；而对外，任何管理系统又成为更大社会管理系统的子系统。③管理系统是整体的，发挥着整体功能，即其存在的价值在于其管理功效的大小。而任何一个子系统都必须是为实现管理的整体功能和目标服务的。

（2）管理系统的构成管理系统一般由以下要素构成：①管理目标；②管理主体；③管理对象；④管理机制与方法；⑤管理环境。

（二）管理职能

1. 含义与内容

（1）管理职能的含义。管理职能是管理者实施管理的功能或程序，即管理者在实施管理中所体现出的具体作用及实施程序或过程。

（2）管理职能的内容。管理学界普遍接受的观点是，管理职能包括计划、组织、领导和控制。

2. 四大管理职能

（1）计划职能是指管理者为实现组织目标对工作所进行的筹划活动。

（2）组织职能是管理者为实现组织目标而建立与协调组织结构的工作过程。

（3）领导职能是指管理者指挥、激励下级，以有效实现组织目标的行为。

（4）控制职能是指管理者为保证实际工作与目标一致而进行的活动。

3. 管理职能之间的关系

一方面，在管理实践中，计划、组织、领导和控制职能一般是顺序履行的，即先要执行计划职能，然后是组织、领导职能，最后是控制职能。但另一方面，上述顺序不是绝对的，在实际管理中这四大职能又是相互融合、相互交叉的。

4. 管理职能的普遍性与差异性

原则上讲，各级各类管理者的管理职能具有共同性，都在执行计划、组织、领导、控制四大职能；但同时，不同层次、不同级别的管理者执行这四大职能时的侧重点与具体内容又是各不相同的（见图1-1）。

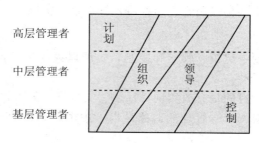

图1-1 不同层次管理者的管理职能关注重点

【案例】

雅戈尔的西服等产品一度占据国内市场份额老大的位置，在本土品牌七匹狼、美邦服饰和H&M、ZARA、优衣库等跨国品牌的围攻下，雅戈尔的服装业务在利润率、业务成长速度等方面并不尽如人意。2009 年，雅戈尔服装业务单元收入 55.27 亿元，比上年减少 4 亿元。

面对竞争不利的局势，雅戈尔将单一品牌扩展为 5 个品牌，该公司董事长李如成说："雅戈尔这个品牌原来定位太宽，农民工、教授都可以穿，现在扩展为 5 个品牌，面向不同的消费群体。"

在服装业务的利润率上，以雅戈尔的主打产品衬衫为例，2006 年收入 8.7 亿元，2009 年达到 24.63 亿元，增幅显著，但是营业利润率则从 2006 年的 50.23% 下滑至 2009 年的 29.37%。与之相对比，七匹狼的衬衫毛利率 2006 年为 33.45%，2008 年为 36.04%。对于利润率下降的现象，雅戈尔董事长李如成的解释是，因为 2008 年收购了新马服装集团（香港）有限公司和新马服装国际（香港）有限公司，而新马集团主要是服装外贸业务，利润率较低，因此整个雅戈尔服装业务的利润率也被拖低。

李如成认为，此次将一个品牌细分为 5 个品牌，目的之一就是提升雅戈尔服装的利润率，从世界最大的服装工厂向世界级的品牌企业转型。

中国纺织工业联合会原会长杜钰洲表示："国内消费者对服装的需求日益多样，服装企业必须对消费者的需求进行细分，哪怕只有 1000 人买这款产品，如果这部分消费者有足够的消费实力，并且重复购买，也能找到生存的空间，这样服装品牌企业才能做大做强。"

思考：环境条件如何倒逼企业的转型？

第二节 管理主体——管理者

一、管理者

(一)管理者的概念

(1)关于管理者的传统观点。传统的观点，认为管理者是运用职位、权力，对人进行统驭和指挥的人。

(2)关于管理者的现代观点。德鲁克认为：在一个现代的组织里，每一个知识工作者如果能够由于他们的职位和知识，对组织负有贡献的责任，因而能够实质性地影响该组织经营及达成成果的能力者，即为管理者。

(3)本书管理者的定义：管理者是指履行管理职能，对实现组织目标负有贡献责任的人。

(二)管理者的类型

1. 按管理层次划分

(1)高层管理者：负责制定企业的现行政策，并计划未来的发展方向。

(2)中层管理者：执行企业组织政策，指挥一线管理人员或操作人员工作。

(3)基层管理者：一般只限于督导操作人员的工作，不会指挥其他管理人员。

2. 按管理工作的性质与领域划分

(1)综合管理者：负责整个组织或其所属单位的全面管理工作的管理人员。

（2）职能管理者：指在组织内只负责某种职能的管理人员。

3. 按职权关系的性质划分

（1）直线管理人员：指有权对下级进行直接指挥的管理者。

（2）参谋人员：指对上级提供咨询、建议，对下级进行专业指导的管理者。

二、管理者的素质

（一）管理者素质的内涵

管理者的素质是指管理者的与管理相关的内在基本属性与质量。管理者的素质主要表现为品德、知识、能力与身心条件。

（二）管理者素质的外延

1. 思想文化素质

这是指管理者的政治思想修养水平和文化基础，包括政治坚定性、敏感性；事业心、责任感；思想境界与品德情操；人文修养与广博的文化知识等。

2. 业务素质

这是指管理者在所从事工作领域内的知识与能力，分为一般业务素质和专门业务素质。这是作为管理者很重要的考虑。

3. 技能素质

罗伯特·卡茨认为，有效的管理者应当具备三种基本技能：技术（technical）技能、人际（human）技能和概念（conceptual）技能。

（1）技术技能——指使用某一专业领域内有关的工作程序、技术和知识来完成组织任务的能力。包括专业知识、经验；技术、技巧；程序、方法、操作与工具运用熟练程度。如工程师、会计、技术员等。技术技能强调内行领导。

（2）人际技能——指与处理人际关系有关的技能。如观察人、理解人、掌握人的心理规律的能力；人际交往，融洽相处，与人沟通的能力；了解并满足下属需要，进行有效激励的能力；善于团结他人，增强向心力、凝聚力的能力等。

（3）概念技能（构想技能）——指能够洞察企业与环境相互影响的复杂性，并在此基础上加以分析、判断、抽象、概括，并迅速作出决断的能力。它是指管理者观察、理解和处理各种全局性的复杂关系的抽象能力。包括：对复杂环境和管理问题的观察、分析能力；对全局性的、战略性的、长远性的重大问题处理与决断的能力；对突发性紧急处境的应变能力等。其核心是一种观察力和思维力。

三种技能在不同管理层次中的要求不同，概念技能由高层向低层重要性逐步递减；技术技能由高层向低层重要性逐步增加；人际技能处于中间位置，高中低层管理者都需要。各层次管理者对技能需要的比例见图1-2。

4. 身心素质

身心素质是指管理者本人的身体状况与心理条件。健康的身体；坚强的意志；开朗、乐观的性格；广泛而健康的兴趣等。

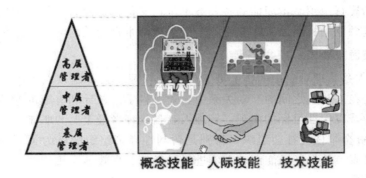

图 1-2　不同层次管理者管理技能需要比例

(三)创新素质

1. 创新是现代管理者素质的核心

在社会化大生产不断发展、市场竞争日趋激烈、知识经济已见端倪的今天，时代对管理者素质提出了严峻的挑战。在当今时代进行有效而成功的管理，最重要的管理者素质就是创新。创新是现代管理者素质的核心。

2. 创新素质主要体现

(1)创新意识。管理者要树立创新观念，要真正认识到创新对组织生存与发展的决定性意义，并在管理实践中，事事、时时、处处坚持创新，要有强烈的创新意识。

(2)创新精神。这是涉及创新态度和勇气的问题。管理者在工作实践中，不但要想到创新，更要敢于创新。要有勇于突破常规、求新寻异、敢为天下先的大无畏精神。

(3)创新思维。不但要敢于创新，还要善于通过科学的创新思维来完成创新构思。没有创造性思维，不掌握越轨思维的方法与技巧，不采用科学可行的创造性技法，是很难实现管理上的突破与创新的。

(4)创新能力。在管理实践中，促使创新完成的能力是由相关的知识、经验、技能与创造性思维综合形成的。

第三节　管理客体——管理对象与管理环境

一、管理对象

(一)管理对象的概念

(1)管理对象的内涵——管理者为实现管理目标，通过管理行为作用其上的客体。

(2)管理对象的外延——管理的对象应包括各类社会组织及其构成要素与职能活动。

(二)组织的形态

(1)社会组织，是指为达到特定目的，完成特定任务而结合在一起的人的群体。

按组织的社会功能性质划分：政治组织经济组织、文化组织、宗教组织、军事组织其他社会组织。

(2)社会组织内部的单位或部门，指在各种社会组织(独立法人)内部设置的各种单位或部门，既包括履行组织基本职能的各业务单位，又包括行使各种管理和服务职能的各种部门。它们不是独立的社会法人，只是社会组织内部半自治性的群体或组织。

（三）管理资源或要素

（1）人员。人是管理对象中的核心要素，所有管理要素都是以人为中心存在和发挥作用的。管理者要在人与人之间的互动关系中，通过科学的领导和有效的激励，最大限度地调动人的积极性，以保证目标的实现。管理人，是管理者最重要的职能。

（2）资金。资金是任何社会组织，特别是营利性经济组织的极为重要的资源，是管理对象的关键性要素。要保证职能活动正常进行，经济、高效地实现组织目标，就必须对资金进行科学的管理。

（3）物资设备。物资设备是社会组织开展职能活动，实现目标的物质条件与保证。通过科学的管理，充分发挥物资设备的作用，也是管理者的一项经常性工作。

（4）时间。时间是组织的一种流动形态的资源，也是重要的管理要素。管理者必须重视对时间的管理，真正树立"时间就是金钱"的意识，科学地运筹时间，提高效率。

（5）信息。在信息社会的今天，信息已成为极为重要的管理对象。现代管理者，特别是高层管理者，已越来越多地不再直接接触事物本身，而是同事物的信息打交道。信息既是组织运行、实施管理的必要手段，又是一种能带来效益的资源。管理者必须高度重视，并科学地管理好信息。

职能活动管理是使组织实现目标的过程效率化、效益化的行为，因此，最经常、最大量的管理对象是社会组织实现基本职能的各种活动。管理的功效，主要体现在组织的各种职能活动在管理的作用下更有秩序、更有效率、更有效益。管理者正是在对各种活动进行筹划、组织、协调和控制。

二、管理环境

（一）管理与环境

1. 管理环境的含义

管理环境，是指存在于社会组织内部与外部的、影响管理实施和管理功效的各种力量、条件和因素的总和。

2. 管理环境的分类

（1）按存在于社会组织的内外范围划分，可分为内部环境和外部环境。

（2）组织的外部环境还可以进一步划分为一般环境和任务环境。

3. 管理与环境的关系

管理与所处的环境（主要指外部环境）存在着相互依存、相互影响的三种关系。

（1）对应关系。以一家企业为例，社会上的环境可以划分为经济、技术和社会三大环境，那么，企业内部就与之相对应，存在着经营、作业和人际关系三大管理领域。

（2）交换关系。组织与环境之间不断地进行着物质、能量和信息的交换。例如，一家生产企业，从市场上搜集情报信息，并购进原材料；再将加工完的产品到市场上销售，并通过广告等形式向社会广泛传递有关产品的信息，而组织、协调和控制这些活动的管理行为，也必然同环境之间存在交换关系。

（3）影响关系。首先，组织的管理受外部环境的决定与制约；但同时，组织的管理也会反作用于外部环境。两者之间存在着极为密切的决定、影响和制约关系。

（二）环境对管理的影响

1. 经济环境的影响

经济环境与管理的关系是最为直接的，对管理的影响也是最大的。经济环境对组织管理的影响主要表现在以下几方面：①经济物质资源。②国家的经济制度与经济体制。③社会的经济规模与发展水平。④市场供求与竞争。⑤国民收入与消费水平。

2. 技术环境的影响

社会组织的技术环境，主要指组织所在国家或地区的技术进步状况，以及相应的技术条件、技术政策和技术发展的动向与潜力等。技术水平、技术条件、技术过程的变化，必然引发管理思想、管理方式与方法的更新。

3. 政治环境

政治环境包括国际、国内及本地区的政治制度、政治形势、政策法规等。政治形势的状况及变动趋势，关系到社会的稳定，这直接关系到社会组织的运行与管理。国家的政策，关系到资源状况、居民的收入水平、消费与市场需要、企业内部制度与政策以及人员心理等，这些对组织的管理均有重要的影响作用。

4. 社会与心理环境

社会与心理环境主要指组织所在地的人口、教育、生活习俗、风气、道德、价值观念，以及社区成员的各种心理状况等。由于社会组织是由人组成的，而且，人既是管理者又是管理对象，这就决定了社会组织及其管理离不开人与人之间的关系，离不开人们的社会心理因素。

（三）环境管理

（1）了解与认识环境。管理者要能动地适应环境，首先要了解、认识环境，这是环境管理的基础。管理者要把对环境的了解与掌握纳入重要管理事项。要通过各种渠道搜集有关环境的信息，掌握关于环境的各种因素与变量，把握环境发展变化的趋势与规律。对各种环境变量做到心中有数，始终保持对环境的动态监视与整体把握。

（2）分析与评估环境。在掌握组织环境大量信息，对组织环境充分了解的基础上，要对各种环境因素进行深入的分析与评估。要划分与确定环境因素的类型，确定环境对组织与管理影响的领域、性质及程度的大小。例如，根据一些因素与组织之间的联系，将环境区分为一般环境和任务环境；还可以根据环境的变化程度，将组织所面临的环境分为稳定环境和动态环境两类。

（3）主动地适应环境。在对环境科学评估、正确分类的基础上，要研究与选择对待不同环境的办法。

第四节　管理作用方式——管理机制与管理方法

【案例】

泉州市的民营企业数量庞大，20世纪就出现了集资创办的家庭小企业，到改革开放时期已经有家庭小企业 5000 多家。据不完整统计，泉州现有食品饮料工业企业约 5000 家，服装企业超过 1000 家，石材企业超过 3000 家，这些企业基本上是家族企业，他们支撑着泉州经济的半壁江山。

虽然泉州企业发展迅速，规模不断扩大，但在企业的管理方面也存在一些问题。

1. 经营权和所有权界定不清

创业初期，企业资金和劳动力欠缺，吸纳家族人员和家庭资本是家族企业的共同做法，对产权的界定更是混乱，很多企业的第一大股东直接或间接的实际控制份额在一半以上，有的甚至达到 90%。内部产权利益分配存在差异，比较混乱。

2. 薪酬管理机制不完善

泉州的中小型家族企业没有完善的管理机制，具有很强的主观性和随意性，缺乏激励性。外来人员薪酬较低这就造成了员工心理的不平衡，引起团队惰性或者以消极的态度应对工作的现象。

3. 财务管理水平低下

(1) 财务管理意识不强。泉州家族企业的创办人大多是城镇个体户和农村专业户等人员，他们因个人能力有限，根本无法掌握现代化的经营管理理念。

(2) 企业融资渠道狭窄，融资成本高。内源融资成为泉州家族企业的主要融资方式。尽管民间借贷不受法律保护，但这种方式却成为了企业外源融资的主要方式。造成了企业融资渠道狭窄、成本高。

思考： 论述泉州家族企业管理出现问题的原因。

一、管理机制

(一)管理机制的含义与特征

(1) 管理机制的含义。所谓管理机制，是指管理系统的结构及其运行机理。

(2) 管理机制的特征。①客观性；②自动性；③可调性。

(3) 管理机制的重要性。管理机制是决定管理功效的核心问题。

(二)管理机制的构成

(1) 管理机制以客观规律为依据。

(2) 管理机制以管理结构为基础和载体。一个组织的管理结构主要包括以下方面：①组织功能与目标；②组织的基本构成方式；③组织结构；④环境结构。

明确管理者在管理中存在何种管理关系，采取何种管理行动，达到的管理效果如何，归根结底，是由管理机制决定的。

(3) 管理机制本质上是管理系统的内在联系、功能及运行原理。主要包括运行机制、动力机制和约束机制。

(三)运行机制

(1) 运行机制的含义。运行机制主要指组织基本职能的活动方式、系统功能和运行原理。

(2) 运行机制的普遍性。任何组织，大到一个国家，小到一个企业、单位、部门，都有其特定的运行机制。

(四)动力机制

(1)动力机制的含义。动力机制是指管理系统动力的产生与运作的机理。

(2)动力机制的构成。动力机制主要由以下三方面构成：①利益驱动：人们会在物质利益的吸引下，采取有助于组织功能实现的行动，从而有效推动整个系统的运行。是由经济规律决定的。②政令推动：管理者凭借行政权威，强制性地要求被管理者采取有助于组织功能实现的行动，以此推动整个系统的运行。③社会心理推动：管理者利用各种管理手段或措施，对被管理者进行富有成效的教育和激励，以调动其积极性，使其自觉自愿地努力实现组织目标。是由社会与心理规律决定的。

(五)约束机制

(1)约束机制的含义。约束机制是指对管理系统行为进行限定与修正的功能与机理。

(2)约束因素。约束机制主要包括以下几个约束因素：①权力约束。权力约束是双向的。一方面，利用权力对系统运行进行约束；另一方面，要对权力的拥有与运用进行约束，以保证正确地使用权力。失去约束的权力是危险的权力。②利益约束。利益约束是约束机制极为有效的组成部分，故常被称为"硬约束"。利益约束也是双向的。一方面，以物质利益为手段，对运行过程施加影响，奖励有助目标实现的行为，惩罚偏离目标的行为；另一方面，对运行过程中的利益因素加以约束，其中突出地表现为对分配过程的约束。③责任约束。主要指通过明确相关系统及人员的责任，来限定或修正系统的行为。例如，明确规定企业法人代表对国有资产保值、增值负有的责任，并加以量化和指标化。④社会心理约束。这主要是指运用教育、激励和社会舆论、道德与价值观等手段，对管理者及有关人员的行为进行约束。

二、管理方法

(一)管理方法的含义与分类

(1)管理方法的含义。管理方法是指管理者为实现组织目标，组织和协调管理要素的工作方式、途径或手段。

(2)管理方法的分类。①按作用的原理分：经济方法、行政方法、法律方法和社会心理学方法；②按方法的定量化程度分：定性管理方法和定量管理方法；③按运用技术的性质分：管理的软方法(指主要靠管理者主观决断能力的方法)和硬方法(主要指靠计算机、数学模型等的数理方法)；④按管理对象的范围分：宏观管理方法、中观管理方法和微观管理方法；⑤按方法所应用的社会领域分：经济管理方法、政治管理方法、文化管理方法、军事管理方法；⑥按管理对象的类型分：人事管理方法、财物管理方法、物资管理方法、时间管理方法和信息管理方法。

(3)企业管理方法的现代化。要提高管理方法的效能，就必须实现管理的四化：①实现管理方法的科学化；②实现管理方法的最优化；③管理方法的文明化；④管理手段的现代化。

（二）四大常用方法

1. 经济方法

经济方法是指依靠利益驱动，利用经济手段，通过调节和影响被管理者物质需要而促进管理目标实现的方法，如价格、税收、信贷、经济核算、利润、工资、奖金、罚款、定额管理、经营责任制。

2. 行政方法

行政方法是指借靠行政权威，借助行政手段，直接指挥和协调管理对象的方法。如命令、计划、指挥、监督、检查、协调、仲裁等。

3. 法律方法

法律方法，是指借助国家法规和组织制度，严格约束管理对象为实现组织目标而工作的一种方法。如国家的法律、法规；组织内部的规章制度；司法和仲裁。

4. 社会学、心理学方法

社会学、心理学方法是指借助社会学和心理学原理，运用教育、激励、沟通等手段，通过满足管理对象社会心理需要的方式来调动其积极性的方法，如宣传教育、思想沟通、各种形式的激励等。

第五节　管理思想

【案例】

对泉州民营企业现行的管理模式进行分析。泉州民营企业现行的管理模式主要应为亲情化加上泰勒制的管理模式，并且总结其七个主要特征，同时对该种模式的优点和存在问题进行分析，认为泉州民营企业现行管理模式除了具有家族式管理和泰勒制管理的优点外，还具有组织结构简单，与市场联系紧密，决策效率高，企业与外部关系良好以及有一支年轻、敢拼、具有开拓精神的企业家队伍等优点。存在的问题主要是管理观念落后、产权结构不合理、管理方式有待进一步改进、约束机制落后、手段单一、忽视战略管理、决策机制尚不健全、企业的文化建设薄弱、人力资源开发薄弱、创新能力低、企业管理队伍整体素质有待提高等。

提高泉州民营企业管理水平的相应对策主要是针对泉州民营企业管理中存在问题，提出七条对策。这些对策从政府、政府有关部门和企业所应当改进的方面来提出，认为政府应当把民营企业家、企业管理队伍素质的提高作为经济可持续发展的战略来抓，采取切实有效措施；同时政府要为企业引进人才创造良好的条件和环境；政府要立足企业实际，指导企业逐步改善产权结构；改进管理方式，引导企业重视战略管理、加强企业文化建设等。企业要自觉地与政府合作，加强企业管理队伍培训，在政府指导下进行改制，淡化家族色彩，大力引进人才，要有意识地改进提高管理方式、决策机制，加强企业战略管理和企业文化建设、人力资源开发等工作。

思考：论述泉州民营企业管理思想的不足。

一、管理理论的产生

(一)泰勒的科学管理理论

泰勒(1856—1915)，美国人，被后人称为"科学管理之父"，既有从事科学研究和发明的才能，又有从事社会活动和领导工作的才能。他在管理方面的主要著作有《计件工资制》《车间管理》《科学管理原理》等。

科学管理的中心问题——提高劳动生产率。

泰勒的主要思想与贡献：工时研究与劳动方法的标准化铁锹试验、科学挑选与培训工人搬铁块试验、实行差别计件工资制、管理职能与作业职能分离、实行"例外原则"、强调科学管理的核心是"一场彻底的心理革命"。

(1)搬铁块试验。原来每个工人每天搬运量为 12t，试验后每个工人每天搬运量为47.5t；原来每个工人每天工资为 1.15 美元，试验后每个工人每天工资为 1.85 美元。

(2)铁锹试验。①试验前：干不同的活拿同样的锹，不同的东西每锹重量不一样。②试验后：铲不同的东西拿不同的锹，实验发现 21P 时效率最高，生产效率得到大幅度提高。

(3)铁切削试验。进行了 26 年，切削了 80 万 t 钢铁，进行了 30000 次实验；发明了高速钢，获得了专利。

(二)法约尔与管理过程理论

法约尔(1841—1925)，法国人，长期担任一家大型矿业公司的总经理。他是一位概括和阐述一般管理理论的先驱者，被后人称为"管理过程理论之父"。1916 年，法约尔发表了《工业管理和一般管理》一书。法约尔的主要管理思想与贡献：

(1)企业经营活动有六项不同活动，称为六大经营职能。即：技术活动、商业活动、财务活动、安全活动、会计活动、管理活动。

(2)最早提出管理的五要素，即计划、组织、指挥、协调和控制。

(3)地总结了企业管理的 14 项原则。

(4)重视对组织理论的研究。

(5)重视管理者的素质与训练。

(三)梅奥与"霍桑试验"

梅奥(1880—1949)，美国人，美国哈佛大学心理学教授。1927 年，梅奥应邀参加并指导在芝加哥西方电气公司霍桑工厂进行有关科学管理的试验，研究工作环境、物质条件与劳动生产率的关系，通常称"霍桑试验"。试验结果表明，生产率提高的原因不在于工作条件的变化，而在于人的因素；生产不仅受物理、生理因素的影响，更受社会环境、社会心理因素的影响。

梅奥的人际关系理论的主要观点：

(1)企业中的人首先是"社会人"，而不是早期科学管理理论所描述的"经济人"。

(2)生产效率主要取决于职工的工作态度和人们的相互关系。工人的"士气"是调动人积极性的关键因素。

(3)重视"非正式组织"的存在和作用。

(四)中国古代管理思想

中国是历史悠久的文明古国，有 5000 多年的文字记载历史。中国历代都有着至今看来仍不失其价值的管理实践，长期的管理实践产生了丰富的管理思想。

1. 关于中国古代管理实践

战国时期著名的"商鞅变法"是通过变法提高国家管理水平的一个范例。"文景之治"使国家出现了政治安定、经济繁荣的局面。万里长城的修建，充分反映了当时测量、规划设计、建筑和工程管理等的高超水平，体现了工程指挥者所具有的高度管理智慧。都江堰等大型水利工程，将防洪、排灌、航运综合规划，显示了我国古代工程建设与组织管理的高超水平。丁谓主持的"一举三得"皇宫修建工程堪称运用系统管理、统筹规划的范例。

2. 中国古代管理思想的基本特征

中国古代管理思想有 7 个鲜明特征。

(1)把人作为管理的重心。

(2)把组织与分工作为管理的基础。

(3)强调了农本商末的固国思想。

(4)突出了义与情在管理中的价值。

(5)赞赏用计谋实现管理目标。

(6)把中庸作为管理行为的基准。

(7)把求同视为管理的重要价值。

3. 关于中国古代名家管理思想

中国古代出现了许许多多的思想家，有着极为丰富的管理思想。其中，老子、孔子、商鞅、孟子、孙子、管子的管理思想最具有代表性。古代管理思想是以整体和谐观为基础的。也就是把管理作为一个统一的整体的过程，促使社会与自然、管理系统与外部环境以及管理组织内各种组成之间达到最佳和谐，把管理的各个要素和功能组成一个统一的有序结构。我国古代管理思想的灵魂是和谐观。它以追求管理系统的协调、和谐、稳定为目标，在生产管理上实现"天人合一"；在社会管理上实现"天下一家"；在人事管理上实现"知行合一"和"情理合一"。和谐观使管理不仅表现为一种科学的理性操作，更是一种人们所创造的理想境界。管理的最高境界是"无为而治"，一个组织中的成员都能自发地按照规范和要求办事，自觉地发挥自己的力量，维护组织的宗旨和荣誉。这就是孔子所说的"从心"，孟子所说的"天时不如地利，地利不如人和。"

4. 百家争鸣

(1)儒家管理思想。

历史传统中儒学被视为经世致用的必修课。原始儒学是以伦理为中心，其管理思维有一个由自我管理(修身)到家庭管理、再到国家管理的逻辑轨迹，而且还有独具中国管理特色的终极目标设计——"大同"的社会构想。儒家管理思想的基本精神是信仰仁义，主张以同情忠恕来追求至善。体悟天地生万物的仁心，奋然兴起发挥生生不已的创造活力，并不只求个人生命的完成实现，而是连同一切人群，一切万有的生命一起来完成实现雍容恢宏的理想。

儒家秉承"仁"为中心、"为政以德"的治国思想；"举贤才"的用人之道；"和"与"中庸"

的管理哲学；"以信为本"的生存法则。"仁"从结构看左边一个"人"表示一个人站着右边一个"二"表示复数很多人。在"仁者爱人、仁者无敌"，一个企业的生存之道就是以人为本，以人为核心。每一个成功的企业背后一定离不开人与人之间合作。子曰："得人心者得天下"。相信人的智慧和力量，重视人的价值和地位，考虑人际和谐善于运用人的智慧和计谋。孟子提出"民为贵，社稷次之，君为轻"的民本思想，也就是以人为本。荀子则提出"君者舟也，庶人者水也，水则载舟亦可覆舟"的民本思想。"儒家的'爱民，富民，教民，德治'思想体现了尊重人、承认人、肯定人、重视人的思想。"总而言之儒家思想就是说管理者要想经营好一个企业需得到人民的拥护，最根本就是得民心，"得民心者得企业"满足人民的需要，重视人民群众即儒家的民本思想。

（2）道家管理思想。

道家主张"无为"管理，推崇"无为而无不为"的管理方式。老子所谓无为并不是要求管理者消极观望或无所作为，而是应该效法道在化育万物中的作为：看似无为，实质上无所不为。这就说明管理者的管理行为要以一种无声无息的自然方式展开，其依据为"人法地，地法天，天法'道'，'道'法自然。"西汉初年道家思想经过改造应用到社会管理活动中，结果取得了很大的成功。道家的"无为"管理实质上是，通过恢复人的自然属性的方式来达到理想的管理效果。

老子哲学思想的核心——"道"，乃天地的源，万物之泉，"大音希声，大象无形"。无论"道"是精神的还是物质的，老子都是世界思想史上最早阐述天地万物起源的哲学家，这在生产力及科技极度落后的两千多年前是十分难得的。

老子把宇宙中的一种无形的巨大力量归结为"道"。而"道"又无处不在、永恒运转，是"域中"的最高法则。所有人都要效法"道"，人间的一切规律都源于自然，自然的规律即为"道"，效法"道"的含义就是顺其自然。

"道法自然"，顺其自然，不是随便，不是任性，而是遵循规律——遵循自然规律、社会发展规律、教育规律、心理规律、管理规律、市场规律、人财物使用规律、产供销运营规律等。

顺其自然不等于向自然屈服，而是要按照客观规律办事，按照"道"来改造自然，做到人与自然的和谐相处、联袂共生。

"道法自然"，顺应规律，以"道"处理和协调人与人之间的关系，若此，不论是个人还是企事业单位，就能够达到和谐、和睦、共生、共享。

（3）法家管理思想。

法家思想的核心，即三大理论柱石——法、术、势。

①法者，法律制度。"明君如天，执法公正"，这就是"法"。商鞅变法，无人相信。于是搬木赏金，获取信任，变法成功。法家主张以法治国，以刑去刑。在法家看来，管理的行为是一种"循利"的行为。人以肠胃为根本，不食不能活，是不免于欲利之心。

②术者，是统治者驾驭部下、统帅民众的方法策略、方式手段。用现代话说，讲的是领导如何"管理"下属。

③势者，管理者的权威。命令一下，下属服从。是一种不经过征求意见和论证就使臣下服从的绝对权威。战国时秦襄王，或生疾病，百姓祈祷他健康；秦襄王病愈时，百姓烹羊宰牛、朋酒斯飨、感谢神灵。然而秦襄王未奖反罚。百姓和当地官员不能理解。秦襄王

说：百姓之所以为我所用是因权势怕我，并非我爱他们。如此这般下去，展示我抛弃权势去搞仁义道德。这样很危险，他们就不怕我了。所以我要责罚他们，以绝爱民之道，立法势的权威。"爱臣太亲，必危其身。"用现代话说，势讲的是领导权威。

（4）兵家管理思想。

兵家——以"谋略"为中心，讲"因变制胜"，讲"内修文德，外置武备"。我国古代的军事典籍中蕴藏着大量的战略管理思想，这已成为今天军事乃至企业经营战略管理的重要思想宝藏。在《孙子兵法》中，孙子着重指出了战略谋划的重要性。他强调事前必须周密分析条件，充分考虑"道""天""地""将""法"这"五事"，做到"凡此五者，将莫不闻，知之者胜，不知者不胜"。在"五事"的基础上，还要探求和对比敌我双方的强弱优劣，称为"七计"。这里所说的"道"，就相当于我们现在的管理目标，"天"和"地"相当于时机和环境，"将"指有能力的管理者，"法"则相当于制度、纪律、组织。"法"即是经营学中的经营管理能力。

（5）墨家管理思想。

①兼爱思想：墨家的兼爱思想，本质上是一种柔性管理理念。对于企业管理来说，运用兼爱思想对企业内各个层次的管理者要通过沟通协调，与被管理者建立良好人际关系，解决问题，化解矛盾，增强凝聚力，建设良好的企业文化。而对外兼爱，能与其他企业及顾客建立和谐关系，增进理解，互相帮助，促进企业发展。墨子的人事管理思想在诸子学说中是具有鲜明特色的。

②尚贤思想：墨家的尚贤思想根本就是重视人才的思想。企业之根本就是人才，重视人才，选择人才，重用人才。这种重才思想，是我们现代的企业管理需要借鉴的。企业价值，在于人才，企业竞争，即人才竞争。故重视人才、重用人才，是所有企业核心竞争力之所在。故企业应该广纳贤才，重用人才。这样，人才才会向往企业，愿意为企业贡献其聪明才智。

③尚同思想：企业管理中，尚同要求企业管理者善于统一思想，把企业的利益与员工的利益统一起来，通过有效沟通和协调，以便形成基本相同的价值观，促进和睦和谐，以增强向心力凝聚力，造成企业与个人共同发展的良好局面。这样，员工才会一心一意，同心同德，提高效益。在世界500强中，企业领导和普通员工的关系相当和谐，沟通渠道也十分畅通，由于劳资双方都把企业的利益放在首位，上下级关系融洽，因而形成良性循环，极大地促进了企业的发展。

④非攻思想：从我国东周时期到现代的21世纪，墨家的非攻思想从未退出历史的舞台：既要保证经营者利益，更要保护消费者的权益，不搞不正当的非法恶性竞争。如荣事达的和商理念，素有和气生财，互利互惠的商业精神，就是适度的非攻的理念，以此作为处理企业与消费者、企业与企业、企业与商界、企业内部员工之间的基本行为准则。

二、管理理论的发展

(一)管理理论丛林(见表 1-1)

表 1-1　管理理论丛林

学派名称	代表人物或代表作	主要观点
管理过程或称管理程序	哈罗德·孔茨西、里尔·奥唐奈《管理学》	(1)认为任何组织尽管它们的性质不同,一般有计划、组织和控制职能。(2)认为可以将这些职能逐一地进行分析,归纳出若干原则作为指导,以便于更好地提高组织效力,达到组织目标。(3)这个学派提供了一个分析研究管理的思想构架,主张按职能分析、研究、阐明管理理论,一些新的管理概念和管理技术均可容纳在计划、组织及控制等职能之中
经验学派	戴尔《伟大的组织者》、德鲁克《有效的管理者》	主要从管理者的实际管理经验方面来研究管理,认为成功的组织管理者的经验是最值得借鉴的。他们通过分析一大批组织或管理者成功或失败的实例,研究在类似情况下,如何采用有效的策略和方法来达到改良的目标。通过分析总结,加以概括,找出他们成功经验中具有共性的东西,然后使其系统化、理论化,以建立一套完整的理论和技术体系
人类行为	马斯洛《动机和人格》、赫兹伯格《工作的激励因素》、麦格雷戈《企业的人性方面》	主张在管理中,应注重研究人的因素,研究人与人之间的关系,以有效调动人的积极性
社会系学派	巴纳德	(1)组织是一个协作系统。(2)组织存在需要明确的目标、协作意愿和意见交流三个基本要素。(3)组织效力与组织效率是组织发展的两项重要原则。(4)管理者的权威来自下级的认可
决策理论学派	赫伯特·西蒙《管理决策新学科》	(1)西蒙认为"管理就是决策",他强调决策行为贯穿于整个管理过程之中。(2)西蒙对于决策的程序、准则、类型及其决策技术等作了科学的分析,提出在决策中应用"令人满意"的准则代替"最佳化"准则。(3)强调不仅要注意在决策中应用定量方法、计算技术等新的科学方法
数理学派	泰勒、甘特吉尔布雷斯夫妇	他们注重量化分析,强调应用数学模型解决管理决策问题,以寻求决策的科学化与精确化

(二)管理理论的集中化趋势

1. 系统管理理论

系统管理学派盛行于 20 世纪 60 年代,代表人物为美国管理学者卡斯特、罗森茨韦克和约翰逊。卡斯特的代表作为《系统理论和管理》。系统管理学说的基础是普通系统论。

(1)系统观念。它强调系统是一种整体的、开放的,是由诸多子系统构成的。

（2）系统分析。这是一种按系统论思想解决问题或决策的方法与技术。

（3）系统管理。这是一种以系统论为指导的管理方式，把企业作为一个系统进行设计与经营。

2. 权变管理理论

比较著名的权变管理理论有卢桑斯的权变管理学说。其基本思路是先确定有关的环境条件，然后根据权变关系的理论，求得与之相应的管理观念和技术，以最有效地实现管理目标。他提出一个观念性的结构，并用矩阵图来加以表示。这一结构由环境、管理观念与技术、它们两者之间的权变关系三部分组成。

观念性的结构由三部分组成：

（1）环境。环境通常为自变量。

（2）管理观念与技术。这是观念结构中的自变量。把所有管理理论划分为四种学说：过程学说、计量学说、行为学说和系统学说。

（3）权变关系。权变关系是指环境变量与管理变量之间存在的函数关系。即：如果环境条件一定，那么就必须采用与之相适应的管理原理、方法和技术，以有效实现企业目标。

（三）现代管理思想的新发展

1. 非理性主义倾向与企业文化

20 世纪 70 年代末 80 年代初，由于经营风险增大，竞争激烈，管理日趋复杂，西方管理理论界出现了一种非理性主义倾向和重视企业文化的思潮。

非理性主义倾向的主要观点：

（1）批判传统管理中的纯理性主义。

（2）倡导对管理实务的研究。

（3）重视对企业成功经验的总结，在总结中提出以"软管理"为中心的管理模式。

（4）高度重视企业文化。

2. 战略管理思想

迈克尔·波特被称为"竞争战略之父"，其竞争战略思想包括：

（1）提出对产业结构和竞争对手进行分析的一般模型，即五种竞争力（新进入者的威胁、替代品威胁、买方砍价能力、供方砍价能力和现有竞争对手的竞争）分析模型。

（2）提出企业构建竞争优势的三种基本战略。

3. 企业再造理论

1993 年，美国麻省理工学院教授迈克尔·哈默（M. Hammer）博士与企业再造理论的创始人詹姆斯·昌佩（J. Champy）合著了《再造企业——管理革命的宣言书》一书，正式提出了企业再造理论。按照哈默与昌佩所下的定义，企业再造是指"为了飞越地改善成本、质量、服务、速度等重大的现代企业的运营基准，对工作流程（business process）作根本的重新思考与彻底翻新"。

4."学习型组织"理论

"学习型组织"理论是美国麻省理工学院教授彼得·圣吉在其著作《第五项修炼》中提出来的。这一理论的提出，受到了全世界管理学界的高度重视，许多现代化大企业，乃至其他组织，包括城市，纷纷采用这一理论，努力建成"学习型企业""学习型城市"等。

未来真正出色的企业，将是能够设法使各阶层人员全心投入，并有能力不断学习的组织。这种组织由一些学习团队组成，有崇高而正确的核心价值、信心和使命，具有强韧的生命力与实现共同目标的动力，不断创新，持续蜕变，从而，保持长久的竞争优势。

具体五项修炼内容是：

(1)追求自我超越。

(2)改善心智模式。

(3)建立共同远景目标。

(4)开展团队学习。

(5)锻炼系统思考能力。

(四)组织文化

【案例】

泉州处于闽南文化核心区的地位，素有弘扬闽南文化的传统。为此，全市把闽南文化融入企业文化建设之中，为企业壮大和现代化泉州建设提供精神动力。一是重视企业的创业历史教育。泉州作为海洋文化特性突出的城市，"爱拼敢赢""输赢笑笑"始终是泉州人创业、发展的精神轴心和思想主线。企业文化首先是企业家文化，它是企业家管理思想的具体体现。企业文化是全员文化，每一名员工都将企业文化内化于心、外化于形，是企业文化建设追求的最高境界。在许多创业成功的企业中，自觉把企业和企业家创业史作为企业文化的重要主线，特别是企业面临暂时困难，注重向员工灌输创业历程，在职工中大力宣传"在成长中共享、在共享中成长"的观念。劲霸男装股份有限公司在企业文化宣传、企业内部员工培训中，专门介绍创始人洪肇明的创业故事，从中总结引申出该企业的核心价值观。二是重视继承吸收传统文化精华。其中最为典型的就是闽南企业"尾牙"文化。"尾牙"是企业老板在农历十二月十六日节俭宴请员工的传统节日。泉州市从2008年开始，每年举办一届以"关爱员工，建设和谐企业"为主题的尾牙节，产生良好的效果。尾牙文化节由"关爱员工·畅通返乡路"、泉州市十佳民企评选、关爱员工优秀企业尾牙联欢晚会等一系列体现企业和员工共同参与的活动组成。许多企业强烈意识到："尾牙宴"不仅是一场款待员工的宴会，更是一场推介企业文化，展现企业、员工、合作伙伴互动三赢的盛会。三是重视塑造企业形象。全市在"二次创业"进程中，越来越多的企业品牌在中央电视台黄金时段登台亮相。

思考：泉州企业的文化主要突出了什么精神？

1. 组织文化的概念内容及结构类型

从狭义上说，组织文化是指在一定的社会政治、经济、文化背景条件下，组织在社会实践过程中所创造并逐步形成的独具特色的共同思想、作风、价值观念和行为准则。它主要体现为组织在活动中所创造的精神财富。

物质文化、制度文化、精神文化三个层次之间的关系是：物质文化和制度文化是精神文化的体现；制度文化精神文化与物质文化的中介；精神文化决定了制度文化和物质文化（见图1-3）。

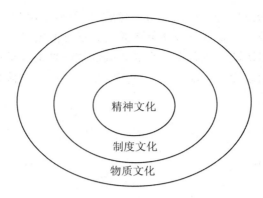

图 1-3   组织文化结构类型

2. 组织文化的功能

组织文化的功能：①导向功能；②凝聚功能；③激励功能；④约束功能；⑤辐射功能。

3. 组织文化的建设内容(见表 1-2)

组织文化主要是从物质文化、制度文化和精神文化 3 个角度进行构建的。

表 1-3   组织文化建设内容

名称	目的	建设的内容
物质文化	树立良好的组织形象	(1)产品文化价值的创造 (2)厂容厂貌的美化、优化 (3)企业物质技术基础的优化
制度文化	使物质文化更好地体现精神文化的要求	(1)确立合理的领导体制 (2)建立和健全合理的组织结构 (3)建立和健全开展组织活动规章制度
精神文化	决定着组织物质文化和制度文化的建设	(1)明确组织所奉行和追求的价值观念 (2)塑造组织精神 (3)促进组织道德的形成和优化

第二章
管理职能

【案例导入】

"步鑫生"现象

从1983年11月起,改革的浪潮使"小镇能人"步鑫生成为名闻遐迩的新闻人物。步鑫生,这位祖上承制过清朝官宦、商贾宝眷花衫旗袍的步家裁缝的后代,身材瘦削,目光机敏,显得颇为精明强干。当时由他担任厂长的海盐衬衫总厂,坐落在浙江省海盐县武原镇。该厂的前身是成立于1956年的红星成衣社,一个仅有30多名职工的合作社性质的小厂。直至1975年,全厂固定资产净值只有少得可怜的2.2万元,全部自有资金不足5万元,年利润5000多元。改革开放使步鑫生得以施展才干,也使该厂发生了令人可喜的变化。自1976年起,该厂由门市加工为主的综合性服装加工转为专业生产衬衫。此后,陆续开发出了双燕牌男女衬衫、三毛牌儿童衬衫和唐人牌高级衬衫等产品。至1983年,该厂已拥有固定资产净值107万元,有600多名职工,实现当年工业总产值1028万元,实现利润52.8万元。成功容易却艰辛。步鑫生为厂里大大小小的事情操心,可谓"殚精竭虑""废寝忘食"。他性喜吃鱼,却忙得连吃鱼也顾不上了。有一次,食堂里没有别的菜,只有鱼。鱼颇鲜美,正合口味,可是他只吃几口,因为太费时间,张口将未及咀嚼的鱼连肉带刺吐了出来,三口两口扒饭下肚,急匆匆地走了。他每天工作十五六小时,从不午睡,每次出差,都是利用旅途小憩,到达目的地立即投入工作。步鑫生常对厂里职工说:"上班要拿出劲头。慢吞吞磨蹭蹭,办不好工厂,干不成事业。"他主持制定的本厂劳动管理制度规定:不准迟到早退,违者重罚。有位副厂长从外地出差回来,第二天上班迟到了3分钟,也被按规定扣发工资。以1983年计,全厂迟到者仅34人次。步本人开会、办事分秒必争,今天要办的事绝不拖到明天。在他的带动下,全厂上下形成了雷厉风行的作风。只要厂内广播一通知开会,两分钟内,全厂30名中层以下干部凡是在厂的全都能到齐。开会的时间一般不超15分钟。办衬衫厂后,企业从作坊式小生产转变为工业化大生产。全厂管理人员占职工总数的7%。步本人任厂长,3位副厂长平均年龄36岁,最年轻的只是25岁,中层干部平均年龄31岁,都是从生产第一线选拔的,熟悉业务,责任心强,有个学徒工工作肯干、能干,进厂半年就被破格提升为车间副主任。

进入1984年,国内市场兴起了一阵"西装热"。步鑫行先是不为所动。继而办起了一个领带车间,最后终于做出兴办西装分厂的决策。在与上级主管部门来人的一次谈话中,前后不过2小时,步鑫生做出了这一重大决策。副厂长小沈闻讯提出异议:"不能这样匆忙决定,得搞出一个可行性研究方案。"然而,这一意见被步厂长否定了。一份年产8万套西装、有 18 万美元的估算和外汇额度的申请报告被送到了省主管部门，在那里又加大了倍数，8 万套成了 30 万套，19 万美元成了 80 万美元。层层报批、核准，6000 平方米西装大楼迅速进入施工，耗资 200 万元。无奈好景不长。宏观经济过热急剧降温，银根紧缩，国家开始压缩基建规模。海盐厂的西装大楼被迫停工。与此同时，市场上一度十分抢手的西装也出现了滞销迹象。在此之前，该厂匆匆上马的印染车间，尽管已耗资 130 万元却未能带来起码的经济效益。该厂领带分厂的经济效益也大幅度下降。而代销另外一厂家的领带，又使海盐厂平白损失了 22 万元。步鑫生是靠衬衫起家的，年产 120 万件的产量和"唐人""三毛""双燕"三大名牌的衬衫令他引为自豪。他曾声称要使本厂衬衫的质量赶超美国名牌；此刻不仅没有"当然"地赶超美国名牌，而且即使是代表本厂水平的"唐人"牌高级衬衫也在全国同行业产品评比中落选了。此外，因资金周转不灵，财务科已几次告急：无钱购进衬衫面料。1985 年入秋，步鑫生被选送到浙江大学管理专业深造。他并不因此而稍有解脱，企业严峻的经营状况令他放心不下。他频频奔波于厂校两地，在厂的日子远多于在校。半年之后，他退学回厂，决心以 3 年时间挽回企业的颓势。仍然是精明强干的步鑫生，他的助手多数也很能干，只是当他从早到晚忙着处理厂里的大事小事时，他的助手似乎插不上手。步鑫生备尝创业的艰辛，终因企业濒临于破产窘境而被免去厂长之职。"我没有预感到会有这个结局"，步鑫生这样说。他进而补充了一句："我是全心全意扑在事业上的。"副厂长小刘也不讳言："到现在为止，我敢说步鑫生仍是厂里工作热情最高的人。"

思考：作为厂长或经理，"从早忙到晚"意味着什么？步鑫生的管理存在什么问题。

第一节　计划

【案例】

乔森家具公司是林大森先生在 20 世纪 80 年代创建的，开始时主要经营卧室和会客室家具，取得了相当大的成功。随着规模的扩大，自 20 世纪 90 年代开始，公司又进一步经营餐桌和儿童家具。1995 年，林大森退休，他的儿子林小森继承父业，不断拓展卧室家具业务，扩大市场占有率，使得公司产品深受顾客欢迎。到 2003 年，公司卧室家具方面的销售量比 1995 年增长了近两倍。但公司在餐桌和儿童家具的经营方面一直不得利，面临着严重的困难。

一、董事长提出的五年发展目标

乔森家具公司自创建之日起便规定，每年 12 月召开一次公司中、高层管理人员会议，研究讨论战略和有关的政策。2003 年 12 月 14 日，公司又召开了每年一次的例会，会议由董事长兼总经理林小森先生主持。林小森先生在会上首先指出了公司存在的员工思想懒散、生产效率不高的问题，并对此进行了严厉的批评，要求迅速扭转这种局面。与此同时，他还为公司制定了今后五年的发展目标。具体包括：①卧室和会客室家具销售量增加 20%；②餐桌和儿童家具销售量增长 100%；③总生产费用降低 10%；④减少补缺职工人数 3%；⑤建立一条庭院金属桌椅生产线，争取五年内达到年销售额 5000 万元。

这些目标主要是想增加公司收入，降低成本，获取更大的利润。但公司副总经理马一鸣跟随林大森先生工作多年，了解林小森董事长制定这些目标的真实意图。尽管林小森开始承接父业时，对家具经营还颇感兴趣。但后来，他的兴趣开始转移，试图经营房地产业。为此，他努力寻找机会想以一个好价钱将公司卖掉。为了能提高公司的声望和价值，他准备在近几年狠抓一下经营，改善公司的绩效。

马一鸣副总经理意识到自己历来与林小森董事长的意见不一致，因此在会议上没有发表什么意见。会议很快就结束了，大部分与会者都带着反应冷淡的表情离开了会场。马一鸣有些垂头丧气，但他仍想会后找董事长就公司发展目标问题谈谈自己的看法。

二、副总经理对公司发展目标的质疑

公司副总经理马一鸣觉得，董事长根本就不了解公司的具体情况，不知道他所制定的目标意味着什么。这些目标听起来很好，但马一鸣认为并不适合本公司的情况。

他心里这样分析道：第一项目标太容易了——这是本公司最强的业务，用不着花什么力气就可以使销售量增加20%；第二项目标很不现实——在这领域的市场上，本公司就不如竞争对手，决不可能实现100%的增长；第三项目标亦难以实现——由于要扩大生产，又要降低成本，这无疑会对工人施加更大的压力，从而也就迫使更多的工人离开公司，这样空缺的岗位就越来越多，在这种情况下，怎么可能减少补缺职工人数3%呢？第四项目标倒有些意义，可改变本公司现有产品线都是以木材为主的经营格局，但未经市场调查和预测，怎么能确定五年内我们的年销售额就能达到5000万元呢？

经过这样的分析后，马一鸣认为他有足够的理由对董事长所制定的目标提出质问。

思考：

1. 你认为林小森董事长为公司制定的发展目标合理吗？为什么？
2. 制定组织长期发展目标应该注意哪些？

一、计划职能概述

(一)概念

计划是指管理者事先对未来应采取的行动所作的谋划和安排。

计划职能的程序包括：①分析环境，预测未来。②制定目标。③设计与抉择方案。④编制计划。⑤反馈计划执行情况（见图2-1）。

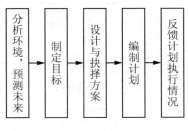

图 2-1　计划程序

（二）企业经营环境（SWOT）分析（见图 2-2）

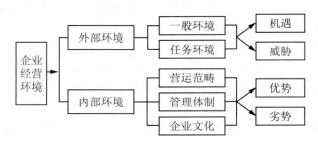

图 2-2　SWOT 分析

1. 企业外部经营环境分析

（1）一般环境分析的基本内容。一般环境是企业经营所共同面对的环境。影响较大的一般环境主要有：①经济环境；②技术环境；③政治与法律环境；④社会与心理环境等。

（2）任务环境分析的基本内容。任务环境是指某一个或某一类企业开展经营活动所直接面临的环境，主要指产业环境。任务环境主要包括：①产品市场；②顾客；③竞争者；④供应商；⑤金融机构与融资渠道；⑥相关法律与法规；⑦政府主管部门等。

（3）找出机会与威胁。发现并抓住机会，发现并规避威胁。企业经营中机会与威胁并存。对企业而言，正确分析机会与威胁，并妥善应对，甚是关键。

2. 企业内部经营环境分析

企业内部经营环境是企业开展经营活动的基础，对企业的战略决策及经营绩效具有重要意义。企业内部经营环境分析包括：①分析经营的各种营运范畴。一般包括市场营销、研发管理、生产与作业管理、财务与会计管理、人力资源管理等。②分析企业制度与组织结构。③分析企业的文化因素（见图 2-3）。

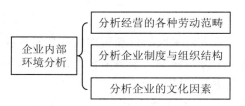

图 2-3　企业内部经营环境分析

3. 排除企业隐忧，建立竞争优势

一般而言，企业在排除隐忧的同时，想着力构建手部优势。企业建立竞争优势一般是通过这三种策略：成本领先战略，产品差异化策略，专一化策略（见图 2-4）。

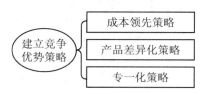

图 2-4　建立竞争优势

(三)管理问题的分析与界定

分析与解决管理问题的程序模型(见图 2-5)。

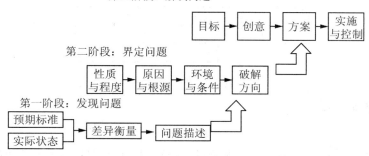

图 2-5　分析与解决管理问题的程序模型

二、创新与决策

计划职能的灵魂是创新,实质过程是运筹。必须通过创新,拿出有创意的"点子",并通过科学运筹,形成系统的、可操作性的工作方案。

(一)创造性思维与创新技法

创造性思维包括发散型思维、收束型思维和灵感思维,管理中常用的创造技法包括寻异、综合、分解、折中、换元、重组、移植和逆寻等。

(二)决策分类、程序与准则

1. 决策的含义与重要性

(1)决策的含义。决策是指管理者为实现组织目标,在调研分析的基础上,运用科学理论和方法设计与选择优化方案,用以实施的管理行为。管理决策的核心内容是对未来行动方案的抉择行为。

(2)决策的重要性。决策是计划职能的核心,决策事关工作目标能否实现和组织的生存与发展。

2. 决策的类型

量化决策的三种基本决策类型如表 2-1。

表 2-1　量化决策的三种基本决策类型

类型	含义	举例
确定型决策	即决策事件未来的自然状态明确,每种备选方案只有一种确定结果的决策。只要比较各方案的结果即能选出最优方案	物资调运方案决策
风险型决策	决策事件未来的各种自然状态虽不能预先肯定,但可以测出各种状态出现的概率的决策	企业经销一种曾经销售过商品的决策,大致了解畅销与滞销的可能性
不确定型决策	决策事件未来的各种自然状态完全未知,各种状态出现的概率也无法估计,只能凭决策主观经验做出的决策	在市场变化情况不明时,生产一种全新产品的决策

3. 决策的程序

由于决策所要解决的问题复杂多样，决策的程序也不尽相同，但一般都遵循一些基本程序，包括调查与分析、设计备选方案、选择方案、审查与反馈等(见图 2-6)。

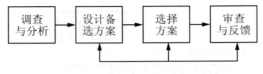

图 2-6　决策的程序

(三)定性决策方法

1. 头脑风暴法

头脑风暴法，又称畅谈会法。头脑风暴法是创造学的创始人亚历克斯·奥斯本提出的。这种方法的目的是通过找到新的和异想天开的解决问题的方法来解决问题，是一种最负盛名的促进创造力技法。

头脑风暴法是一种邀请专家、内行，针对组织内某一个问题或某一个议题，让大家开动脑筋，畅所欲言地发表个人意见，充分发挥个人和集体的创造性，经过互相启发，产生连锁反应，集思广益，而后进行决策的方法。

头脑风暴法的步骤：一般邀请 5～12 人，时间在 1 小时左右。首先，主持者介绍背景，提出总议题；其次，与会者畅所欲言，形成思想和热情的风暴；最后，形成创意、决策意向，或方案。

2. 征询法

征询法是指要求被征询意见的人，事先不接触、事后接触的一种决策方法。

征询法的步骤：①将被征询意见的人编成组。在不接触、不产生相互影响的条件下，分别用书面方式提问题，提建议，或回答所提问题；②由组织者将每个人的书面材料整理成汇编材料发给每个参与者，公布时只有汇编的意见，无具体人名；③每个参与者针对各种意见发表意见，并修订自己的意见；④将大家的意见再进行汇编与反馈，进行多轮；⑤把大家趋于一致的成熟意见集中起来，作出决策。

3. 方案前提分析法

有些决策的问题，如何进行决策主要取决于其方案的前提假设条件。方案是否正确，关键看它的前提假设是否成立。采用这种方法时，组织者让与会者只分析讨论方案的前提能否成立，据此判定决策方案。

(四)定量决策方法

1. 确定型决策方法

确定型决策方法，即只存在一种确定的自然状态，决策者可依科学的方法作出决策。确定型决策的方法有以下几类：

(1)线性规划、库存论、排队论、网络技术等数学模型法。

(2)微分极值法。即利用微分求导的方法确定极大(小)值。

(3)盈亏平衡分析法。即借助盈亏平衡点进行分析的方法(见图 2-7)。

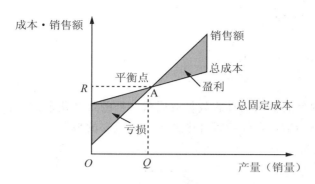

图 2-7　盈亏平衡点分析方法

①盈亏平衡点产量（销量）法：这是以盈亏平衡点产量或销量作为依据进行分析的方法。其基本公式为：

$$Q=\frac{C}{P-V}$$

式中：Q 为盈亏平衡点产量（销量）；C 为总固定成本；P 为产品价格；V 为单位变动成本。

要获得一定的目标利润 B 时，其计算公式为：

$$Q=\frac{C+B}{P-V}$$

式中：B 为预期的目标利润额；Q 为实现目标利润 B 时的产量或销量。

②盈亏平衡点销售额法：以盈亏平衡点销售额作为依据进行分析的方法。其基本公式为：

$$R=\frac{C}{1-\dfrac{V}{P}}$$

式中：R 为盈亏平衡点销售额，其余变量同前式。

当要获得一定目标利润时，其计算公式为：

$$R=\frac{C+B}{1-\dfrac{V}{P}}$$

式中：B 为预期的目标利润额；R 为获得目标利润 B 时的销售额；其余变量同前式。

2. 风险型决策方法——常用的方法是决策树分析法

决策树分析法，是指借助树形分析图，根据各种自然状态出现的概率及方案预期损益，计算与比较各方案的期望值，从而抉择最优方案的方法。

3. 不确定型决策方法

由于决策主要靠决策者的经验、智慧和风格，便产生不同的评选标准，因而形成了多种具体的决策方法。包括乐观法、悲观法、平均法和后悔值法。

三、计划编制

(一)目标制定

1. 目标含义

目标是体现某种目的要求的具有数量或质量特征的具体化形式。目标是组织及其成员所有行为的出发点与归宿,在组织管理中处于十分重要的地位。

2. 目标体系(见图 2-8)

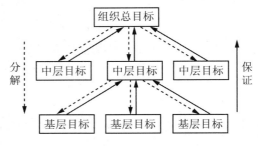

图 2-8　目标体系

制定目标的依据:

(1)组织的宗旨出发,结合组织内外部环境。

(2)前段未实现的目标或标准的问题点及出现的新问题。

(3)市场竞争的需要。

(4)上级部门提出的要求、部署或社会的形势要求。

(5)与国内外先进水平比较的差距。

3. 制定目标的程序

(1)由上而下。

(2)由下而上。

(3)上下结合。

(二)管理方案的科学运筹

确定目标、制定决策之后,需要进行科学运筹,拟定周密的方案。

1. 合理配置资源

经济合理地配置资源,包括按目标、任务分配资源;正确处理重点目标与一般目标的关系;资源使用的有效性和经济性。

2. 科学运筹

(1)活动运筹。多项活动在时间上一般存在三种关系:并行关系、交叉关系和先后关系。要按照这三种性质关系的内在要求,对各种活动科学运筹,合理安排,以提高效率,节省时间。

(2)程序运筹。①要根据工作环节、阶段之间的关联或依存关系安排先后顺序,搞好衔接。②要注意各环节与阶段的连贯性,形成工作链条。③注意关键线路法思想的运用。

(3)排序与甘特图。在时间运筹的基础上,将重要的工作项目进行排序,即把各项工作进行统一安排，构建清晰的横向并行（交叉）和纵向先后与衔接的时间网络。

排序的典型方法就是甘特图。

（4）空间运筹。妥善的空间运筹安排，对于管理方案的落地执行至关重要。进行空间运筹，须注意这几个方面：①要注意地点对活动的适应程度；②要充分利用地点、场所对活动效果的增强或放大作用；③要注意空间上活动的并存与协调；④要尽可能节约在地点场所上的开支。

3. 弹性与应变

弹性：为有效应付各种变化，要在运筹过程中预先保留相应的余地与运作空间，使活动方案具有较大的弹性，增强计划的灵活、适应程度。

预案：对管理方案实施中遭遇意外或突发事故，要事先做好充分准备，并拟订突发事故或意外出现时的基本对策或防范、处理措施。有时要准备几套备用方案。

（三）计划编制

1. 计划种类

一般而言，计划的种类通常有这几种（见表2-2）。

表 2-2　计划种类

划分标志	计划类型
计划表现形式	宗旨、目标、战略、政策、规则、程序、规划和预算
企业职能	销售计划、生产计划、供应计划、新产品开发计划、财务计划、人事计划
制订计划的管理层次	上层管理计划、中层管理计划、基层管理计划
计划的内容	专项（专题）计划和综合计划
计划的期限	长期计划、中期计划、短期计划

从计划的性质和功能来看，大致可以分为三种基本计划类型。

（1）战略计划。也叫战略规划，决定的是企业在未来一个时期的工作目标和发展方向，是企业最重要的一种计划。战略计划一般是由企业的高层管理人员制订的。它有三个显著特点：一是长期性；二是普遍性；三是权威性。

（2）生产经营计划。是企业在战略计划的指导下，根据企业的经营目标、方针、政策等制订的计划。特点是整体性和系统性，它一般包括利润计划、销售计划、生产计划、成本计划、物料供应计划等。另外，生产经营计划一般多以年度计划为主。

（3）作业计划。企业生产经营计划的实施计划，是企业的短期计划。一般是由基层管理人员或企业负责此工作的职能人员制订，指标具体，任务明确。

2. 计划书内容的基本结构

企业计划按照用途与思路的不同，大致可以划分为两种框架类型：基本框架模式与问题框架模式。

（1）计划书基本内容结构模式。一般的计划均采用这种模式，主要用于社会组织及其下属部门的年度及以下时间段的工作计划。计划书基本框架模式见图2-9。

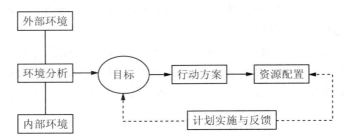

图 2-9　计划书内容的框架模式

（2）计划书专案（问题）框架模式。这是指为解决特定问题或开展某项工作而拟定专案计划所采用的模式。计划书的专案（问题）框架模式见图 2-10。

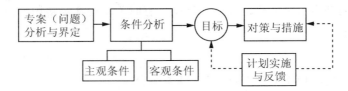

图 2-10　计划书的专案（问题）内容结构模式

第二节　组织

【案例】

温特图书公司原是美国一家地方性的图书公司。近 10 年来，这个公司从一个中部小镇的书店发展成为一个跨越 7 个地区，拥有 47 家分店的图书公司。多年来，公司的经营管理基本上是成功的。下属各分店，除 7 个处于市镇的闹区外，其余分店都位于僻静的地区。除了少数分店也兼营一些其他商品外，绝大多数的分店都专营图书。每个分店的年销售量为 26 万美元，纯盈利达 2 万美元。但是近 3 年来，公司的利润开始下降。

2 个月前，公司新聘苏珊任该图书公司的总经理。经过一段时间对公司历史和现状的调查了解，苏珊与公司的 3 位副总经理和 6 个地区经理共同讨论公司的形势。

苏珊认为，她首先要做的是对公司的组织进行改革。就目前来说，公司的 6 个地区经理都全权负责各自地区内的所有分店，并且掌握有关资金的借贷、各分店经理的任免、广告宣传和投资等权力。在阐述了自己的观点以后，苏珊便提出了改组组织的问题。

一位副总经理说道："我同意你改组的意见。但是，我认为我们需要的是分权而不是集权。就目前的情况来说，我们虽聘任了各分店的经理，但是我们却没有给他们进行控制指挥的权力，我们应该使他成为一个有职有权，名副其实的经理，而不是有名无实，只有经理的虚名，实际上却做销售员的工作。"

另一位副总经理抢着发言："你们认为应该对组织结构进行改革，这是对的。但是，在如何改的问题上，我认为你的看法是错误的。我认为，我们不需要设什么分店的业务经理。我们所需要的是更多的集权。我们公司的规模这么大，应该建立管理资讯系统。我们可以透过资讯系统在总部进行统一的控制指挥，广告工作也应由公司统一规划，而不是让各分店自行处理。如果统一集中的话。就用不着花这么多工夫去聘请这么多的分店经理了。"

"你们两位该不是忘记我们了吧?"一位地区经理插话说:"如果我们采用第一种计划,那么所有的工作都推到了分店经理的身上;如果采用第二种方案,那么总部就要包揽一切。我认为,如果不设立一些地区性的部门,要管理好这么多的分店是不可能的。""我们并不是要让你们失业。"苏珊插话说:"我们只是想把公司的工作做得更好。我要对组织进行改革,并不是要增加人手或是裁员。我只是认为,如果公司某些部门的组织能安排得更好,工作的效率就会提高。"

思考:

1. 有哪些因素促使该图书公司要进行组织改革?

2. 你认为该图书公司现有的组织形态和讨论会中两个副总经理所提出的计划怎么样?

一、组织职能概述

组织职能是指为有效实现组织目标,建立组织结构,配备人员,使组织协调运行的一系列活动。

中基层管理者执行组织职能的主要实务包括以下工作内容:①组织结构设计;②工作或岗位设计;③人员配备与管理。其中工作或岗位设计及人员配备与管理的具体内容在第三章人力资源管理章节里面有详细介绍,因此本章不再进行介绍。

二、组织结构设计的内容与方法

(一)组织结构及其设计

组织结构是组织内的全体成员为实现组织目标,在管理工作中进行分工协作,通过职务、职责及相互关系构成的结构体系。

组织结构设计的内容包括横向设计与纵向设计。组织横向设计主要解决管理与业务部门的划分问题,反映了组织中的分工合作关系;组织纵向结构设计主要解决管理层次的划分与职权分配问题,反映了组织中的领导隶属关系。

组织结构设计的时机:①新建组织时;②原有组织结构出现较大问题或组织目标发生变化时;③组织结构需局部调整时。

(二)管理幅度与管理层次

1. 管理幅度

管理幅度亦称管理跨度,是指一名管理者直接管理的下级人员的数量。管理幅度的大小,实际上反映着上级管理者直接控制和协调的业务活动量的多少。

影响管理幅度的因素:①管理人员及其下属的能力;②下属工作的相似性和复杂性;③授权程度;④信息沟通难易度;⑤组织的空间分布;⑥所处的管理层次等。

2. 管理层次

管理层次亦称组织层次,是指社会组织内部从最高一级管理组织到最低一级管理组织共有多少个组织等级。管理层次实质上反映的是组织内部纵向分工关系,各个层次将担负不同的管理职能。因此,伴随层次分工,必然产生层次之间的联系与协调问题。

3. 管理幅度与管理层次的关系

管理幅度与管理层次互相制约，它们之间存在着反比例的数量关系。其中起主导作用的是管理幅度。同时，管理层次对管理幅度亦存在一定的制约作用。

两种典型的组织结构：高耸式和扁平式。

(三)集权与分权

集权与分权是指职权在不同管理层之间的分配与授予。集权是指较多的权力和较重要的权力集中在组织的高层管理者；分权是指较多的权力和较重要的权力分授给组织的基层管理者。

集权与分权的优缺点：集权有利于组织实现统一指挥、协调工作和更为有效的控制，但会加重上层领导者的负担，从而影响重要决策的制定质量；不利于调动下级的积极性与主动性。分权的优缺点与集权相反。

(四)部门划分的含义、原则和方法

部门划分的含义：是指把工作和人员组织成若干管理的单元，并组建相应的机构或单位。

部门划分的原则：①有效实现组织目标原则；②专业化原则；③满足社会心理需要原则。

部门划分的方法：按人数划分部门；按时间划分部门；按职能划分部门；按产品划分部门；按区域划分部门；按工艺过程(设备)划分部门和按服务对象划分部门。

二、组织结构的基本形式

(一)直线—职能制

直线—职能制又称直线参谋职能制。它吸取了直线制和职能制的长处，也避免了它们的短处。它是一种在组织中设置纵向的直线指挥系统的基础上，再设置横向的职能管理系统而建立的复合模式。

直线—职能制既保证了组织的统一指挥，又加强了专业化管理。但是仍然存在以下缺点：①下级缺乏必要的自主权；②各职能部门间联系不紧，易于脱节或难以协调；③直线人员与参谋人员关系难协调(见图 2-11)。

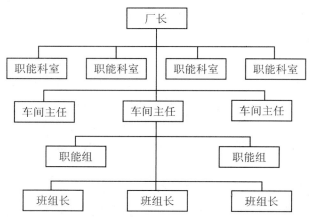

图 2-11 直线—职能制组织结构形式

(二)事业部制

事业部制是一种分权制的组织形式。在直线—职能制框架基础上，设置独立核算，自主经营的事业部，在总公司领导下，统一政策，分散经营(见图 2-12)。划分事业部的标志：主要按产品、项目或地域划分事业部。

事业部制的优缺点：其优点：①有利于发挥事业部积极性、主动性，更好地适应市场；②公司高层集中思考战略问题；③有利于培养综合管理人员。其缺点：存在分权带来的不足，如机构重叠、本位主义、对管理者要求高等。

适用面对多个不同市场的大规模组织。

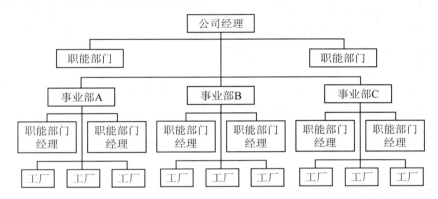

图 2-12　事业部制组织结构形式

(三)矩阵制

矩阵制是由按职能划分的纵向指挥系统与按项目组成的横向系统结合而成的组织(见图 2-13)。

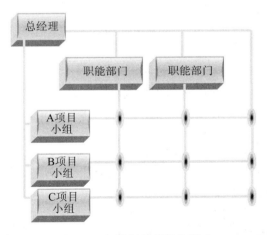

图 2-13　矩阵制组织结构形式

矩阵制的优缺点：其优点：①纵横结合，有利于配合；②人员组合富有弹性。其缺点：破坏命令统一原则。

适用于变动性大的组织或临时性工作项目。

第三节　领导

【案例】

　　蓝天技术开发公司由于在一开始就瞄准成长的国际市场，在国内率先开发出某高技术含量的产品，其销售额得到了超常规的增长，公司的发展速度十分惊人。然而，在竞争对手如林的今天，该公司和许多高科技公司一样，也面临着来自国内外大公司的激烈竞争。当公司经济上出现了困境时，公司董事会聘请了一位新的常务经理欧阳健负责公司的全面工作。而原先的那个自由派风格的董事长仍然留任。欧阳健来自一家办事古板的老牌企业，他照章办事，十分古板，与蓝天技术开发公司的风格相去甚远。公司管理人员对他的态度是：看看这人能坚持多久！看来，一场潜在的"危机"迟早会爆发。

　　第一次"危机"发生在常务经理欧阳健首次召开的高层管理会议上。会议定于上午9点开始，可有一个人姗姗来迟，直到9点半才进来。欧阳健厉声道："我再重申一次，本公司所有的日常例会要准时开始，谁做不到，我就请他走人。从现在开始一切事情由我负责。你们应该忘掉老一套，从今以后，就是我和你们一起干了。"到下午4点，竟有两名高层主管提出辞职。

　　然而，此后蓝天公司发生了一系列重大变化。由于公司各部门没有明确的工作职责、目标和工作程序，欧阳健首先颁布了几项指令性规定，使已有的工作有章可循。他还三番五次地告诫公司副经理徐钢，公司一切重大事务向下传达之前必须先由他审批，他抱怨下面的研究、设计、生产和销售等部门之间互相扯皮，踢皮球，结果使蓝天公司一直没能形成统一的战略。

　　欧阳健在详细审查了公司人员工资制度后，决定将全体高层主管的工资削减10%，这引起公司一些高层主管向他辞职。

　　研究部主任这样认为："我不喜欢这里的一切，但我不想马上走，因为这里的工作对我来说太有挑战性了。"

　　生产部经理也是个不满欧阳健做法的人，可他的一番话颇令人惊讶："我不能说我很喜欢欧阳健，不过至少他给我那个部门设立的目标我能够达到。当我们圆满完成任务时，欧阳健是第一个感谢我们干得棒的人。"

　　采购部经理牢骚满腹。他说："欧阳健要我把原料成本削减20%，他一方面拿着一根胡萝卜来引诱我，说假如我能做到的话就给我油水丰厚的奖励。另一方面则威胁说如果我做不到，他将另请高就。但干这个活简直就不可能，欧阳健这种'大棒加胡萝卜'的做法是没有市场的。从现在起，我另谋出路。"

　　但欧阳健对被人称为"爱哭的孩子"销售部胡经理的态度则让人刮目相看。以前，销售部胡经理每天都到欧阳健的办公室去抱怨和指责其他部门。欧阳健对付他很有一套，让他在门外静等半小时，见了他对其抱怨也充耳不闻，而是一针见血地谈公司在销售上存在的问题。过不了多久，大家惊奇地发现胡经理开始更多地跑基层而不是欧阳健的办公室了。

　　随着时间流逝，蓝天公司在欧阳健的领导下恢复了元气。欧阳健也渐渐地放松控制，开始让设计和研究部门更放手地去干事。然而，对生产和采购部门，他仍然勒紧缰绳。蓝天公司内再也听不到关于欧阳健去留的流言蜚语了。大家这样评价他：欧阳健不是那种对这里情况很了解的人，但他对各项业务的决策无懈可击，而且确实使我们走出了低谷，公司也开始走向辉煌。

思考：

1. 欧阳健进入蓝天公司时采取了何种领导方式？这种领导方式与留任的董事长的领导方式有何不同？他对研究部门和生产部门各自采取了何种领导方式？当蓝天公司工作走向正轨后，为适应新的形势，欧阳健的领导方式将作何改变？为什么？

2. 有人认为，对下属采取敬而远之的态度对一个经理来说是最好的行为方式，所谓"亲密无间"会松懈纪律。你如何看待这种观点？你认为欧阳健属于这种领导吗？

一、领导职能概述

（1）领导的定义：管理者指挥、带领和激励下属努力实现组织目标的行为。

（2）领导的实质：领导实质上是一种对他人的影响力，即管理者对下属及组织行为的影响力。领导的基础是下属的追随与服从。领导工作有效性的核心内容就是领导者影响力的大小及其有效程度。管理者要实施有效的领导，最关键的就是要增强其对下属及组织影响力的影响强度与影响有效性。

（3）领导手段（见图2-14）。

①指挥：是指管理者凭借权威，直接命令或指导下属行事的行为。具体形式：部署、命令、指示、要求、指导、帮助，是管理者最经常使用的领导手段。

②激励：指管理者通过作用于下属心理来激发其动机、推动其行为的过程。是管理者调动下属积极性，增强群体凝聚力的基本途径，具有自觉自愿性、间接性和作用持久性的特点。

③沟通：指管理者为有效推进工作而交换信息，交流情感，协调关系的过程。管理者保证管理系统有效运行，提高整体效应的经常性职能。

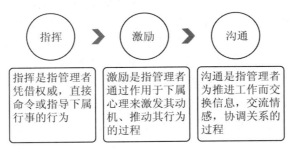

图2-14　领导手段功能

二、人性假设理论

（1）"经济人"假设认为人的一切行为都是为了最大限度满足自己的经济利益；相应采取重视物质刺激，实行严格监督控制的方式。

（2）"社会人"假设认为人有强烈的社会心理需要，职工的"士气"是提高生产率最重要的因素；采取重视人际关系，鼓励职工参与的方式。

（3）"自我实现人"假设认为人特别重视自身社会价值，以自我实现为最高价值；采取鼓励贡献，自我控制方式。

(4)"复杂人"假设认为人的需要是多种多样的，其行为会因时、因地、因条件而异；相应采取系统、权变管理方式。

三、领导方式理论

(一)领导风格理论

领导风格理论(Average Leadership Style，ALS)是由美国依阿华大学的研究者、著名心理学家勒温和他的同事们从 20 世纪 30 年代起就进行关于团体气氛和领导风格的研究。他们着眼于三种领导风格：①专制型领导；②民主型领导；③放任型领导。

勒温认为，这三种不同的领导风格，会造成三种不同的团体氛围和工作效率。

(1)专制型亦称专权式或独裁式领导者。这类领导者是由个人独自做出决策，然后命令下属予以执行，并要求下属不容置疑地遵从其命令。专制型领导行为的主要特点是：个人独断专行，从不考虑别人的意见，组织各种决策完全由领导者独自做出；领导者预先安排一切工作内容、程序和方法，下级只能服从；领导者单向式沟通，除了工作命令外，从不把更多的消息告诉下级，下级没有任何参与决策的机会，只能奉命行事；主要靠行政命令、纪律约束、训斥惩罚来维护领导者的权威，很少或只有偶尔的奖励；领导者与下级保持相当的心理距离。被领导者对领导者存在戒心和敌意，容易使群体成员产生挫折感和机械化的行为倾向。

专制型(autocratic)团队的权力定位于领导者个人手中，领导者只注重工作的目标，只关心工作任务的完成和工作效率的高低，对团队成员个人不太关心。在这种团队中，团队成员均处于一种无权参与决策的从属地位。团队的目标和工作方针都由领导者自行制定，具体的工作安排和人员调配也由领导者个人决定。团队成员对团队工作的意见不受领导者欢迎，也很少会被采纳。

领导者根据个人的了解与判断来监督和控制团队成员的工作。这种家长式的作风导致了上级与下级之间存在较大的社会心理距离和隔阂，领导者对被领导者缺乏敏感性，被领导者对领导者存有戒心和敌意，下级只是被动、盲目、消极地遵守制度，执行指令。团队中缺乏创新与合作精神，而且易于产生成员之间的攻击性行为。

(3)民主型的领导者。这类领导者注重对团体成员的工作加以鼓励和协助，关心并满足团体成员的需要，营造一种民主与平等的氛围，领导者与被领导者之间的社会心理距离比较近。在民主型的领导风格下，团体成员自己决定工作的方式和进度，工作效率比较高。

民主型(democratic)团队的权力定位于全体成员，领导者只起到一个指导者或委员会主持人的作用，其主要任务就是在成员之间进行调解和仲裁。团队的目标和工作方针要尽量公诸于众，征求大家的意见并尽量获得大家的赞同。具体的工作安排和人员调配等问题，均要经共同协商决定。

有关团队工作的各种意见和建议将会受到领导者鼓励，而且很可能会得到采纳，一切重要决策都会经过充分协商讨论后做出。民主型的领导者注重对团队成员的工作加以鼓励和协助，关心并满足团队成员的需要，能够在组织中营造一种民主与平等的氛围。在这种领导风格下，被领导者与领导者之间的社会心理距离较近，团队成员的工作动机和自主完成任务的能力较强，责任心也比较强。

（3）放任型的领导者。这类领导者对工作和团体成员的需要都不重视，无规章、无要求、无评估，工作效率低，人际关系淡薄。

放任型（laissez-faire，free-rein）团队的权力定位于每一个成员，领导者置身于团队工作之外，只起到一种被动服务的作用，其扮演的角色有点像一个情报传递员和后勤服务员。领导者缺乏关于团体目标和工作方针的指示，对具体工作安排和人员调配也不做明确指导。

领导者满足于任务布置和物质条件的提供，对团体成员的具体执行情况既不主动协助，也不进行主动监督和控制，听任团队成员各行其是，自主进行决定，对工作成果不做任何评价和奖惩，以免产生诱导效应。在这种团队中，非生产性的活动很多，工作的进展不稳定，效率不高，成员之间存在过多的与工作无关的争辩和讨论，人际关系淡薄，但很少发生冲突。

（二）领导者理论

1. 特性理论

基本观点：最古老的领导理论观点。关注领导者个人，并试图确定能够造就伟大管理者的共同特性。这实质上是对管理者素质进行的早期研究。

2. 行为理论

基本观点：行为理论主要研究领导者应该做什么和怎样做才能使工作更有效。集中在两个方面：一是领导者关注的重点是什么，是工作的任务绩效，还是群体维系。二是领导者的决策方式，即下属的参与程度。如图 2-15 所示的管理方格。

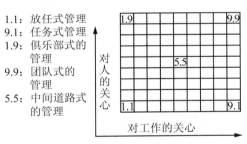

1.1：放任式管理
9.1：任务式管理
1.9：俱乐部式的管理
9.9：团队式的管理
5.5：中间道路式的管理

图 2-15　管理方格

3. 情景（权变）理论

基本观点：情景理论认为，不存在一种普遍适用、唯一正确的领导方式，只有结合具体情景，因时、因地、因事、因人制宜的领导方式，才是有效的领导方式。其基本观点可用下式反映：

$$有效领导＝F（领导者，被领导者，环境）$$

即有效地领导是领导自身、被领导者与领导过程所处的环境的函数。

4. 领导方式研究的新成果

（1）领袖魅力型领导。这是一种靠领导者个人魅力团结带领组织成员去实现目标的领导方式。

（2）变革型领导。这是一种敢于突破传统，坚持创新，善于鼓动的领导方式。

(3)后英雄时代领导。这是指通过不断拓展组织成员的能力，树立群体成员的英雄意识，使有效领导渗透于整个组织的一种领导方式。

四、权力及其来源机制

(一)权力的来源

领导的权力广义上来自两个方面：一是来自职位的权力，这是由管理者在组织中所处的地位赋予的，并由法律、制度明文规定，属正式权力。这种权力直接由职务决定其大小以及拥有或丧失。二是来自管理者自身的个人权力。这种权力主要是靠管理者自身素质及行为赢得的。因职位而拥有的正式权力称为职权，也即狭义上讲的权力。而个人权力则是包括在广义的权力概念中，它在相当程度上属威信范畴(见图2-16)。

图 2-16　权力的来源

(二)权力的运用艺术

1. 正确处理权力的自主与制衡

这是指在运用权力的过程中，既要保证管理者在所授权力范围内，独立自主地行使实现目标所必需的足够的权力，同时，又要对权力有必要的、科学的制约，以保证正确地行使权力。

要保证管理者独立地行使权力。需要做到：①正确地分配权力。②上级不要越级指挥，不要干预下级职权范围内的工作。③要通过科学、明确的制度规范体系来保证权力的配置。

要建立必要的权力制衡体制。在强调自主用权的同时，还必须有必要的权力制衡。包括：①要进行必要的权力分解。②要处理好权力运用过程中的利益关联因素。③要通过法律、制度体系来保证权力制衡。

2. 酌情适度地运用奖惩

(1)重视奖惩效应。奖励与惩罚是以权威作为支撑基础的，但另一方面，奖惩又对权威产生重要的反作用。权威是实施奖惩的条件，同时，奖惩又是强化权威的手段。

(2)奖惩分开。有功则奖，有过则罚。这不但适应组织内的不同人，也适应一个人的不同方面。

(3)酌情适度，恩威并重。奖惩中要注意：①要以事实为根据。②要针对奖惩对象及其他人敏感的需要或心理选择奖惩形式。

3. 授权

授权是指由管理者将自己所拥有的一部分权力下授给下级，以期更有效地完成任务并有利于激励下级的一种管理方式。管理者授权是现代管理的一种科学方法与领导艺术。

（1）授权的原则。

①依目标需要授权原则。授权是为了更有效地实现组织目标，所以，必须根据实现目标和工作任务的需要，将相应类型与限度的权力授给下级，以保证其有效地开展工作。

②适度授权原则。授权的程度要根据实际情况决定，要考虑到工作任务及下级的情况灵活决定。

③职、责、权、利相当原则。在授权中要注意职务、权力、职责与利益四者之间的对等与平衡，要真正使被授权者有职、有权、有责、有利。要注意授权成功后合理报酬的激励作用。

④职责绝对性原则。领导者将权力授予下级，但仍必须承担实现组织目标的责任。这种职责对于领导者而言，并不随授权而推给下级。

⑤有效监控原则。授权是为了更有效地实现组织目标，所以，在授权之后，领导者必须保有必要的监督控制手段，使所授之权不失控，确保组织目标的实现。

（2）授权类型。

①口头授权与书面授权。这是就授权的传达形式而言。一般书面授权比口头授权更正规、更规范。

②个人授权与集体授权。这是就授权主体而言。可以由管理者个人决定将其所拥有的一部分权力授予下级，也可以由领导班子集体研究，将该层次拥有的一部分权力授予其下级。

③随机授权与计划授权。这是就授权的时机而言的。有时是按照预定的计划安排将某些权力授予下级，而有时是由于某些特殊需要而临时将权力授予下级。

④长期授权与短期授权。这是就授权的期限而言的。有时为完成特定任务需要而进行短期授权，完成任务即结束授权。而那些为完成长期任务需要而进行的授权就要较长时期地将权力授予下级。

⑤逐级授权与越级授权。这是就授权双方的关系而言的。来自顶头上司的授权就属于逐级授权，而来自更高层次的领导者的授权就是越级授权。

五、指挥及其有效性

（一）指挥过程

1. 工作实施准备

（1）要"吃透两头"。一方面，正确把握目标任务要求，理解目标与任务的本质内涵、工作标准与完成时限，以便准确地加以落实；另一方面，要全面了解与任务相关的环境、条件等因素，因地、因时制宜，量力而行，以保证有针对性地落实。

（2）配置好资源。特别是人员、资金与所需物资，在数量与质量上与实现工作任务的要求相匹配。

2. 工作部署

（1）选准时机。借助某种机遇来推进目标与任务的落实，充分利用各种有利的时机、氛围、条件，为任务的落实创造尽可能好的环境因素。

(2)部署任务。

(3)实行严格的工作责任制。

3. 指导与激励

管理者要结合工作实际，及时地进行指挥与指导，并适时地进行激励，最大限度地调动员工努力工作的积极性，以促进工作的有效开展。

（二）影响指挥有效性的因素

1. 权威

权威是指挥的基础，只有凭借权威，才能进行指挥。而且，权威越大，指挥作用越明显。权威是指挥有效性的首要决定因素。

2. 指挥内容的科学性

有效的指挥首先应是符合客观规律和实际情况的指挥。只有指挥内容科学、正确，才可以产生好的指挥效果。

3. 指挥形式的适宜性

指挥的有效性在相当程度上取决于指挥形式是否适当，如果采取的形式不恰当，内容正确的指挥也可能收不到好的效果。内容正确的指挥，还要靠科学、合理、恰当的形式来实施，才能收到好效果。

4. 指挥对象

如果指挥不顾及指挥对象的特点，不能适应其需要，必然遭到他们的抵制则很难收到好的指挥效果。

5. 环境

指挥的实际效果还受诸如时机、场所、群体氛围、工作性质以及其他主客观条件的影响。

（三）指挥形式

(1)按载体的不同，指挥形式可分为口头指挥、书面指挥和会议指挥三种(见表2-3)。

表 2-3 口头指挥、书面指挥和会议指挥的含义、特点及注意事项

名　称	含　义	特　点	注意事项
口头指挥	即管理者用口头语言的形式直接进行指挥	直接、简明、快速、方便	(1)内容表达要清晰、准确 (2)用语简洁有力，详略得当 (3)讲究语言艺术
书面指挥	即采用书面文字形式进行指挥	准确性、规范性、确定性和可储存性	(1)加强针对性 (2)增强规范性 (3)提高写作质量
会议指挥	这是一种通过多人聚集，共同研究或布置工作的指挥形式	快速下达、即时反馈	(1)控制会议的议题与规模、次数 (2)必须做好充分的会前准备 (3)科学地掌握会议 (4)狠抓会议内容的落实与反馈

（2）按强制程度的不同，指挥形式主要可分为命令、决定，建议、说服，暗示、示范（见表 2-4）。

表 2-4 命令、决定，建议、说服，暗示、示范的含义、特点及注意事项

名称	含义	特点	注意事项
命令、决定	命令是要求下级无条件执行 决定是对一些事项所做出的决策或规定 决议则是会议取得一致意见的成果	强制性、直接性和时效性	（1）必须遵循客观规律，坚持从实际出发 （2）必须采取简明扼要的表达方式，并有很强的可操作性 （3）注意实施方式的艺术性和有效性
建议、说服	指导是指明工作思路和工作要领，咨询是为解决特定问题提供专门知识 建议是以平等身份提出供参考的意见 说服是摆事实，讲道理，以理服人	引导、说理性质，不带或只有微弱的强制性	（1）要以平等的身份进行交流 （2）管理者提出的见解、意见要有较高水平 （3）加强信息反馈与控制
暗示、示范	暗示是指管理者通过各种语言、行为、政策及其他形式，对下级的行为进行某种隐含性的引导 示范则指管理者以自身的模范带头作用来影响、带动下级的行为	隐含性、间接性和自觉自愿性	（1）要有鲜明的目的性 （2）选择恰当的行为方式 （3）要有其他形式的有机配合

六、激励

（一）激励机制

激励的实质过程：是在外界刺激变量（各种管理手段与环境因素）的作用下，使内在变量（需要、动机）产生持续不断的兴奋，从而引起被管理者积极的行为反应（实现目标的努力）（见图 2-17）。

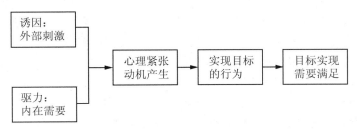

图 2-17 激励机制

（二）激励理论

1. *需要层次论*

需要层次论是美国心理学家马斯洛 1943 年提出来的。他认为人的需要有五个层次，如图 2-18 所示。

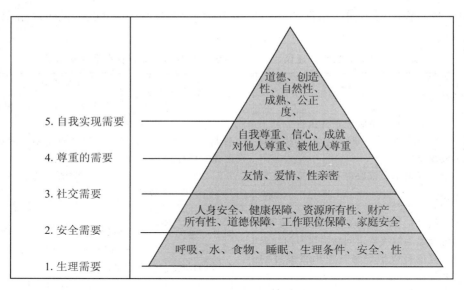

图 2-18　需要层次论

这种理论的观点：一是只有低一层次需要得到基本满足之后，较高层次需要才发挥对人行为的推动作用（低层次需要并未消失）；二是人的行为主要受优势需要所驱使。

需求层次论对管理实践的启示：

(1)正确认识被管理者需要的多层次性。片面看待下属需要是不正确的，应进行科学分析，并区别对待。

(2)要努力将本组织的管理手段、管理条件同被管理者的各层次需要联系起来，不失时机地、最大限度地满足被管理者的需要。

(3)在科学分析的基础上，找出受时代、环境及个人条件差异影响的优势需要，然后，有针对性地进行激励。

2．双因素论

双因素论是美国心理学家赫茨伯格于 20 世纪 50 年代提出来的。他将影响人的积极性的因素归结为保健因素和激励因素两大类。保健因素属于和工作环境或条件相关的因素。当人们得到这些方面满足时，只是消除了不满，却不会调动人们的工作积极性。激励因素属于和工作本身相关的因素，包括：工作成就感、工作挑战性、工作中得到的认可与赞美、工作的发展前途、个人成才与晋升的机会等。当人们得到这些方面的满足时，会对工作产生浓厚的兴趣，产生很大的工作积极性。

双因素论对管理实践的启示：

(1)善于区分管理实践中存在的两类因素。

(2)管理者应动用各种手段，如调整工作的分工，实行工作内容丰富化等来增加员工对工作的兴趣，千方百计地使员工满意自己的工作。

(3)在不同国家、不同地区、不同时期、不同阶层、不同组织，乃至每个人，最敏感的激励因素是各不相同的，应灵活地加以确定。

(三)激励方法与艺术

按照激励中诱因的内容和性质，可将激励的方式与手段大致划分为三类：物质利益激励、社会心理激励和工作激励。

1. 物质利益激励

物质利益激励是指以物质利益为诱因，通过调节被管理者的物质利益来刺激其物质需要，以激发其动机的方式与手段。主要包括以下几种具体形式。

(1)奖酬激励。包括工资、奖金、各种形式的津贴及实物奖励等。虽然对于一些高收入水平的人来说，工资、奖金已构不成主要的激励因素，但是对于我国相当一部分收入水平较低的人来说，工资、奖金仍是重要的激励因素。

(2)关心照顾。管理者对下级在生活上给予关心照顾是激励的有效形式。它不但使下级获得物质上的利益和帮助，而且能获得受尊重和归属感上的满足，从而可以产生巨大的激励作用。

(3)处罚。在经济上对员工处罚，是一种管理上的负强化，属于一种特殊形式的激励。

2. 社会心理激励

社会心理激励，是指管理者运用各种社会心理学方法，刺激被管理者的社会心理需要，以激发其动机的方式与手段。这种激励方式是以人的社会心理因素作为激励诱因的。主要包括以下一些具体形式。

(1)目标激励。即以目标为诱因，通过设置适当的目标，激发动机，调动积极性的方式。可用以激励的目标主要有三类：工作目标、个人成长目标和个人生活目标。

(2)教育激励。即通过教育方式与手段，激发动机，调动下级工作积极性的形式。具体包括：政治教育和思想工作。

(3)表扬与批评。是管理者经常运用的激励手段。要讲究表扬与批评的艺术，因为它将直接关系到表扬与批评的效果。

(4)感情激励。即以感情作为激励的诱因，调动人的积极性。

(5)尊重激励。管理者应利用各种机会信任、鼓励、支持下级，努力满足其受尊重的需要，以激励其工作积极性。

(6)参与激励。即以让下级参与管理为诱因，调动下级的积极性和创造性。

(7)榜样激励。榜样激励主要包括以下两方面：①先进典型的榜样激励。②管理者自身的模范作用。

(8)竞赛(竞争)激励。人们普遍存在着争强好胜的心理，这是由人们谋求自我实现的需要所决定的，因此，管理者应该结合工作任务，组织各种形式的竞赛，鼓励各种形式的竞争，以能更好地调动员工的工作积极性。

3. 工作激励

按照赫茨伯格的双因素论，对人最有效的激励因素来自于工作本身，因此，管理者必须善于调整和调动各种工作因素，搞好工作设计，千方百计地使下级满意于自己的工作，以实现最有效的激励。实践中，一般有以下几种途径：①工作适应性；②工作的意义与工作的挑战性；③工作的完整性；④工作的自主性；⑤工作扩大化。具体形式有：①兼职作业；②工作延伸；③工作轮换；④工作丰富化，即提高其工作的层次；⑤及时获得工作成果反馈。

七、沟通

(一)沟通的含义与类型

沟通是指为达到一定的目的，将信息、思想和情感在个人或群体间进行传递与交流的过程。沟通具有目的性、信息传递性和双向交流性特点。沟通是重要的领导手段，在管理中具有极为重要的意义。其作用主要表现为：有效实施指挥与激励；保证整个管理系统的协调运行、协调各种人际关系；增强群体凝聚力等。

沟通的类型：

(1)按信息流向划分：上行沟通、下行沟通、平行沟通和斜向沟通。

(2)按信息传递的途径划分：正式沟通与非正式沟通。前者指信息通过正式组织，按规定的正式程序与渠道传递；后者则是通过非正式组织，进行私下传递。

(3)按信息传递的媒介划分：口头沟通、书面沟通和非语言沟通。

(4)按信息传递的范围划分：组织内部沟通和组织外部沟通。

(5)在实际管理中，典型的沟通形式主要有：人际交往、交涉与谈判、演讲与表达等。

(二)有效沟通的原则

(1)明确沟通的目标。管理沟通作为一种有意识的自觉行为，必须在沟通之前，规定明确的目标。

(2)了解沟通对象，增强沟通针对性。沟通对象的需要、心理、知识、个性等因素对沟通效果影响也是很大的。

(3)具备科学的思维。思维是沟通的基础，只有正确的思维，才会有有效的沟通，否则就不可能有成功的沟通。科学的思维有两点要求：一是要正确处理信息，能认识事物的本质，抓住问题的关键；二是要形成清晰的沟通思路，构思出周密的沟通方案。

(4)管制信息流。要对所沟通的信息进行科学处理，提高信息的质量；同时要对信息进行必要的过滤，去掉无关紧要的信息。

(5)选择恰当的沟通渠道与方式方法。要根据沟通目标、沟通内容和沟通对象等方面的需要，正确地选择沟通渠道、媒介及相应的沟通方式与方法，从而保证在传递信息过程中的效率和质量。

(6)讲究语言艺术。管理者要讲究语言艺术，提高沟通语言的简练性、准确性、针对性和趣味性，以提高沟通的有效性。

(7)及时地运用反馈。反馈可以排除噪声和信息失真，增强沟通的有效性。

(8)社会与心理因素的运用。善用有效手段，拉近心理距离，融通情感更能促进沟通。努力营造和谐、融洽、无拘无束的氛围，也有助于沟通。

第四节　控制

【案例】

苏南机械有限公司是江南的一家拥有3000多名职工的国有企业，主要生产金属切削机。公司建立于解放初期，当初只是一个几十人的小厂。公司从小到大，经历了几十年的风雨，为国家做出过很大的贡献。在 20 世纪 80 年代，公司取得了一系列令人美慕的殊荣。经主管局、市有关部门及国家有关部委的考核，公司各项指标均达到了规定的要求，光荣地被评为国家一级企业；厂里的当家产品，质量很好，获得了国家银质奖。随着外贸改革，逐渐打破了国家对外贸的垄断，除了外贸公司有权从事外贸外，有关部门经考核挑选了一部分有经营外贸潜力的国有大、中型企业，赋予它们外贸自主权，让它们直接国际市场，从事外贸业务。公司就是在这种形势下，得到了上级有关部门的青睐，获得好评。

进入 20 世纪 90 年代，企业上上下下都感到日子吃紧，虽然经过转制，工厂改制成了公司，但资金问题日益突出，一方面公司受"三角债"的困扰，另一方面产品积压严重，销售不畅。为此公司领导多次专题研究销售工作，大部分人都认为，公司的产品销售不动，常常竞争不过一些三资企业和乡镇企业，问题不在产品质量，而主要是在销售部门的工作上。因此，近几年公司对销售工作做了几次大的改革，先是打破了只有公司销售部门独家对外进行销售的格局，赋予各分厂（即原来的各车间）进行对外销售的权力，还另外组建了几个销售门市部，从而形成一种竞争的局面，利用多方力量来推动销售工作，公司下达包括价格浮动幅度在内的一些指标来加以控制。与此同时，公司对原来的销售科进行了充实调整工作，把销售科改为销售处。

以后又改为销售部，现在正式改为销售公司。在人员上也作了调整，抽调了一批有一定技术、各方表现均不错的同志充实进销售公司。这样一来，从事销售工作的人员增加了不少，销售的口子也由原来一个变成了十几个。

当初人们担心，这样会造成混乱，但由于公司通过一些指标加以控制，所以基本上没有出现这种情况，但是销售工作不景气状况却没有根本改变，这是近年来一直困扰公司领导的一大问题。与此同时，公司的外销业务有了长足的发展。当初公司从事外销工作的一共只有五六个人，是销售科内的一个外销组，以后公司获得了外贸自主权，公司决定成立进出口部事外销工作，

人员也从原来的几个发展到了今天的 30 个：除 12 个人在外销仓库，有 5 个外销员，5 个货源员，其他的人从事单证、商检、海关、船运、后勤等各项工作。公司专门抽调了老王担任进出口部经理。老王今年 50 岁，一直担任车间、科室的主要领导，是公司有名的实力派人物。在王经理的带领下，进出口部的业绩令人瞩目：1996 年达到了 450 万美元，1997 年达到 500 万美元，1998 年计划为 650 万美元，1 月到 9 月已达到了 500 多万美元，看来完成预定的计划是不成问题的。成绩是显著的，但问题矛盾也不少。进出口部成立以来，有三件事一直困扰着，

一是外销产品中，本公司产品一直上不去。公司每年下达指标，要求进出口部出口本公司定量的产品，如 1998 年的指标是 650 万美元的外销量，其中本公司的产品应达 350 万美元。公司的理由是：内销有困难，进出口部要为公司挑担子，虽然做公司产品，对进出口没多大利润，但这关系到全公司 3000 人的吃饭问题。因此，进出口部只得接这项任务，王经理再将指标分解给外销员，即每人做 70 万美元的本公司产品，可结果总是完不成。王经理和外销部都反映，完不成的责任不在进出口部，因为订单来了，本公司分厂不能及时交货，价格也有问题，所以只能让其他厂去做，进出口部做订购，这样既控制价格、质量，又能及时交货。说穿了，做本公司的产品，进出口部门要去求分厂，而做外购是人家求进出口部，好处也就不言而喻了。公司对进出口部完成不了本公司产品的出口任

务一直有意见，进出口部门与各分厂的关系也搞得很僵，而且矛盾还在发展之中。

二是内部奖金的问题。近几年，公司对工资奖金的发放也作了些改革，公司负责发工资和奖金的额度控制，但具体如何发放，由各部门自行确定。这样一来王经理就要与公司谈判奖金额度，但这仍是项艰难的讨价还价工作，好在王经理经验丰富，为进出口部门争取到了较好的奖金额度。对王经理来说，更难的是有了奖金额度，如何进行内分配。开始的时候，王经理采用基本平均的分配方式，理由是：进出口部的成绩是一起做的，缺少了哪个人的努力都不行，虽然各人干的工作不一样，贡献也不同，但工资里已有所体现，因为现在的工资主要实施的是岗位工资制，仓库工人的工资大约只有员工工资的一半，差距已经拉开了，而奖金发放的标准主要看大家在各自的岗位上是不是在努力工作，如果大家都在努力工作，那么就拿一样的奖金。这样做引起了一部分人，特别是外销员工的不满，

他们认为这是平均主义在奖金分配上的反映，奖金是分配中的一个组成部分，而且随着公司的发展，这一块在收入中占比重会越来越大，工资在收入中占的份额在下降，因此奖金分配搞平均主义，那么大锅饭弊病就无法根除。王经理想想也有道理，经过反复考虑，他决定拉开奖金分配的差距。

王经理将外销员和与之相配合的货源员的奖金与他们的创利结合在一起，这样各种人员所得的奖金数额差距拉大了，最高的和最低的有时相差 10～20 倍，当然拿得少的人不满意了；他们认为外销员拿得那么多，这不公平，好事都是他们的，要么出国、参加广交会等，已经获得了很多好处，现在奖金又拿那么多，我们拿得少，以后少干点，我们少干，看看他们能完成那些订单吗！这些反映传到王经理的耳中了，据说有人还到公司总经理那儿去告状了。王经感到右也不是，左也不是，到底该怎么办呢？

三是外销员队伍的稳定问题。近几年已有几位外销员跳了槽，而且跳出去的人据说都"发"了，有的已开公司做贸易，有的跳到别的外贸公司，因为他们是业务熟手，手中又有客户，所以都享有很高待遇。这又影响了现在的外销员。公司虽然在工资、奖金上向外销员作了倾斜，但他们比跳槽的收入还差一大截，因此总有些人心不定，有的已在公开扬言要走，王经理也听到了些消息，说是有的人已在外面悄悄干上了。面对这样的状况，王经理心里万分着急，他知，培养一个好的外销员不容易，走掉一个外销员，就会带走一批生意。他深知问题的严重，也想了好多办法，想留住人心，比如搞些活动，加强沟通等，但在有些人身上收效很少。该怎么办呢？

思考：

1. 王经理该如何对外销员实施有效的控制？

2. 你若是王经理该如何处理文中提到的这些问题？

一、控制概念

在广义上，控制是指除计划以外的所有保证计划实现的管理行为，包括组织、领导、监督、测量和调节等一系列环节。

在狭义上，控制是指继计划、组织、领导职能之后，按照计划标准衡量计划完成情况和纠正偏差，以确保计划目标实现的一系列活动。

控制是管理四大职能之一，与计划、组织和领导职能密切配合，共同构成组织的管理

循环。控制有以下四大作用：①控制能保证计划目标的实现，这是控制的最根本作用；②控制可以便复杂的组织活动能够协调一致、有序地运作，以增强组织活动的有效性；③控制可以补充与完善期初制订的计划与目标，以有效减轻环境的不确定性对组织活动的影响；④控制可以进行实时纠正，避免和减少管理失误造成的损失。

二、管理控制的三种基本类型

管理控制类型通常根据实施控制活动的时间进程把控制分成预先控制、同步控制和反馈控制。

(1)预先控制是指为增加将来的实际结果达到计划结果的可能性而事先所进行的管理活动。比如为了保证一项工作任务的圆满完成，在尚未开始行动前，先做好物质条件和人员的准备。这种控制的中心问题是防止组织所使用的资源在质和量上产生偏差。

(2)同步控制是指管理人员在计划执行过程中，指导、监督下属完成计划要求的行动。这种控制的中心问题是防止与纠正执行计划的行动与计划标准的偏差。这种控制通过对下属人员及其活动进行指导、监督、调解等方式来实现。

(3)反馈控制是把对行为最终结果的考核分析作为控制将来行为的依据的一种控制方式。经济活动是连续的、循环的过程，对前一个过程进行监测、考核，是保证下一个过程按预定轨道运行的重要条件。这种控制的中心问题是分析、评价计划执行的最终结果与计划目标的偏差。

三种控制类型的比较体现在三个方面。

(1)预先控制，是建立在能测量资源的属性与特征的信息的基础上的，其纠正行动的核心是调整与配置即将投入的资源，以求影响未来的行动。

(2)同步控制，其信息来源于执行计划的过程，其纠正的对象也正是执行计划的过程。

(3)反馈控制，是建立在表明计划执行最终结果的信息的基础上的，其所要纠正的不是测定出的各种结果，而是执行计划的下一个过程的资源配置与活动过程(见图2-19)。

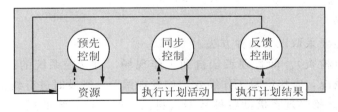

图 2-19 管理控制的基本类型比较

三、控制方法

(一)预先控制

预算是各类管理者一种经常使用的控制工具。无论是工商企业还是政府、文化组织，都需要借助预算对管理系统的运行进行控制。预先控制主要采用预算方法的方式。

预算的含义：是指根据计划目标和实施方案具体筹划与确定资源的分配、使用以及相应行动预期结果的数字化形式。

预算既是计划的工具，又是控制的工具。当它表示将计划目标与计划方案数字化的时候，它就成为计划的一种形式；而当预算作为标定合理使用资源的界限、衡量实际与计划偏差的工具时，它就成为控制的一种形式。

预算的种类：企业的预算一般包括：①收入与支出预算；②时间、空间、材料及产品预算；③资金预算、现金预算和投资预算。

预算的步骤：预算的编制是一个有科学程序的系统性工作，一般经过自上而下和自下而上的循环过程。

现代预算的方法包括：①弹性预算；②程序性预算；③零基预算。

1. 弹性预算

实行弹性预算的方法主要有两种，一种是变动预算，另一种是滚动预算。

(1)变动预算。即一部分费用与产量大小无关，是固定要发生的，称为固定成本；另一部分费用则随产量的变化而变化，称为变动成本。根据不同的预期产量，编制变动成本不同的预算，这就是一种变动预算的方法；

(2)滚动预算。是指先确定一定时期的预算，然后每隔一定时间，就要定期修改以使其符合新的情况，从而形成时间向后推移一段的新预算。

2. 程序性预算

完全是以计划为基础的，按照计划目标的实际需要来分配资源，使资源尽可能有效地保证目标的实现。

3. 零基预算

即每次都是重新由零开始编制预算。零基预算的主要做法是：

(1)把每一项支援性活动描述为一个决策的组件，每个组件都包含目标、行动及所需资源；

(2)对每一个组件或活动用成本—效益分析的方法进行评价和顺序安排；

(3)在上一步的基础上，对拥有的资源按照每种职能对于实现组织目标所做的贡献大小来进行分配。

(二)同步控制

同步控制中主要采取以下几种方法。

(1)实地观察(检查)。即管理者亲自到工作现场，对受控系统的运营进行直接巡视、查看，了解运行情况，直接衡量工作绩效，如发现偏差，则及时进行纠正。

(2)资料统计。指管理者借助各种数据资料，掌握受控系统的运行情况以进行控制的方法。

(3)报告。指管理者搜集与阅读关于受控系统运行信息的各种报告，了解情况，以控制系统运行的方法。

(三)反馈控制

反馈控制主要采取以下几种方法：

(1)会计核查和审计。即借助会计或审计手段考察财务记录的可靠性和真实性，进而了解控制企业的生产经营活动的方法。

(2)企业诊断。即由有关专家对企业经营的诸方面或某一特定方面进行调查分析，找出存在的问题，提出解决问题的建议等一系列活动。

(3)比率分析。反映系统某方面数量特征的绝对数，有时不能提供所需的信息。如仅是利润额较大，并不能直接向管理人员反映出本企业经营的效益究竟如何；而资金利润率则较好地反映了该企业相对本行业的经济效益的大小。因此，比率分析是一种必需的控制技术。

一般可以把比率分为财务比率和经营比率两大类：①财务比率。财务比率分析主要用来分析财务结构，控制财务状况，并通过这种资金形式，集中对企业整个系统进行控制。如投资利润率、销售利润率等。②经营比率。经营比率分析有助于直接控制企业的经营活动。如库存周转率反映了商品周转的速度及库存的合理性，市场占有率反映了企业占领与开拓市场的情况。

(4)盈亏平衡分析。这是进行经济分析的一种重要工具。①盈亏平衡模型。它可以用来进行成本控制。这一模型将固定成本与变动成本分列，容易发现实际费用与预算的背离情况，可将注意力集中于可能采取纠正行动的那些领域。②经营杠杆率。它是进行盈亏平衡分析的另一有用工具。它是指产品销售量变化1％而引起利润变化的百分数。经营杠杆率高的企业，表明其利润对销售量变化的反应敏感性强，即销售量的一个较小的变化，将导致利润较大幅度的变化。通过这样的分析，就可以测定利润随销售量变化而变化的情况，以便加强对销售量与利润的控制。

第三章
人力资源管理

第一节　人力资源概述及规划

【案例导入】

泉州产业转型升级需破"人才"瓶颈

改革开放以来，泉州经济取得了辉煌的成就。2014 年年底，泉州经济总量已经连续 15 年领跑全省，形成了经济社会发展的"泉州模式"，以泉商为经营主体的泉州民营经济是 30 多年来泉州经济飞速发展的主要促进因素。改革开放以来，全市拥有民营企业 13 多万家，年产值冲过 4000 亿元大关，在全市经济中已占"十分天下有其九"的格局，成为泉州经济最具活力的源泉。但是 2008 年金融危机之后，泉州民营企业的发展遭遇了极大的挑战。泉州民营企业大多数是中小型企业，主要集中在针织、服装、鞋帽、建材、陶瓷、工艺品、玩具、食品等劳动密集型的传统制造业。随着社会经济环境的变化，传统制造业面临着企业成本逐渐推高、国内竞争及同业竞争激烈、企业管理模式及老板角色转换缓慢、应对新挑战乏力等种种困境。特别是福建自贸区的范围没有包括泉州的现实迫使泉州企业必须重新定位，加速转型升级，以适应新的局面，避免被边缘化的危险。

泉州"十三五"发展规划中，如何壮大传统优势产业，打造传统优势产业升级版成了泉州市"十三五"期间必须解决的重大课题。据泉州民营企业转型升级面临的突出问题调查显示，企业答案排在前三的是"成本上涨""人才缺乏""资金"；而在泉州民营企业升级面临的主要制约因素的调查中，企业回答排在前三的是"市场规范""政府财税支持""人才引进培养"。

从调查结果中不难看出，"人才"问题已经成为目前泉州民营企业转型升级的主要障碍之一。

据调查数据显示人才总量不足、引进困难、高层次人才匮乏、人才"跳槽"频繁是目前泉州民营企业人才缺乏的主要状况表现。泉州民营企业收入低，人才成长环境欠佳，而大多数的泉州民营企业为家族出资或是私人投资兴办，家族式的管理对人才晋升存在一定的制约，引进并留住人才有一定的难度。仔细分析有关情况不难发现，泉州民营企业人才匮乏的症结在于人力资源管理的不得力。近几年已有安踏、特步、九牧王、361°、中宇等一批较具有现代管理意识的规模企业涌现，但大多数的泉州民营企业家仍深受社会传统文化的影响和束缚，在一般情况下企业主集所有权与经营权于一身，对人力资源管理在民营企业发展中的巨大作用仍认识不足，缺乏现代企业管理的理论知识，忽视人力资源的开发利用，没有一整套切实有效的人力资源的投资与保障体系制度设计；影响了泉州民营企业人力资源管理的整体质量，使得民营经济的人才总量、质量、结构等成为一直制约着泉州民营经济持续发展的重要因素。

显然，泉州民营企业要做好升级转型，实现新一轮跨越，人才是关键，而科学的人力资源管理是解决人才战略问题的主要方法和手段。研究泉州民营企业发展的人力资源管理问题具有重要的现实意义。

思考：

1. 产业升级转型、跨越式发展过程中，人才如何发挥关键作用？

2. 管理就是管人，管人如何成为管理的要务？

一、人的哲学

(一)人性假设理论(详见第二章第三节领导)

(二)马斯洛的需要层次理论(详见第二章第三节领导的激励理论)

二、人事管理原理

(1)要素有用原理。

任何要素(人员)都是有用的。换而言之，一个组织中没有无用之人，而只有没有用好之人，每个人都有优缺点，关键是如何扬长避短。人力资源管理的根本目的在于为所有人找到或创造发挥作用的环境或条件。

(2)互补增值原理。

由于人力资源系统的每个个体具有差异性和多样性，因此，在人力资源管理中，应该通过互补发挥个体优势，形成整体功能优化。包括知识互补、气质互补、能力互补、性别互补和年龄互补。

(3)动态适应原理。

现代社会是动态的社会，人力资源也在不断地流动。对于个人来说，有主动择业的权力；对于一个组织来说，则可以对人的工作进行适当的纵向或横向调整。人力资源开发要正确地认识流动，要在人才的流动中做好人才优化配置。

(4)激励强化原理。

指通过奖励和惩罚，使员工明辨是非，对员工的劳动行为实现有效激励。激励就是创设满足员工各种需要的条件，激发员工的动机，使之产生实现组织期望目标的特定行为的过程。

(5)公平竞争原理。

指竞争者各方以同样的起点、用同样的规则，公正地进行考核、录用和奖惩的竞争方式。在人力资源管理中引进竞争机制，可以较好地解决奖勤罚懒、用人所长、优化组合等问题。

(6)文化凝聚原理。

组织文化是建立在组织成员信仰之上的一种共同价值观。组织文化对于组织的人力资源具有重要的凝聚功能和约束功能。人力资源开发要重视文化建设，通过塑造高尚的组织文化，树立良好的组织形象，吸引人才，建立组织与个人、个人与个人之间的忠诚关系，提高组织效率。

三、中国古代的人事思想

中国古代积累了丰富的人事管理思想，主要包括如下方面。

(1)为政之要，唯在得人。

(2)人生有欲，相持而长。

(3)取胜之本，在于士气。

(4)刚柔相济，赏罚严明。

(5)德才兼备，选贤任能。

(6)知人善任，不课不用。

(7)率先示范，治身为重。

(8)勤于教养，百年树人。

四、发达国家的人力资源开发与管理思想

发达国家在发展过程中，可资学习、借鉴的管理思想主要有5个方面。

(1)以人为本，尊重个人。

(2)满意度调查。

(3)沟通。

(4)员工发展计划。

(5)优秀人才选拔。

由随意性大的经验管理走向科学管理——科学化趋向，如表 3-1 所示。

表 3-1　管理的发展

阶段	经验管理	科学管理	文化管理
年代	1769—1910 年	1911—1980 年	1981 年以来
特点	人治	法治	文治
领导	师傅型	指挥型	育才型
管理中心	物	物	人
人性假设	经济人	经济人	自我实现人观念人
激励方式	外激为主	外激为主	内激为主
HR 管理模式	雇工管理	劳动人事管理	人力资源管理
导向	成本降低导向	效率提升导向	人力资本升值导向

五、人力资源与人力资源管理

(一)人力资源的定义及分类

1. 人力资源的定义

人力资源，又称劳动力资源或劳动力。经济学把为了创造物质财富而投入于生产活动中的一切要素通称为资源，包括人力资源、物力资源、财力资源、信息资源、时间资源等，其中人力资源是一切资源中最宝贵的资源，是第一资源。因此，广义上人力资源指一个社会具有智力劳动能力和体力劳动能力的人的总和，包括数量和质量两个方面。狭义上指组织所拥有的用以制造产品和提供服务的人力。

2. 人力资源的分类

16周岁以上男60周岁、女55周岁以下的具有劳动能力的就业人口、求职人口、学生、军人等。

(二)人力资源管理的定义及模块

1. 人力资源管理的定义

人力资源管理是指运用科学方法，协调人与事的关系，处理人与人的矛盾，充分发挥人的潜能，使人尽其才，事得其人，人事相宜，以实现组织目标的过程。

2. 人力资源管理的模块

人力资源管理分为六大模块：人力资源规划、招聘与配置、培训与开发、绩效管理、薪酬福利管理、劳动关系管理(见图3-1)。

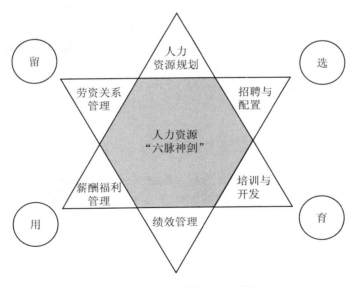

图 3-1　人力资源管理的六模块

(三)人力资源规划的主要内容

人力资源规划(Human Resource Plan，HRP)也叫人力资源计划，是指为实施企业的发展战略，完成企业的生产经营目标，根据企业内外环境和条件的变化，通过对企业未来的人力资源的需要和供给状况的分析及估计，运用科学的方法进行组织设计，对人力资源的获取、配置、使用、保护等各个环节进行职能性策划，制定企业人力资源供需平衡计划，以确保组织在需要的时间和需要的岗位上，获得各种必需的人力资源，保证事（岗位）得其人、人尽其才，从而实现人力资源与其他资源的合理配置，有效激励、开发员工的规划。

人力资源规划包括以下几个部分的内容。

（1）人力资源战略发展规划。

这是根据企业总体发展战略的目标，对企业人力资源开发和利用的大政方针、政策和策略的规定，是各种人力资源具体计划的核心，是事关全局的关键性规划。

（2）人力资源组织人事规划。

这是对企业人力资源总体框架的设计，涵盖：①组织结构设计与调整规划；②劳动组织设计与调整规划；③人力资源供需平衡计划。主要包括部门化组织设计、（工作）岗位设置、劳动定员定额和科学的组织劳动生产。

（3）人力资源管理制度建设。

这是人力资源总规划目标实现的重要保证，包括人力资源管理制度体系建设的程序、制度化管理等内容。

（4）人力资源人员规划。

这是对企业人员总量、构成、流动的整体规划，包括现状、定员、人员需求与供给预测和供需平衡。

（5）人力资源管理费用预算。

这是企业在一个生产经营周期（一般为 1 年）内，人力资源全部管理活动预期的费用支出的计划。包括预算、核算、审核、结算、费用控制等。

企业工作岗位分析、劳动定员定额是人力资源规划的前提，而人力资源规划又对企业人员的招聘、选拔、培训、考评、调动、升降、薪资、福利和保险等各种人力资源管理活动的目标、步骤与方法，作出具体而详尽的安排，充分显示了人力资源规划在企业人力资源管理活动中的重要地位和作用。

六、工作岗位分析

（一）工作岗位分析的概念

对各类工作岗位的性质任务、职责权限、岗位关系、劳动条件和环境，以及员工承担本岗位任务应具备的资格条件所进行的系统研究，并制定出工作说明书等岗位人事规范的过程。

（二）工作岗位分析的内容

（1）对岗位活动的内容进行分析，即在这个岗位上应该做什么事情（名称、性质、任务、权责、程序、工作对象、上下级关系等进行界定）。

（2）根据岗位自身特点，明确岗位对员工的素质要求，即具备什么样的素质特征才能胜任岗位的工作（KSAO）。

（3）将岗位职责和素质要求整合起来，制定出工作说明书、岗位规范等人事文件。

（三）工作岗位分析信息的主要来源

（1）书面材料。

在企业中，一般都保存各类岗位现职人员的资料记录以及岗位责任的说明，这些资料对工作岗位分析非常有用。例如组织中现有的岗位职责、供招聘用的广告等。

（2）任职者的报告。

任职者的报告也是分析工作岗位内容的主要来源。可以通过访谈、工作日志等方法得到任职者的报告。因为如果让任职者自己描述所做的主要工作以及是如何完成的，很难保证所有的工作方面都能涉及，而且无法保证信息本身的客观性与真实性。

（3）同事的报告。

除了直接从任职者那里获得有关的资料外，也可以从任职者的上级、下属等处获得资料。这些资料可以弥补其他报告的不足。

（4）直接的观察。

到任职者的工作现场进行直接观察也是一种获取有关工作信息的方法。尽管岗位分析人员出现在任职者的工作现场对于任职者会造成一定的影响，但这种方法仍能提供一些其他方法所不能提供的信息。

（5）其他。

岗位分析的资料还可以来自于下属、顾客和用户等处。尽管信息的来源多种多样，但作为岗位分析人员，要寻求最为可靠的信息来源渠道。

（四）岗位规范和工作说明书

1. 岗位规范

（1）概念。岗位规范又称劳动规范、岗位规则或岗位标准，是对组织中各类岗位某一专项事物或对某类员工的劳动行为、素质要求等所作的统一规定。

（2）岗位规范的主要内容（员工培训劳动，定员定额标准）。

①岗位劳动规则：企业依法制定的要求员工在劳动过程中必须遵守的各种行为规范，包括时间规则、组织规则、岗位规则、协作规则、行为规则。

②定员定额标准：编制定员标准、各类岗位人员标准、时间定额标准、产量定额标准、双重定额标准等。

③岗位培训规范：对本岗位员工的职业技能培训与开发所作的规定。

④岗位员工规范：对某类员工任职资格以及知识水平等素质要求作的规定。

（3）岗位规范的结构模式。

①管理岗位知识能力规范：包括职责要求、知识要求、能力要求、经历要求等。

②管理岗位培训规范：包括指导性培训计划、参考性培训大纲和推荐教材等。

③生产岗位技术业务能力规范：包括应知、应会、工作实例等。

④生产岗位操作规范：包括岗位职责、任务；岗位各项任务的数量和质量要求、完成期限；各项任务的程序和操作方法；与相关岗位的协调配合程度等。

⑤其他种类岗位规范：包括各类岗位的考核规范等。

2. 工作说明书

（1）概念：工作说明书是组织对各类岗位的性质和特征、工作任务、职责权限、岗位关系、劳动条件和环境，以及本岗位人员任职的资格条件等事项所作的统一规定。

（2）工作说明书的分类：岗位工作说明书、部门工作说明书、公司工作说明书。

（3）工作说明书的内容：基本资料、岗位职责、监督和岗位关系、工作内容和要求、工作权限、劳动条件和环境、工作时间、资历、身体条件、心理品质要求、专业知识和技能要求、绩效考评。

3. 岗位规范与工作说明书的区别

（1）所涉及的内容不同。工作说明书是以岗位"事"和"物"为中心，而岗位规范所覆盖的范围、所涉及的内容要比工作说明书广泛得多，只是其有些内容如岗位人员规范与工作说明书的内容有所交叉。

（2）所突出的主题不同。（工作说明书与岗位规范的人员规范比较）岗位规范是在岗位分析的基础上，解决"什么样的人才能胜任本岗位的工作"的问题；工作说明书不仅要分析"什么样的人才能胜任本岗位的工作？"还要回答"该岗位是一个什么岗位？这个岗位做什么？在什么地点和环境条件下做？如何做？"等问题。因而，岗位规范是工作说明书的重要组成部分。

（3）具体的结构形式不同。工作说明书不受标准化原则的限制，可繁可简，结构形式多样化；岗位规范一般由企业职能部门按企业标准化原则，统一制定并发布执行的。

七、企业劳动定员管理

（一）企业定员的基本概念

企业定员，又称人员编制。指在一定的生产技术组织条件下，为保证企业生产经营活动正常进行，按一定素质要求，对企业配备各类人员所预先规定的限额。组织从组建之日起，就要考虑需要设置多少岗位、需要配备多少人，各种人应具备什么条件。凡是企业进行正常生产经营所需要的各类人员，都应包括在定员的范围之内。即一般员工、各级管理人员、专业技术人员、高层领导者等。定员范围与用工形式无关。

（二）劳动定员与劳动定额的区别和联系

劳动定额是指在正常的生产技术和生产组织条件下，为完成单位合格产品所规定的劳动消耗标准。劳动定额有两种表现形式：时间定额和产量定额。

（1）从概念内涵上看，企业定员是对劳动力使用的一种数量质量界限。与劳动定额的内涵（活劳动消耗量）完全一致。

（2）从计量单位上看，劳动定员采取"人年""人月"等。与劳动定额所采用的劳动时间单位"工日""工时"没有区别。

（3）常年性工作岗位上的人员都纳入定员管理的范围之内，如工人、管理人员、技术人员等。而实行劳动定额的人员占全体员工的 40%～50%。定员管理的范围更大。

（4）制定企业定员的方法：①按劳动效率定员；②按设备定员；③按岗位定员；④按比例定员；⑤按组织机构、职责范围和业务分工定员。前面三种和劳动定额存在直接联系，后两种是劳动定额方法的延伸。

（5）定员和定额都是对人力消耗所规定的限额，但是计量单位不同、应用范围不同。

（三）核定用人数量的基本方法

核定各类人员用人数量的基本依据是：制度时间内规定的总工作任务量和各类人员的工作效率。

（1）按劳动效率定员：根据生产任务和工人的劳动效率，以及出勤率来计算定员人数。

这是一种根据工作量和劳动定额来计算人员数量的方法。凡是有劳动定额的人员，当人员需求量不受设备影响时，适合用这种方法来计算定员。

由于劳动定额的基本形式有工时定额和产量定额，因此可按工时或产量来表示。当某工种生产产品品种较单一而产量较大时，可采用产量定额来计算。

（2）按设备定员：根据设备需要开动的台数和开动的班次、工人看管定额，以及出勤率来计算定员人数，主要适用于机械操作为主，使用同类型设备，采用多机床看管的工种。这些工种的定员人数，主要取决于机器设备的数量和工人在同一时间内能够看管设备的台数。

（3）按岗位定员：根据岗位的多少，以及岗位的工作量大小来计算定员人数的方法是按岗位定员。这种方法适用于连续性生产装置组织生产的企业，如冶金、化工、机械制造等各类企业中使用大中型连动设备的人员。除此之外，还适用于一些既不操纵设备，又不实行劳动定额的人员。

①设备岗位定员：适用于设备开动时间内，必须由单人看管或多岗位多人共同看管的场合。

②工作岗位定员：适用于有一定的岗位，但没有设备，而又不能实行定额的人员，如检修工、值班电工等。主要根据工作任务、岗位区域、工作量，并考虑兼职作业可能性。

根据设备岗位定员的具体考虑因素看管的岗位量：

a. 岗位的负荷量：一般岗位负荷量不足 4 小时，要考虑兼职、兼岗；高温、高压、高空等岗位，工人连续工作不得超过 2 小时。

b. 每一岗位的危险和安全程度，员工需走动的距离，是否可以交叉作业，仪器设备的复杂程度等。

c. 生产班次、倒班及替班的方法。

例如，某车间有一套制氧量 50 米³/小时空气分离设备，现有 3 个岗位共同操作，经过工作日写实测定，甲岗位生产工作时间为 260 分钟，乙岗位为 300 分钟，丙岗位为 240 分钟，根据该工种的劳动条件和劳动强度等因素，规定休息与生理需要时间为 60 分钟，则该空分设备岗位定员人数应为多少？

解：

根据题意得：

班定员人数＝共同操作的各岗位生产时间的总和/（工作班时间－个人需要与休息放宽时间）
＝（260＋300＋240）/（60×8－60）人＝1.9 人≈2 人

（4）按比例定员：按照与企业员工总数或某一类人员总数的比例，来计算某类人员的定员人数。

这种方法主要适用于企业食堂工作人员，幼托工作人员、卫生保健人员等服务人员的定员。

对于企业中非直接生产人员，辅助生产工人，政治思想工作人员，工会、妇联、共青团脱产人员，以及某些从事特殊工作的人员，也可参照此种方法确定定员人数。

（5）按组织机构、职责范围和业务分工定员：适用于企业管理人员和工程技术人员的定员。

第二节　招聘与配置

【案例】

神通公司是一个业务蒸蒸日上的投资咨询公司，杜克先生决定委派一位得力干将比尔先生——一名人力资源管理硕士，专门负责神通公司的人事管理。

比尔认为在专业技能测试过程中，进行"模拟测验"是行之有效的一个办法。其具体做法是，应聘者以小组为单位，根据工作中常常碰到的问题，由小组成员轮流担任不同角色以测试其处理实际问题的能力。整个过程由专家和公司内部的高级主管组成专家团监督进行，一般历时2天左右，最后对每一个应试者做出综合评价，提出录用意见。"模拟测试"的最大特点是应聘者的"智商"和"情商"都集中表现出来，它能客观反映应聘者的综合能力，使企业避免在选择管理人员时"感情用事"。"模拟测验"基本上由三个环节组成。

一是文件处理练习。秘书给每一个应聘人员一个在每个经理人员或高级管理人员那里都能见到的文件筐，文件筐里有典型的难题，一般例行问题和经理们从休假回来工作时常见的指示，应聘人员必须在规定的时间里处理这些问题以表现他们在实际工作中处理类似问题的能力。

二是无领导小组讨论。应聘人员被分成一个小组一起讨论几个业务上的具体问题，在会议进行过程中，评价人员仔细观察每一个参加者和其他人员是如何作用的，以考评被测试者的能力和态度，包括说服人的能力、领导能力、组织决策能力、时间应用能力、创造力和容忍力及敏感度、诚实、自信等品性。

三是紧张演习，主要是测试应聘人员应付压力的素质和能力。它由一系列苛刻的问题组成，以火烧眉毛的进程，不友好的方式推出，其紧张情景通常是应聘职务可能涉及的场景。

四是能力倾向和心理测试。比尔从公司外聘3名心理专家从事这项工作，通过该项测试，可以进一步了解应聘人员的基本能力素质和个性特征，包括人的基本智力、认识思维方式、内在驱动力等，也包括管理意识、管理技能技巧，针对性很强。比尔认为能力倾向和心理测试，能够较全面，客观地反映被测评者是否具有胜任管理岗位的基本素质倾向。

思考：谈谈比尔的模拟测验优缺点。

一、员工招聘活动的实施

（一）招聘渠道的选择和人员招募的方法

1. 招聘流程

人员招聘一般分为这几个流程（见图3-2）。

（1）确定人员需求。根据人力资源规划需求的岗位，或者原岗位空缺，依据工作岗位说明书确定具体的人员需求。

（2）制订招聘计划。依据工作岗位说明书确定招聘岗位的基本资格条件和工作要求；根据招聘人员的资格条件、工作要求和招聘数量，结合人才市场情况，确定选择什么样的招聘渠道。最后制订招聘计划，包括招聘的时间、岗位、人数、任职资格以及其他要求等。

（3）实施招聘。通过确定的招聘渠道，发布招聘信息并且接受申请。

（4）人员甄选及选拔阶段。收集应聘者信息，并且依次进行初步筛选、笔试或面试及其他测试。

（5）配置录用。对通过各个甄选阶段最后确定的名单做出决策，并且发出录用通知。

（6）效果评估。对招聘流程的评估阶段，即在招聘结束后对整个招聘的思路、程序、方法及产生的效率、效益进行分析，总结经验。

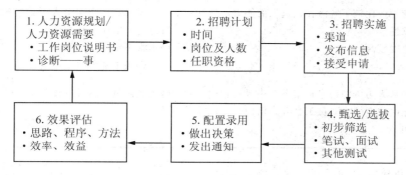

图 3-2　招聘流程

2. 内外部招聘方法

（1）内部招聘是指从企业内部调动适合的人选解决岗位空缺的问题。从企业内部招聘具有准确性高、适应性快、激励性强及费用较低等优点，但是也具有容易产生内部矛盾、抑制创新等缺点。

（2）外部招聘是根据一定的标准和程序，从组织外部的众多候选人中选拔符合空缺岗位工作要求的人员。从企业外部招聘能够引进一些新思想、新方法，有利于企业活动的创新，并且有利于招聘一流人才并且帮助企业树立形象的作用。不过从企业外部招聘具有筛选难度大、时间长，招聘人员进入工作角色慢，招聘成本大，决策风险大，并且影响企业内部员工的工作积极性等缺点。内外部招聘方法的优缺点如图3-3所示。

形式	优点	缺点
内部招聘	➡准确性高 ➡适应性快 ➡激励性强 ➡费用较低	➡产生内部矛盾 ➡容易抑制创新
外部招聘	➡新思想、新方法 ➡有利于招聘一流人才 ➡树立形象的作用	➡筛选难度大，时间长 ➡进入角色慢 ➡招募成本大 ➡决策风险大 ➡影响内部员工的积极性

图 3-3　内外部招聘优缺点

3. 内部招聘方法

内部招聘的方法包括布告法、举荐法、档案法等方法。内部招聘方法优缺点如表 3-2 所示。

表 3-2　内部招聘方法的优缺点

方法	优点	缺点
布告法	➡ 使更多的人员了解到信息，为企业员工的职业生涯提供机会，使员工脱离原来不满意的工作环境 ➡ 促使主管们更加有效地管理员工，防止本部分员工流失	➡ 花费时间，导致岗位空缺，影响正常运营 ➡ 员工可能因转换工作丧失优势
举荐法	➡ 主管一般比较了解潜在候选人的能力，具有一定可靠性 ➡ 满意度较高	➡ 主观，容易受到个人因素影响，可能选拔自己的亲信而不是胜任的人 ➡ 主管不希望自己的得力下属被调到其他部分，影响本部分的工作实力
档案法	➡ 主动从人力资源信息档案系统中寻找合适的人选补充岗位空缺。对员工晋升、培训、发展等重要作用	➡ 企业需员工达成一致意见方可

4. 外部招聘方法

外部招聘的方法包括发布招聘广告、通过人才中介、校园招聘、网络招聘及熟人推荐。外部招聘方法的优缺点如表 3-3 所示。

表 3-3　外部招聘方法的优缺点

方法		优点	缺点
广告		□ 信息传播范围广、速度快 □ 应聘人员数量大、层次丰富、选择余地大	□ 阅读对较杂，应聘者非所选 □ 预约期长，分散
人才中介	人才交流中心	□ 针对过强，费用低廉	□ 热门人才和高级人才招聘效果不好
	人才市场	□ 了解人力资源素质和趋势 □ 了解其他单位的人力资源政策和需求 □ 应聘者集中，选择范围大	□ 高级人才招聘效果不好
	猎头公司	□ 针对性强，人才素质高，风险相对低，速度快，隐蔽性高	□ 费用昂贵（25%～35%年薪），适合高管，技术高端人才
校园招聘		□ 属于补充后备力量和专业人才	□ 缺乏经验，高大量培训，不够稳定，较昂贵
网络招聘		□ 成本低，发布方便，范围广，速度快 □ 不受时间、地点限制 □ 信息处理便捷化和规范化	□ 无法招聘到不上网的人员
熟人推荐		□ 对候选人比较了解，采用后工作努力 □ 成本低	□ 容易形成连带关系 □ 不利于公司管理

5. 参加招聘会的主要程序

人才招聘会有其大致的流程，一般包括准备展位、准备资料和设备、招聘人员的准备、与有关的协作方沟通联系、招聘会的宣传工作、招聘会后的工作(见图3-4)。

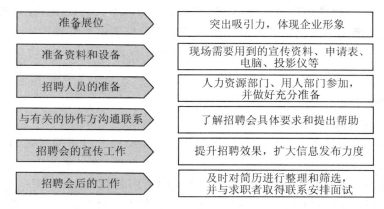

准备展位	突出吸引力，体现企业形象
准备资料和设备	现场需要用到的宣传资料、申请表、电脑、投影仪等
招聘人员的准备	人力资源部门、用人部门参加，并做好充分准备
与有关的协作方沟通联系	了解招聘会具体要求和提出帮助
招聘会的宣传工作	提升招聘效果，扩大信息发布力度
招聘会后的工作	及时对简历进行整理和筛选，并与求职者取得联系安排面试

图 3-4 参加招聘会的主要程序

6. 招聘应注意的问题

(1)校园招聘应注意的问题：①要注意了解大学生在就业方面的一些政策和规定；②一部分大学生就业中的一人有几家意向单位的现象；③学生对自己评价；④对学生感兴趣的问题做好准备。

(2)采用招聘会时应关注的问题：①了解招聘会的档次；②了解招聘会面对的对象；③关注招聘组织者；④注意招聘会的信息宣传。

(二)对应聘者进行初步筛选

1. 筛选办法

对应聘者的筛选主要有如下方法。

(1)分析简历结构。

(2)重点看客观内容。

(3)判断是否符合标准。

(4)审查简历的逻辑性。

(5)对简历的整体印象。

2. 筛选申请表

筛选申请表一般包含 3 个步骤。

(1)判断应聘者的态度。

(2)关注与职业相关的内容。

(3)注明可疑之处。

3. 笔试的适用范围

笔试一般运用于这两方面。

(1)测试应聘者的基础知识和素质能力差异，判断人岗适应性。

(2)测试层次：一般知识能力和专业知识能力。

4．笔试的特点

笔试与其他测试方法相比，有鲜明的优缺点。

（1）优点：①题目多，增加对知识、技能和能力的考查信度和效度；②较少的时间达到较高的效率；③应聘者心理压力较小，容易发挥正常水平；④成绩评定比较客观。

（2）缺点：不能全面考查应聘者的工作态度、品德修养以及管理能力、口头表达能力和操作能力。

（三）面试

1．面试的内涵

一般而言，面试有 3 方面的内涵。

（1）用人单位的面试考官与应聘者直接交谈，根据应聘者对所提问题的回答情况，对应聘者进行考查。

（2）考查其相关知识的掌握程度，以及判断、分析问题的能力。

（3）根据应聘者在面试过程中的行为表现，观察其衣着外貌，风度气质，以及现场的应变能力，判断应聘者是否符合应聘岗位的标准和要求。

2．面试基本程序

面试的基本程序主要包括：面试前准备阶段、面试开始阶段、正式面试阶段、结束面试阶段、面试评价阶段。具体如图 3-5 所示。

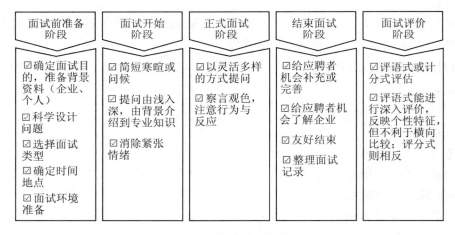

图 3-5   面试基本程序

3．面试的方法

面试的方法从效果和结构化程度两个维度区分。从效果而言，分为初步面试和诊断面试；从结构化程度而言，分为结构化面试和非结构化面试。这些方法各有优缺点（见图 3-6）。

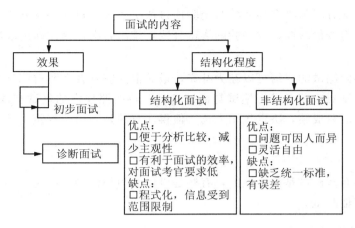

图 3-6　面试的方法

4. 面试提问的种类

面试一般有 7 种提问方法。

(1)开放式提问。

(2)封闭式提问。

(3)清单式提问。

(4)假设式提问。

(5)重复式提问。

(6)确认式提问。

(7)举例式提问。

5. 面试提问应注意的问题

面试提问中应注意 5 大问题。

(1)尽量避免提出引导性的问题。

(2)有意提出一些相互矛盾的问题。

(3)了解应聘者的求职动机。

(4)所提问题要直截了当,语言简练。

(5)观察非语言行为。

6. 其他选拔方法——心理测试

除笔试外,面试还有其他选拔方法,其中很重要的是心理测试。

(1)人格测试:在控制的情景下,向应试者提供一组标准化的刺激,以所引起的反应作为代表行为的样本,从而对其个人行为作出评价。目的是了解应试者的人格特质。人格特质包括体格与生理特质、气质、能力、动机、价值观和社会态度等。

(2)情景模拟测试法应用:公文处理模拟法、无领导小组讨论法、访谈法、角色扮演法、即席发言、案例分析等。

(四)员工录用决策

1. 多重淘汰式

多重淘汰式中每种测试方法都是淘汰性的,应聘者必须在每种测试中都达到一定水平，方能合格。该方法是将多种考核与测验项目依次实施，每次淘汰若干低分者。全部通过考核项目者，再按最后面试或测验的实得分数，排出名次，择优确定录用名单。

2. 补偿式

补偿式中不同测试的成绩可以互为补充，最后根据应聘者在所有测试中的总成绩作出录用决策。如分别对应聘者进行笔试与面试选择，再按照规定的笔试与面试的权重比例，综合算出应聘者的总成绩，决定录用人选。值得注意的是，由于权重比例不一样，录用人选也会有差别。

3. 结合式

结合式中，有些测试是淘汰性的，有些是可以互为补偿的，应聘者通过淘汰性的测试后，才能参加其他测试。

二、人力资源的有效配置

(一)人力资源的空间配置

人员配置是组织根据目标和任务需要正确选择、合理使用、科学考评和培训人员，以合适的人员去完成组织结构中规定的各项任务，从而保证整个组织目标和各项任务完成的职能活动。

1. 人员配置的原理

在人力资源开发与管理中，人员配置一般遵循着这几大原理：要素有用、能位对应、互补增值、动态适应、弹性冗余。具体如图 3-7 所示。

图 3-7   人员配置的原理

2. 人员配置的方法

(1)以员工为标准进行配置。按员工岗位测试的每项得分，选择最高分任用，缺点是可能同时多人在该岗位上得分较高，结果仅择一人，另外忽略性格等因素，可能使优秀人才被拒之门外。

(2)以岗位为标准进行配置。从岗位需求出发，为每个岗位选择最合适的人。此方法组织效率高，但只有在岗位空缺的前提下才可行。

(3)以双向选择为标准进行配置。就是在岗位和应聘者之间进行必要的调整，以满足各个岗位人员配置的要求。此方法综合平衡了岗位和员工两个方面的因素，现实可行，能从总体上满足岗位人员配置的要求，配置效率高。但对岗位而言，可能出现得分最高的员工不能被安排在本岗位上，对员工而言可能出现不能被安排到其得分最高的岗位上的情况。

(二)人力资源的时间配置

1. 工作轮班组织应注意的问题

工作轮班是指在工作日内组织不同班次的劳动协作形式。它是劳动分工和协作在时间上的联系。企业的工作轮班形式可以分成两类：单班制和多班制。工作轮班组织应注意以下问题：

(1)工作轮班的合理组织。

(2)要平衡各个轮班人员的配备。

(3)建立和健全交接班制度。

(4)适当组织各班工人交叉上班。

(5)工作轮班制对人的胜利、心理会产生一定的影响。

2. 四班三运转制的优点

四班三运转是一种工作制度，即在企业不间断运行的生产装置中，把全部生产运行工人分为四个运行班组，按照编排的顺序，依次轮流上班，进而保证生产岗位 24 小时有人值守，同时运行工人可以得到适当的休息。这种人员安排方式有以下优点：

(1)人休设备不休，提高设备利用率，挖掘了设备潜力，在原有设备条件增加了产量。

(2)缩短了工人工作时间。

(3)减少了工人连续上夜班的时间，有利于工人的休息和生活。

(4)增加了工人学习技术的时间，可提高工人技术水平，有利于提高工作效率和产品质量水平，从而提高企业经济效益。

(5)有利于在现有工厂设备条件下，增加用工量，为社会提供了更多的就业岗位。

第三节　培训与开发

【案例】

日前，鸿星尔克"非 HR 的人力资源管理"讲座培训，人力行政中心总监张海华围绕招聘与配置管理、培训开发管理、薪酬福利、员工关系管理等方面做了精彩的授课。

张海华借鉴"汉初三杰"的典故分享了他对企业管理的认识，"人力资源是企业最重要的资源之一，是企业竞争的根本，企业非 HR 管理层做好人力资源管理也尤为重要。"张海华先对招聘与配置管理做了详细的分析，他指出人力资源主管在招聘时建立一套科学、有效的工作分析是做好招聘与配置工作的前提。同时，要充分考虑与分析岗位价值、编制、人才标准、招聘者、以岗定人还是以人定岗，以及应聘者对岗位的意愿等因素。

此外，张海华还从各方面讲解了薪酬福利管理的问题，他认为良好的薪酬福利管理对于有效提高企业的凝聚力、向心力以及吸引人才具有重要的作用。"要先确保公司薪酬发放的合法合规和准确，要以企业战略目标、人才目标作为薪酬设计依据，各阶层岗位薪酬标准拟定原则。"同时，企业在设计薪酬体系时一般应以岗位为导向，而不是以职位为导向，主要考虑"贡献度""可替代性""稀缺性"等因素。

据悉，鸿星尔克每月都会进行相关培训课程。"我们制定培训管理体系和培训计划时，着重考虑梯队人才建设和员工职业生涯规划等因素。"张海华告诉记者，培训就员工而言是为了胜任工作、提升能力，就企业而言，培训是为了提高工作效率、产生效益。

　　思考：谈谈鸿星尔克这次培训特色。

　　培训与开发的框架，如图 3-8 所示。

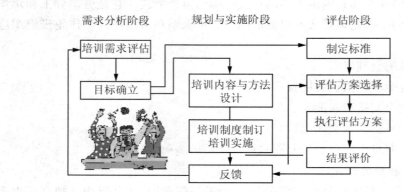

图 3-8　培训与开发的框架

一、培训管理

(一)培训需求分析的作用

(1)有利于找出差距确立培训目标：知识、技能、能力水平现实与理想的差距。

(2)有利于找出解决问题的方法是否与培训有关。

(3)有利于进行前瞻行预测分析。

(4)有利于进行培训成本的预算。

(5)有利于促进企业各方达成共识。

(二)培训需求分析的内容

培训需求分析的内容主要包括两大类。

(1)培训需求的层次分析。

培训需求的层次分析一般包括三个方面：①战略层次；②组织层次；③员工个人层次。

(2)培训需求的对象分析。

培训需求的对象分析一般包括两个方面：①对新员工：主要采用任务分析法；②对在职员工：主要采用绩效分析法。

(3)培训需求的阶段分析。

对培训需求的阶段分析主要包括目前与未来。培训需求的阶段应立足目前，着眼未来。

(三)培训需求信息的收集方法

一般而言，进行培训需求信息的收集方法主要有 5 大类。

(1)面谈法。这是一种非常有效的方法。

(2)重点团队分析法。这是对面谈法的改进。

(3)工作任务分析法。这是非常正规的方法，可信度高，运用于重要培训项目。

(4)观察法。这是最原始、最基本的方法。

(5)问卷调查法。这是实用的、常用的一种方法(见图 3-9)。

公司为了发展需要和为员工个人长远发展的考虑，计划于近期为部分员工提供培训机会，请您根据实际情况配合我们完成此项调查，这对您将是非常有益的。谨此感谢您的配合。

工作岗位：		在岗时间：		
目前职务：		在职时间：		
年龄：	性别：	健康状况：		
问题	答案			
	优	良	中	低	差
当前的工作表现					
非常需要培训					
工作技能熟练程度					
1. 当前您工作中最大的问题是什么？					
2. 为了弥补不足，当前您最需要的培训是什么？					
3. 您对未来个人发展有什么计划？					
……					
时间：		地点：			

图 3-9　问卷调查表

(四)培训规划的主要内容

人力资源培训规划主要包括以下几个内容：①培训项目的确定；②培训内容的开发。包括培训什么，培训过程中要经过哪些环节，做什么练习。③实施过程的设计。包括培训进度表，选择教学方式，将培训环境尽量保持与工作环境一致。④评估手段的选择。包括如何衡量培训成败，如何评估中间效果，如何评估被训者的培训效果，如何考查其在工作中的运营情况。⑤培训资源的筹备。⑥培训成本的预算。包括确定培训的经费来源、经费的分配与使用、进行培训成本—收益计算、制订培训预算计划、培训费用的控制及成本降低等。

(五)培训课程的实施与管理

1. 培训实施准备

(1)培训前的措施：①茶水、音乐；②学员签到；③入座引导；④课程及讲师介绍；⑤学员心态引导、课堂纪律宣布。

(2)培训开始的介绍工作：①培训主题；②培训者自我介绍；③后勤安排及管理规则；④培训课程简要介绍；⑤培训目标及日程安排；⑥学员的自我介绍。

(3)培训器材的维护、保管。

(4)培训过程的注意事项：①注意观察讲师的表现、学员的课堂反应，及时与讲师沟通、协调；②协助上课、休息时间的控制；③做好上课记录(录音)、摄影、录像。

(六)企业培训实施计划的控制

(1)收集培训相关资料。

（2）比较目标与现状之间的差距。

（3）分析实现目标的培训计划，设计培训计划检讨工具。

（4）对培训计划进行检讨，发现偏差。

（5）培训计划纠偏。

（6）公布培训计划，跟进培训计划落实。

（七）培训效果评价的指标及培训效果评估

1. 培训效果评价的指标

培训效果通过五种培训成果体现，包括认知成果、技能成果、情感成果、绩效成果和投资回报率。

（1）认知成果。认知成果可以用来衡量受训者对培训项目中强调的基本原理、程序、步骤、方式、方法或过程等所理解、熟悉和掌握的程度。一般用笔试或口试的方法来评判。

（2）技能成果。技能成果可以用来评价受训者对培训项目中所强调的操作技巧、技术或技能以及行为方式等所达到的水准。可用现场观察、工作抽样等方法进行评判。

（3）情感成果。情感成果可以用来测量受训者对培训项目的态度、动机以及行为等方面的特征。通常在课程结束后，运用调查问卷法采集。

（4）绩效成果。绩效成果可以用来评价受训者通过该项目培训对个人或组织绩效所产生的影响程度，同时也可以为企业人力资源开发及培训费用计划等决策提供依据。包括员工流动率或事故发生率的下降导致的成本降低、产量及品质的提升或服务水平的改善等。

（5）投资回报率。投资回报率指培训项目的货币收益和培训成本的比较。进行培训项目成本收益分析，计算出培训的投资回报率是培训效果评估的一种最常见的定量分析方法。

2. 培训效果评估

主要包括评估受训者究竟学习或掌握了哪些东西？评估受训者的行为究竟发生了多大的改进？评估企业的经营绩效发生了多大的改进？包括纵向和横向的评估。纵向评估是指前后培训效率的比较，横向评估是指不同企业培训效率的比较。

二、培训方法的选择

（1）直接传授型培训法（知识）：讲授法、专题讲座法、研讨法。

（2）实践型培训法（技能）：工作指导法、工作轮换法、特别任务法、个别指导法。

（3）参与型培训法（知识、技能、思维、观念）：自学、案例研究法、头脑风暴法、模拟训练法、敏感训练法、管理者训练法。

（4）态度型培训法（心理）：色扮演法、拓展训练。

（5）科技时代培训法：网上培训、虚拟培训。

（6）常用培训方法：案例分析法、事件处理法、头脑风暴法。

第四节　绩效管理

绩效管理是指管理者与员工之间就目标与如何实现目标上达成共识的基础上，通过激励和帮助员工取得优异绩效从而实现组织目标的管理方法。

绩效考核是针对企业中每个员工所承担的工作，应用定性和定量的方法，对工作行为的实际效果及其对企业的贡献或价值进行考核和评价。

一、绩效管理系统的设计

(一)绩效管理系统的设计

绩效管理系统的设计包括绩效管理制度的设计和绩效管理程序的设计。绩效管理制度是企业单位组织实施绩效管理活动的准则和行为的规范，它是以企业单位规章规则的形式，对绩效管理的目的、意义、性质和特点以及组织实施绩效管理的程序、步骤、方法、原则和要求所做的统一规定，体现了企业的价值观和经营理念。绩效管理程序的设计包括总流程的设计和具体考评程序的设计。两个设计相互作用，绩效管理程序的设计从程序、步骤和方法上，切实保障企业绩效管理制度得到有效地贯彻和实施(见图 3-10)。

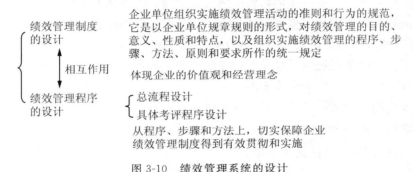

图 3-10　绩效管理系统的设计

(二)考评方式

(1)按考评时间分类：可分为日常考评与定期考评。①日常考评。指对被考评者的出勤情况、产量和质量实绩、平时的工作行为所做的经常性考评。②定期考评。指按照一定的固定周期所进行的考评，如年度考评、季度考评等。

(2)按考评主体分类：可分为上级考评、自我考评、同级考评和下级考评，即"360 度考评方法"(见图 3-11)。

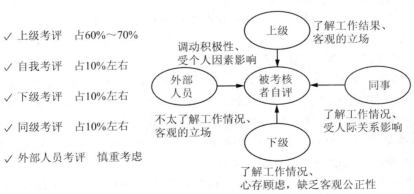

图 3-11　考试方式

①上级考评。指上级主管对下属员工的考评，占所有考评的60%～70%。这种由上而下的考评，由于考评的主体是主管领导，了解其工作结果，所以能较准确地反映被考评者的实际状况，也能消除被考评者心理上不必要的压力。但有时也会受主管领导的疏忽、偏见、感情等主观因素的影响而产生考评偏差。

②自我考评。指被考评者本人对自己的工作实绩和行为表现所做的评价，占所有考评的10%左右。这种方式透明度较高，有利于被考评者在平时自觉地按考评标准约束自己，但最大的问题是有"倾高"现象存在。

③同级考评。指同事间互相考评，占所有考评的10%左右。这种方式体现了考评的民主性、但考评结果往往受被考评者的人际关系的影响。

④下级考评。指下属员工对他们的直接主管领导的考评，占所有考评的10%左右。一般选择一些有代表性的员工，用比较直接的方法，如直接打分法等进行考评，考评结果可以公开或不公开。但是也存在下属心存顾虑，缺乏客观公正性。

⑤外部人员考评。许多企业把顾客也纳入员工绩效考评体系中。在一定情况下，顾客常常是唯一能够在工作现场观察员工绩效的人，此时，他们就成了最好的绩效信息来源。

（3）按考评结果的表现形式分类：可分为定性考评与定量考评。

①定性考评的结果表现为对某人工作评价的文字描述，或对员工之间评价高低的相对次序以优、良、中、及、差等形式表示。

②定量考评的结果则以分值或系数等数量形式表示。

（三）对不同人员的考评方法

（1）一线人员：以实际结果为对象。

（2）管理性或服务性工作人员：以行为或品质特征为导向。

（3）低层次一般员工：行为或特征为导向。

（4）高层管理人员：以结果为导向。

（四）考评内容

绩效考评的目的、方法多种多样，考评的内容也复杂多样。但是在实践中，工作绩效考评的基本内容主要包括德、能、勤、绩四个方面。

（1）"德"是指人的思想政治素质和道德水平。思想政治素质包括一个人的思想作风、政治态度等，它决定了一个人的行动方向和奋斗目标，也决定了一个人为达到目标可能采取的行为方式。道德水平包括一个人的社会公德意识和职业道德水平，比如一个人是否遵纪守法，是否有敬业精神、责任心和奉献精神等。

（2）"能"是指一个人的知识技能水平，即认识世界和改造世界的能力。能主要包括知识、技能、智能和体能四个方面。知识是能的基础部分，包括受教育程度、专业知识、知识结构等；技能是指某人一方面的专门能力，如操作能力、协调能力、决策能力等；智能是相对于体能而言的，指一个人分析和解决问题的能力，包括感觉、知觉、想象、思维等；而体能是指一个人的身体素质和健康程度。

（3）"勤"是指一个人对待工作的态度，包括员工工作的积极性、主动性和创造性，工作责任感以及纪律性。"勤"是一个人内在动力的外部表现，一个人是否对工作真正投入了精力和感情，可以通过其工作表现反映出来，如出勤率高，工作认真负责等。

(4)"绩"是员工的工作成果，包括员工工作的质量、数量、效益和效率。考评人员在考察员工工作质量和效益的同时，还要兼顾社会效益，要分析员工在创造经济效益的同时是否也创造了一定的社会效益。

总的说来，德、能、勤、绩是绩效考评的重要内容。但是，对于不同的员工和不同的岗位，绩效考评的侧重点是不一样的。比如，管理人员的绩效考评侧重于管理能力、组织协调能力等；而对一线工人则主要考察产量、次品率等具体生产指标。有时候绩效考评的目的会决定考评内容，如果绩效考评的目的是对员工进行奖励或调整工资，考评的重点就是员工在考评期内的工作绩效；如果考评的目的是晋升，考评的重点就是员工的发展潜力，根据候选人在后续工作中的表现预测他在新的工作岗位上可能取得怎样的成绩。

总之，考评者应将德、能、勤、绩作为员工绩效考评的基础内容，根据职务的具体特点以及绩效考评的目的合理添加考核内容。

二、绩效管理的考评方法和应用

(一)行为导向型主观考评方法

1. 排列法

由上级主管根据员工工作的整体表现，按照优劣顺序依次进行排列。

2. 选择排列法

挑出最好的员工，然后挑出最差的员工，依此类推直到把所有员工排完。

3. 成对比较法

将所有被考评的人员根据一个考评要素逐一比较，得出本要素被考评的排列次序。依此类推，最后求出被考评所有要素的平均排序数值。

4. 强制分布法

假设：员工的工作行为和工作绩效整体呈正态分布。按照正态分布的规律，员工的工作行为和工作绩效好、中、差的分布存在一定的比例关系。

类别一般分为 5 类，如：5%、20%、50%、20%、5%。

(二)行为导向型客观考评方法

1. 关键事件法(重要事件法)

员工完成任务时有有效工作和无效工作的工作行为称之为关键事件。主要用于观察和记录员工特定的行为以及工作行为发生的具体背景条件。

2. 行为锚定等级评价法

将关键事件和等级评价有效地结合在一起，形成一张行为等级评价表。在同一个绩效维度中存在一系列的行为，每种行为分别表示这一维度中的一种特定绩效水平，将绩效按等级量化。

3. 行为观察法

行为观察法又称观察评价法、行为观察量表法、行为观察量表评价法。在关键事件法的基础上发展而来，与行为锚定等级评价法大体接近。主要是确认员工某种行为出现的概率。它要求评定者根据某一工作行为发生频率或次数的多少来对被评定者打分。

4. 加权选择量表法

用一系列的形容性或描述性的语句，说明员工的各种具体的工作行为和表现，并将这些语句分别列在量表中，作为考评者评定的依据。

(三)结果导向型考评方法

1. 目标管理法(MBO)

员工与主管共同协商制定个人目标。个人的目标依据企业的战略目标及相应的部门目标而确定。该方法用可观察、可测量的工作结果作为衡量员工工作绩效的标准。

2. 绩效标准法

采用更直接的工作绩效衡量的指标。通常适用于非管理岗位的员工。指标要具体、合理、明确，要有时间空间、数量质量的约束限制，要规定定成目标的先后顺序，要保证目标与组织目标的一致性。

3. 直接指标法

非管理人员指标：生产率、工作数量、工作质量；工作数量指标：工时利用率、月度营业额、销售量；工作质量指标：顾客不满意率、废品率、产品包装缺损率、顾客投诉率、不合格返修率；管理人员指标：下属员工缺勤率、流动率等。

4. 成绩记录法

首先，被考评者把自己与工作职责有关的成绩写在一张成绩记录表上；然后，由其上级主管来验证成绩的真实准确性；最后，由外部的专家评估这些资料，决定个人成绩的大小。

第五节　薪酬管理

【案例】

泉州启盛服装有限公司是以生产男装高档休闲茄克、风衣、中、长褛、尼克服为主的专业厂家，专业为经销商生产欧洲名牌及国内具有知名度品牌的服装，在国内外具有一定的知名度。现全厂有员工 400 余人，厂房及员工生活区面积 10000 米^2，生产车间宽敞明亮，各种专机配套齐全，员工宿舍舒适、整洁，生活设施合理，为员工提供了良好的工作、生活环境。

泉州启盛服装有限公司在人力资源管理方面起步比较晚，原有的基础比较薄弱，尚未形成科学的体系，尤其是内在薪酬和福利方面的问题比较突出。公司管理者的工资主要以基本工资，奖金为主，就是我们所说的"外在薪酬"，他们忽视"内在薪酬"，包括工作保障、身份标志、挑战性工作、晋升、成绩的认可、培训机会等。在福利方面也是比较薄弱，忽视了管理人员的基本福利，基本的社会保险得不到保障，对企业内部的福利措施考虑也不够，以为只要支付给相当于劳动力价值的薪酬就足够吸引、留住人才了。他们往往对人员人格尊重不够，甚至根本没有注意到"内在薪酬"和福利的重要性，导致员工内在薪酬为负数，员工对企业的满意度较低。

泉州启盛服装有限公司管理者的人生目标、价值取向导致了企业在管理上重物质轻精神。在历史的原因和中国的国情的影响下，造成企业在创业和发展初期主要为了脱贫致富，为了赚钱，形成企业在管理上重物质轻精神，重企业利益轻社会价值，不断提倡以盈利为经营目标。常常在薪酬管理中重视外在薪酬，没有认识到"内在薪酬"和"外在薪酬"在一定程度上具有相互替代和补充的作用。根据赫赫茨伯格的"双因素理论"，"外在薪酬"只是保健因素，只能消除不满，而不能产生任何激励作用，只有"内在薪酬"才能调动员工的积极性和创造性，才能留住人才。可见，要使员工全心全意为企业工作，仅有物质激励是不够的，时间一长，管理者思维定势，在企业经营管理上难以实现自己人生目标向更大更高境界的提升。启盛服装有限公司员工希望企业除"外在薪酬"外，还能提供包含培训和晋升机会等的"内在薪酬"，尽量做到两手抓。企业忽视福利待遇，员工动不动就以"走人"相威胁，劳资关系十分紧张，使企业陷入员工流动性强，造成不必要的损失。

　　思考：解决泉州启盛服装有限公司的中小企业薪酬管理问题的对策是什么？

一、薪酬概念

　　薪酬泛指员工付出自己的体力和脑力劳动后，从企业一方获得的一切形式的报酬。包括精神的与物质的、有形的与无形的、货币的与非货币的、内在的与外在的等。其实质是组织对员工的贡献包括员工态度、行为和业绩等所做出的各种回报。

　　从广义上说，薪酬包括外部回报和内部回报。外部回报指员工因为雇佣关系从自身以外所得到的各种形式的回报，通常以货币形式报酬为主，包括直接薪酬和间接薪酬，是薪酬的主要部分。直接薪酬即基本工资（周薪、月薪、年薪）＋激励薪酬（绩效工资、红利、利润分成、特殊津贴）。间接薪酬即福利，包括各种保险、非工作日工资、额外津贴、单身公寓、免费工作餐、休假日、病事假等。

　　内部回报指员工自身心理上感受到的回报，主要体现在一些社会和心理方面的回报。包括参与企业决策、获得更大的工作空间或权限、更大的责任、更有趣的工作、个人成长的机会、活动的多样化。薪酬的组成具体见图 3-12。

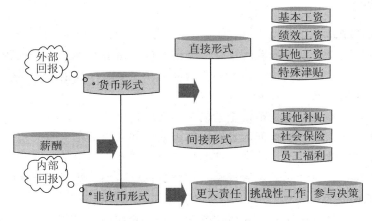

图 3-12　薪酬概念

二、薪酬管理

　　薪酬管理是根据企业总体发展战略的要求，通过管理制度的设计与完善，薪酬激励计划的编制与实施，最大限度地发挥各种薪酬形式如工资、奖金和福利的激励作用，为企业创造更大的价值。

（一）企业薪酬管理的基本目标

（1）竞争性。保证薪酬在劳动力市场上具有竞争性，吸引并留住优秀人才。

（2）公平性。员工上岗后对各类人员的贡献给予充分肯定，及时给员工相应回报。

（3）可控性。合理控制人工成本，保证企业产品的竞争力。

（4）结合性。通过薪酬激励制度的确立，将企业与员工长期、中短期经济利益有机地结合在一起，促使公司与员工结成利益关系的共同体，谋求员工与企业的共同发展。

（二）企业薪酬管理的基本原则

（1）对外具有竞争力原则。客观公平，即以同行业或劳动力市场水平设计企业薪酬水平，否则可能会人才流失。

（2）对内具有公正性原则。内部公平，即建立起以企业内部的工作分析、岗位评估、岗位说明书为基础的、以绩效为评核的薪酬结构，同工同酬，以岗定薪。

（3）对员工具有激励性原则。企业进行薪酬管理既要对员工个人绩效、经验、能力要有相应的薪酬标准，又要拉开差距。

（4）对成本具有控制性原则。在考虑前三个原则的前提下，进行薪酬管理需要根据企业财力进行成本控制。

（三）薪酬管理的内容

薪酬管理的具体内容包括企业薪酬制度的设计与完善和薪酬日常管理。薪酬制度的设计包括薪酬策略设计、薪酬体系设计、薪酬水平设计和薪酬结构设计，是薪酬管理最基础的工作。薪酬的日常管理则包括薪酬预算、薪酬支付和薪酬调整的循环，可以称之为薪酬成本管理循环。

三、薪酬体系

1. 薪酬体系的概念

薪酬体系从广义上涉及企业薪酬策略、薪酬制度、薪酬管理的方方面面。从狭义上指薪酬体系中相互联系、相互制约、相互补充的各个构成要素形成的有机统一体，基本模式包括基本工资、津贴、奖金、福利、保险等。

薪酬体系决策的主要任务是确定企业的基本薪酬是以什么为基础。

决定薪酬体系的因素包括外部因素和内部因素。外部因素指宏观环境因素和微观环境因素，具体包括国家政策法规、社会经济发展状况、劳动力供给情况、外部市场的薪酬水平等，内部因素包括企业性质、发展规模、战略目标、组织文化、现行薪酬政策等。

2. 薪酬体系的类型

薪酬体系包括岗位薪酬体系、技能薪酬体系和绩效薪酬体系。

（1）岗位薪酬体系。

岗位薪酬体系是根据员工在组织中不同岗位特征来确定其薪酬等级和薪酬水平。以"岗位"为核心要素，建立在对岗位的客观评价基础之上。是最广泛、最稳定的一种薪酬体系类型。具有操作简单，对事不对人，公平等优点。

（2）技能薪酬体系。

技能薪酬体系是以员工技术和能力作为薪酬等级和水平决定的基本依据。包括技术薪酬体系和能力薪酬体系。技术薪酬体系是根据员工所掌握的与工作有关的技术或知识的广度和深度来确定员工薪酬等级和水平，适用于科技型企业或专业技术要求较高的部门或岗位。能力薪酬体系是以员工个人能力状况为依据来确定薪酬等级和水平。适用于中高级管理者、专家。

（3）绩效薪酬体系。

绩效薪酬体系是将员工个人或团体的工作绩效与薪酬联系起来，根据绩效高低确定薪酬结构和薪酬水平。工作绩效主要体现为工作的数量、质量、收益和贡献等。适用于工作程序性、规则性较强，绩效容易量化的岗位，如销售岗位。多以个人绩效为主，具有操作简便，有利于提高员工个人积极性的特点。

四、岗位评价

（一）岗位评价的定义

在岗位分析的基础上，按照预定的衡量标准，对岗位工作任务的难易程度、责任权限大小、任职资格及劳动环境等方面所进行的测量和评定并利用评价结果对企业中各种岗位的相对价值做出评定，以此作为薪酬管理的重要依据。

岗位评价的实质是测量和评定并利用评价结果将岗位价值、岗位承担者的贡献与工资报酬有机地结合在一起，通过对岗位价值的量化比较确定薪酬等级结构的过程。

（二）岗位评价的特点

（1）以岗位为评价对象，对岗不对人。岗位评价能促进企业合理地制定劳动定员和劳动定额，改善企业管理，但也离不开对劳动者的总体考察和分析。

（2）对企业各类具体劳动的抽象化、定量化过程。根据事先规定的比较系统全面反映岗位现象本质的岗位评价指标体系，对岗位的主要影响因素逐一进行测定、评比和估价，由此得出各个岗位的量值。

（3）岗位评价需要运用多种技术和方法。主要运用劳动组织、劳动心理、劳动卫生、环境监测、数理统计等知识和计算机技术，适用于排列法、分类法、评分法、因素比较法等，对多个评价因素进行评定，最终得出科学评价。

（三）岗位评价的原则

（1）系统原则。岗位评价系统由指标、标准、评价技术方法和数据处理等若干系统构成。

（2）实用性原则。岗位评价必须从企业生产和管理的实际出发，应用于劳动组织、工资、福利、劳动保护等基础工作。

（3）标准化原则。对岗位评价的技术方法、特定的程序或形式做出统一规定。

（4）能级对应原则。指相应的管理内容和管理者分配到相应的级别中。

（四）岗位评价的基本功能

（1）能够对岗位任务的繁简难易程度、责任大、任职资格及劳动环境等因素，在定性分析的基础上进行定量评价，以量化数据表现出岗位的综合特征。

（2）能够使各个岗位之间，在客观衡量自身价值的基础上进行横向、纵向比较，并说明其在组织中所处的地位和作用。

（3）为建立更公平、更合理的薪酬制度提供科学的依据。

（4）为实现薪酬管理的内部公平公正提供依据。

（五）岗位评价的信息来源

岗位评价的信息来源于两个方面：直接来源和间接来源。直接来源主要是指现场岗位调查的方法，这种方法真实可靠、详细全面，但是需要大量人力、物力时间。间接来源主要通过现有人力资源管理文件，如工作说明书、岗位规范等进行评价，可以节省时间和费用，但是信息较简单和笼统。

五、员工福利管理

（一）福利

福利是企业依据国家的相关法律、法规以及企业自身情况为员工提供的各种非货币报酬与服务，包括各种社会保险项目、企业补充保险项目以及其他补贴制度，增加集体福利设施和举办文体活动等。其实质为一种补充性报酬，往往不以货币形式直接支付给员工，而是以服务或实物的形式支付给员工。

员工福利是伴随着工业化发展和产业工人的增加逐渐兴起的，它的发展历史可以追溯到 19 世纪初甚至更早时期的欧洲和北美，政府通过雇佣标准和事故赔偿立法等劳动力市场的规制措施，要求企业为员工的福利承担更多的责任。

现代企业福利包括三个方面：①全员福利。指针对所有人的福利。②特殊福利，指只针对某一群体的福利，如部门经理的手机费。③困难补助。指针对有特殊困难的员工的福利，如困难员工慰问金。

（二）福利管理的主要原则

（1）合理性原则。指在规定的范围内，力求达到最好的效果。效果不明显的，撤销福利。

（2）必要性原则。指福利要与国家规定、员工需求保持一致。

（3）计划性原则。指福利管理总额在预算范围内。

（4）协调性原则。指福利与社保、社会救济、社会优抚政策的匹配和协调。

一些知名企业的福利政策，如表 3-4 所示。

表 3-4　一些知名企业的福利政策

推荐福利	企业名称	福利示例
周年服务纪念计划	宝洁集团	此计划是对员工在公司任职周年的承认和庆贺，公司表达对员工忠诚服务态度及贡献万分感谢
夜班的士报销	摩托罗拉	夜班加班员工可报回程的士费用
长期服务奖	摩托罗拉	在摩托罗拉工作 5 年、10 年、15 年甚至更长时间的员工将获得，除颁发精美的纪念奖杯之外，还将有一定的物质奖励

续表

推荐福利	企业名称	福利示例
家人体验日	微软集团	每年一天。在这一天，微软的员工可带家庭成员来公司体验生活
共济会和互助会	微软集团	对入会的员工在遭遇意外灾难时，可获一次性援助金1万～10万元人民币，具体受援金额，由执委会根据该会员的困难程度决定。其中：配偶及未成年子女的援助金按相同条件下会员本人标准的一半执行
多样的员工活动	丰田集团	有"员工趣味运动会"、新春联谊会、新年音乐会等，基本上都是公司员工全员参与，甚至员工家属也可以参与进来，充分发挥员工各方面的艺术才能，培养员工间的亲密感情
丰富的单项奖励	伊利	设有总裁特别奖、技术进步奖、管理创新奖、星级员工奖等特别激励奖项
员工父母"红包"	海底捞	把奖金的一部分变成养老费直接发给员工的父母，既实现了公司对员工家庭的关心，又让员工与家人一起分享他用双手创造的财富，还借助父母的力量对员工进行管理

第六节 劳动关系

【案例】

武某是清兆装饰有限责任公司的技术人员。签订劳动合同，每月工资3560元，负责一宾馆大厅的装修项目。为了达到装修的要求，经公司授权及宾馆同意，武某将大厅的汉白玉雕刻字画部分交给雕刻专家刘某。双方书面约定：刘某自带刀具、磨具、颜料及其他一切雕刻工具，如完成汉白玉字域雕刻部分达到了公司的要求，公司一次性付款6万元。为及时完成汉白玉字画雕刻，刘某又临时聘请程某作为助手，口头约定其每天支付程某150元。后在作业中因刘某操作不当，电路短路，致使工作场地失火。武某、刘某与程某来不及逃离，均有不同程度的烧伤，分别花费医疗费8623元、15897元、9876元。

思考：请从法律的角度，分析本案武某、刘某、程某、公司之间的法律关系；他们三人是否可以通过什么途径维护自身合法权益？理由是什么？

一、相关概念

劳动关系：用人单位（雇主）与劳动者（雇员）之间在运用劳动者的劳动能力，实现劳动过程中所发生的关系。

二、劳动关系管理的主要内容

由于在市场经济条件下，劳动者与用人单位之间的关系是劳动合同关系，因而在劳动关系管理中的表现，如图3-13所示。

图 3-13   劳动关系管理的表现

三、劳动合同

1. 概念

劳动者与用人单位确立劳动关系、明确双方权利义务的协议。

2. 特点

(1)劳动合同的主体具有特定性。一方是劳动者，另一方是用人单位，双方在实现劳动过程中具有支配与被支配、领导与服从的从属关系。

(2)劳动合同内容具有劳动权利和义务的统一性和对应性。没有只享受劳动权力而不履行劳动义务的，也没有只履行劳动义务而不享受劳动权利的。一方的劳动权利是另一方的劳动义务，反之亦然。

(3)劳动合同客体具有单一性，即劳动行为。

(4)劳动合同具有诺成、有偿、双务合同的特征。劳动者与用人单位就劳动合同条款内容达成一致意见，劳动合同即成立。用人单位根据劳动者劳动的数量和质量给付劳动报酬，不能无偿使用劳动力。劳动者与用人单位均享有一定的权利并履行各自相应的义务。

(5)劳动合同属于法定要式合同。劳动合同依法订立即具有法律约束力，当事人必须履行劳动合同规定的义务。

四、集体合同

1. 集体合同概念

集体合同是集体协商双方代表根据劳动法律法规的规定，就劳动报酬、工作时间、休息休假、劳动安全卫生、保险福利等事项，在平等协商一致的基础上签订的书面协议。

2. 签订集体合同的主体

集体合同由工会代表职工与企业签订，没有成立工会组织的，由职工代表代表职工与企业签订。包括基层集体合同、行业集体合同、地区集体合同，我国以基层集体合同为主。

3. 签订集体合同的种类

基层集体合同，行业集体合同，地区集体合同。

4. 集体合同的特征

(1)主体平等性、意思表示一致性、合法性和法律约束。

(2)集体合同是规定劳动关系的协议。

(3)工会或劳动者代表职工一方与企业签订。

(4)集体合同是定期的书面合同，其生效需经特定程序。

5. 集体合同与单个劳动合同的区别

(1)主体不同。集体合同是用人单位和工会组织或代表签订，单个劳动合同是用人单位和劳动者签订。

（2）内容不同。集体合同的内容是关于企业一般劳动条件标准的约定，以全体劳动者的共同权利和义务为内容，可以涉及集体劳动关系的各方面，也可只涉及某一方面；单个劳动合同的内容只涉及单个劳动者的权利义务。

（3）功能不同。协商、订立集体合同的目的是规定企业的一般劳动条件，为劳动关系的各个方面设定具体标准，并作为单个劳动合同的基础和指导原则；单个劳动合同的目的是确立劳动者和企业的劳动关系。

（4）法律效力不同。集体合同规定企业的最低劳动标准，凡劳动合同约定的标准低于集体合同的一律无效，故集体合同的法律效力高于单个劳动合同。

五、工作时间与最低工资标准

（一）工作时间的概念

工作时间又称法定工作时间，是指劳动者为履行劳动给付义务，在用人单位从事工作或生产的时间，即法律规定或劳动合同、集体合同约定的，劳动者在一定时间（一天、一周、一个月等）内必须用来完成其所担负工作的时间。

工作时间由法律直接规定或由合同约定的，劳动者不遵守工作时间要承担相应的法律责任。

（二）工作时间的法律范围

工作时间的法律范围包括以下工作时间形式：

（1）劳动者实际从事生产或工作所需进行准备和结束工作的时间。

（2）劳动者实际完成工作和生产的作业时间。

（3）劳动者在工作过程中自然需要的工作时间。

（4）工艺中断时间、劳动者依法或单位行政安排离岗从事其他活动的时间。

（5）连续从事有害健康工作需要的间歇时间等。

（三）工作时间的种类

（1）标准工作时间。

标准工作时间是指由国家法律制度规定的，在正常情况下劳动者从事工作或劳动的时间。

标准工作时间为：职工每昼夜工作 8 小时为标准工作日；每周 40 小时为标准工作周，即每周工作 5 天，休息 2 天。每月标准工作时间为 20.92 天，折算为每月 167.4 小时。

（2）计件工作时间。

计件工作时间是以劳动者完成一定劳动定额为标准的工作时间，是标准工作时间的转化形式。

（3）综合计算工作时间。

综合计算工作时间是指因用人单位生产或工作特点，劳动者的工作时间不宜以日计算，需要分别以周、月、季、年等为周期综合计算工作时间长度的工时制度。适合于以下几种情况：①交通、铁路、邮电，航空、水运渔业等工作性质特殊、需连续作业的职工；②地质资源勘探、建筑、制盐、制糖、旅游等受季节和自然条件限制的行业的部分岗位或工种的职工；③其他适合实行综合计算工时工作制的职工。

（4）不定时工作时间。

不定时工作时间是指每日没有固定工作时间的工时制度。比如以下几种职工的工作：①企业高级管理人员、外勤人员、推销人员和因工作无法按照标准工作时间衡量的职工；②企业中的长途运输人员、出租汽车司机、铁路、港口、仓库的部分装卸人员，以及因工作性质特殊，需机动作业的职工；③其他因生产特点工作特殊需要或职责范围的关系，适合实行不定时工作的职工。

（5）缩短工作时间。

缩短工作时间是指在特殊情况下，劳动者实行的少于标准工作时间长度的工作时间制度。包括：①从事矿山、井下、高山、高温、低温、有毒有害、特别繁重或过度紧张的劳动的职工；②从事夜班工作的职工；③在哺乳期工作的女职工；④其他依法可以实行缩短工作时间的职工，如未成年工、怀孕 7 个月以上工作的女职工。

（6）延长工作时间。

（1）概念：延长工作时间指超过标准工作时间长度的工作时间。

（2）法律规定可以延长工作时间的条件：①发生自然灾害、事故或者其他原因，威胁劳动者生命健康和财产安全，需要紧急处理的；②生产设备、交通运输线路、公共设施发生故障、影响生产和公众利益，必须及时抢修的；③法律、法规规定的其他情形，如：法定节假日、公休日内生产不能间断的；必须利用法定节假日、公休日的停产期间进行设备检修、保养的；完成国防紧急生产任务或其他关系到重大社会公共利益需要的紧急生产任务；商业、供销企业在旺季完成收购、运输、加工农副产品紧急任务的等。

（四）何为最低工资标准

1. 概念

国家以一定立法程序规定的，劳动者在法定时间内提供了正常劳动的前提下，其所在单位应支付的最低劳动报酬。

2. 原则

最低工资标准确定和调整的原则——三方性原则。

3. 工作时间与最低工资标准

确定最低工资标准确定和调整的因素：①社会平均工资水平。②劳动生产率。③就业状况。④地区之间经济发展水平的差异。

最低工资标准按下式计算：

$$M = f(C, S, A, U, E, a)$$

式中：M 为最低工资标准；C 为城镇居民人均生活费用；S 为职工个人缴纳社会保险费，住房公积金；A 为职工平均工资；U 为失业率；E 为经济发展水平；a 为调整因素。

4. 确定最低工资标准的通用办法

（1）比重法。

根据城镇居民调查资料，确定一定比例的最低人均收入户为贫困户，统计出贫困户的人均生活费用支出水平，乘以每一就业者的赡养系数，再加上一个调整数。

（2）恩格尔系数法。

根据国家营养学会提供的年度标准食物食谱及标准食物摄取量，结合标准食物的市场价格，计算出最低食物支出标准，除以恩格尔系数，得出最低生活费用标准，再乘以每一就业者的赡养系数，再加上一个调整数。

例如，某地区最低收入组人均每月生活费支出为 210 元，每一就业者赡养系数为 1.87，最低食物费用为 127 元，恩格尔系数为 0.604，当地平均工资为 900 元。

按比重法计算得出诚地区月最低工资标准为：

月最低工资标准＝210×1.87＋a＝393＋a(元)

按恩格尔系数法计算得出该地区月最低工资标准为：

月最低工资标准：127÷0.604×1.87＋a＝393＋d(元)

上述两式中：a 为工资调整数额

确定调整数额 a 时，主要考虑的因素有当地个个人缴纳养老、失业、医疗保险费，以及住房公积金等费用支付的情况

(3)最低工资标准的给付。

在劳动者提供正常劳动的情况下，用人单位给付劳动者的工资在扣除以下各项后，不得低于当地最低工资标准：

5. 延长工作时间工资

(1)中班、夜班、高温、低温、井下、有毒有害等特殊工作环境、条件下的津贴。

(2)法律、法规规定劳动者享有的福利待遇。

6. 工资支付保障

货币支付、直接支付、按时支付、全额支付。

7. 用人单位可以代扣劳动者工资的情况

(1)用人单位代扣代缴的个人所得税。

(2)用人单位代扣代缴的应由劳动者个人负担的各项社会保险费用。

(3)法院判决、裁定中要求代扣的抚养费、赡养费。

(4)法律、法规规定可以从劳动者工资中扣除的其他费用。

8. 不属于"无故克扣"的情况

(1)国家的法律、法规中有明确规定的。

(2)依法签订的劳动合同中有明确规定的。

(3)用人单位依法制定并经职工代表大会批准的厂规厂纪中有明确规定的。

(4)因劳动者请事假等原因相应减发工资等。

9. 特殊情况下的工资支付

(1)劳动关系双方依法解除或终止劳动合同时，用人单位一次性付清劳动者工资。

(2)劳动者在法定工作时间内依法参加社会活动期间，或者担任集体协商代表履行代表职责，参加集体协商活动期间，用人单位应当视同其提供正常劳动支付工资。

(3)劳动者依法休假期间，用人单位应按劳动合同工规定的标准支付工资：①劳动者依法享受年休假、探亲假、婚假、丧假等休假期间；②劳动者患病或非因工负伤的，在病休期间；③劳动者生育或者施行计划节育手术依法享受休假期间；④劳动者因产前检查和哺乳依法休假的；⑤部分公民节日期间。

(4)用人单位停工、停业期间的工资支付。

(5)用人单位破产、终止或者解散情况下的工资支付。

六、职业安全卫生管理

(一)劳动安全卫生保护费用分类

(1)劳动安全卫生保护设施建设费用。

(2)劳动安全卫生保护设施更新改造费用。

(3)个人劳动安全卫生防护用品费用。

(4)劳动安全卫生教育培训经费。

(5)健康检查和职业病防治费用。

(6)有毒有害作业场所定期检测费用。

(7)工伤保险费。

(8)工伤认定、评残费用等。

(二)劳动安全卫生预算编制程序

(1)企业最高决策部门决定企业劳动安全卫生管理的总体目标和任务,并应提前下达到中层和基层单位。

(2)劳动安全卫生管理职能部门根据企业总体目标的要求制定具体目标;提出本单位的自编预算。

(3)自编预算在部门内部协调平衡,上报企业预算委员会。

(4)企业预算委员会经过审核、协调平衡,汇总成为企业全面预算,并应在预算期前下达相关部门执行。

(5)编制费用预算。

(6)编制直接人工预算。

(7)根据企业管理费用预算表、制造费用预算表及产品制造成本预算表的相关预算项目要求和分类,编制劳动保护预算、劳动安全卫生教育预算、个人防护用品预算等。

(8)编制费用预算方法按照企业选择确定的财务预算方法进行编制,即可以选用固定预算法、滚动预算法或弹性预算法进行编制。

(三)组织岗位安全教育

1. 新员工实行三级安全卫生教育

组织入厂教育;组织车间教育;组织班组教育。

2. 特种作业人员和其他人员培训

(1)对特种作业人员进行生产技术、特定的安全卫生技术理论教育和操作培训,经考核合格并获得"特种作业人员操作证"方准上岗。

(2)组织生产管理人员、特种设备、设施检测、检验人员、救护人员的专门培训。

3. 生产技术条件发生变化,员工调整工作岗位的重新培训

(四)工伤事故分类

1. 按照伤害而致休息的时间长度划分

(1)轻伤,休息 1~104 天的失能伤害;

(2)重伤,休息 105 天以上的失能伤害;

(3)死亡。

2．按照事故类别划分

物体打击、车辆伤害、机械伤害、电击、坠落等。

3．按照工伤因素划分

受伤部位、起因物、致残物、伤害方式、不安全状态、不安全行为等。

4．按照职业病不同划分

职业中毒、尘肺、物理因素职业病、职业性传染病、职业性皮肤病、职业性肿瘤和其他职业病。

（五）组织工伤伤残评定

劳动者有下列情形之一的，应当认定为工伤：

(1)在工作时间内和工作场所内，因工作原因受到事故伤害的。

(2)工作时间前后在工作场所内，从事与工作有关的预备性或收尾性工作受到事故伤害的。

(3)在工作时间内和工作场所内，因履行工作职责受到暴力等意外伤害的。

(4)患职业病的。

(5)因工外出期间，由于工作原因受到伤害或者发生事故下落不明的。

(6)在上下班途中，受到机动车事故伤害的。

(7)法律、行政法规规定应当认定为工伤的其他情形。

(8)在工作时间内和工作岗位，突发疾病死亡或者在48小时内经抢救无效死亡的。

(9)在抢险救灾等维护国家利益、公共利益活动中受到伤害的。

(10)劳动者原在军队服役，因战、因公负伤致残，已取得革命伤残军人证，到用人单位后旧伤复发的。

（六）工伤认定申请

劳动者发生事故伤害或按照职业病防治法规定被诊断、鉴定为职业病，所在单位应当自事故伤害发生之日或者诊断、鉴定为职业病之日起30天内，向统筹地区劳动保障行政部门提出工伤认定申请。

(1)与用人单位存在劳动关系(包括事实劳动关系)的证明材料。

(2)医疗诊断证明或者职业病诊断证明书(或者职业病诊断鉴定书)。

劳动保障行政部门应当自受理工伤认定申请之日起60天内作出工伤认定的决定，并书面通知申请工伤认定的职工或者其直系亲属和该职工所在单位。

（七）职工工伤与职业病致残程度鉴定等级

(1)一至四级：全部丧失劳动能力。

(2)五至六级：大部分丧失劳动能力。

(3)七至十级：部分丧失劳动能力。

（八）工伤保险待遇——工伤医疗期待遇

(1)职工因工作遭受事故伤害或者患职业病需要暂停工作接受工伤医疗的期间为停工留薪期，停工留薪期一般不超过12个月。

(2)职工因工致残被鉴定为一至四级，应当退出生产、工作岗位、终止劳动关系，发给工伤伤残抚恤证件。

（3）从工伤保险基金按伤残等级支付一次性伤残补助金。一级伤残为 24 个月的本人工资；三级伤残为 20 个月的本人工资；二级伤残为 22 个月的本人工资；四级伤残为 18 个月的本人工资。

（4）从工伤保险基金按月支付伤残津贴。一级伤残为本人工资的 90％；二级伤残为本人工资的 85％；三级伤残为本人工资的 80％；四级伤残为本人工资的 75％。

（5）工伤职业达到退休年龄并办理退休手续后，停发伤残津贴，享受基本养老保险待遇。职工因工致残被鉴定为一至四级伤残的，由用人单位和职工个人以伤残津贴为基数，缴纳基本医疗保险费。

（6）职工因工致残鉴定为五级、六级的，从工伤保险基金按伤残等级支付一次性伤残补助金：五级伤残为 16 个月的本人工资，六级伤残为 14 个月的本人工资。

保留与用人单位的劳动关系，由用人单位安排适当工作。难以安排工作的，由用人单位按月发给伤残津贴：五级伤残为本人工资的 70％，六级伤残为本人工资的 60％。

由用人单位按照规定为伤残职工缴纳各项社会保险费。

经工伤职工本人提出，该职工可以与用人单位解除或者终止劳动关系，由用人单位支付一次性医疗补助金和伤残就业补助金。

（7）职工因工致残被鉴定为七至十级的，从工伤保险基金按伤残等级支付一次性伤残补助金。

七级伤残为 12 个月的本人工资，八级伤残为 10 个月的本人工资。

劳动合同期满终止，或者职工本人提出解除劳动合同的，由用人单位支付一次性工伤补助金和伤残就业补助金。

九级伤残为 8 个月的本人工资，十级伤残为 6 个月的本人工资。

（8）职工因工死亡，其直系亲属按照下列规定从工伤保险基金领取丧葬补助金、供养亲属抚恤金和一次性工亡补助金：丧葬补助金为 6 个月的统筹地区上年度职工月平均工资。

供养亲属抚恤金按照职工本人工资的一定比例发给由因工死亡职工生前提供主要生活来源、无劳动能力的亲属。配偶每月 40％，其他亲属每人每月 30％，孤寡老人或孤儿每人每月在上述标准的基础上增加 10％。一次性工亡补助金标准 48～60 个月的统筹地区上年度职工月平均工资。

（9）伤残职工在停工留薪期内因工伤导致死亡的，其直系亲属领取 6 个月的统筹地区上年度职工月平均工资的丧葬补助金。一至四级伤残职工在停工留薪期满后死亡的，直系亲属领取丧葬补助金和供养亲属抚恤金。

第四章
财务管理

【案例导入】

泉州上市企业达 103 家　"泉州板块"总市值近 4500 亿元

1993 年 12 月"福建豪盛"在上海证券交易所挂牌交易，开启泉州企业上市序幕，截至目前，全市累计有 103 家企业在境内外成功上市，上市企业数量位居全省首位、全国地级市前列，总募集资金折合人民币约 684.43 亿元，市值近 4500 亿元。借助资本力量，泉州上市企业书写了民营企业走向行业领头羊的发展传奇。

从首家企业踏入资本市场开始，20 多年间，泉州企业的足迹遍布全球各大交易所，上市地点的选择呈现国际化趋势，资本市场中的"泉州板块"日渐成型。

在国内外多层次资本市场中，有 20 家泉企在境内上市，包括上交所 10 家、深交所 10 家；有 83 家企业赴境外上市，包括中国香港 36 家，德国 7 家，英国 3 家，中国台湾 5 家，澳大利亚 3 家，韩国 6 家，马来西亚 5 家，美国 4 家，新加坡 13 家，加拿大 1 家。此外，新三板挂牌企业达到 51 家，累计融资 10.17 亿元；海峡股权泉州交易中心挂牌企业 547 家，累计融资 32.76 亿元。

目前，在股市大门外，排队等待进场的泉州企业也不在少数。截至 2018 年 1 月，乔丹体育已通过证监会审核待发行，回头客、闽华电源、阳光中科 3 家企业向证监会提交首发上市申请，舒华股份、峰安皮业、中标建筑、柒牌股份、三星电气、日春股份等 6 家企业上报福建证监局辅导备案，7 家企业报"新三板"在审。海天材料、华硕实业、功夫动漫、南方路机、嘉泰数控、恒昂工贸、铁拓机械、盛达机器、金冠食品、九牧厨卫、南王环保、艺达电子等 30 家企业启动上市工作。

同时，经过对优质企业的分阶段、分梯次引导培育，泉州市储备了较为丰富的上市后备资源。2017 年，泉州市有 122 家企业入选福建省重点上市后备企业资源库；有 120 家、84 家企业通过筛选分别选入市级重点上市、场外交易市场挂牌后备企业。

回首泉州上市企业再融资、并购重组等历程，我们会发现凭借资本力量实现企业上市、产业链整合、跨界经营的成功事例不胜枚举，恒安、安踏等泉州民营企业逐渐发展成为各自行业中的佼佼者。从中，我们不仅看到泉州企业家们的经营智慧，也看到他们借助资本市场力量实现企业跨越发展的传奇。

历经三次管理变革，1998 年在我国香港上市的恒安国际目前市值已超过 700 亿港元，同样在我国香港上市的安踏体育 2015 年营收首次突破人民币 100 亿元，成为我国首家进入"百亿俱乐部"的运动品牌企业。

　　企业能够实现一个个发展目标，离不开从资本市场获得的雄厚资金支持。2016年，在资本市场直接融资名单上，恒安国际集团发行20亿元"熊猫债"，安踏发行36亿元"熊猫债"，成为率先在国内公开发行"熊猫债"的非金融民营企业。南威软件、贵人鸟、纳川股份、天广中茂等企业也都曾通过发债、定增等再融资手段，实现市场规模提升、跨界经营、产业链上下游整合。

　　七匹狼、九牧王、达利食品、火炬电子……这些泉州上市企业，如今均是各自所处行业中响当当的品牌，他们来自纺织、服装、鞋业、食品、军工用品等各个领域。上百家具有一定区域特色和行业影响力的上市公司，已经成为泉州经济的重要支撑，成为当地众多民营企业创新创业的引领者。

　　思考：企业进行融资的途径主要有哪些？

第一节　财务管理概述

一、财务管理含义和内容

　　在商品经济条件下，社会产品是使用价值和价值的统一体。企业生产经营过程也表现为使用价值的生产和交换过程及价值的形成和实现过程的统一。在这个过程中，劳动者将生产中所消耗的生产资料的价值转移到产品或服务中去，并且创造出新的价值，通过实物商品的出售或提供服务，使转移价值和新创造的价值得以实现。企业资金的实质是生产经营过程中运动着的价值。

　　在企业生产经营过程中，实物商品或服务在不断地变化，它们的价值形态也不断地发生变化，由一种形态转化为另一种形态，周而复始，不断循环，形成了资金运动。所以，企业的生产经营过程，一方面表现为实物商品或服务的运动过程，另一方面表现为资金的运动过程。资金运动不仅以资金循环的形式存在，而且伴随生产不断进行，因此，资金运动也表现为一个周而复始的周转过程。资金运动是企业经营过程的价值方面，它以价值形式综合地反映着企业的生产经营过程。企业的资金运动，构成企业生产经营活动的一个独立方面，具有自己的运动规律，这就是企业的财务活动。企业的资金运动和财务活动离不开人与人之间的经济利益关系。因此，财务管理是指企业在生产经营活动过程中客观存在的财务活动，及其所体现的、需要加以处理的财务关系，即财务管理是企业组织财务活动、处理财务关系的一项综合性的管理工作。

　　财务管理工作包括两大部分：组织企业财务活动、处理企业与各有关方面的财务关系。

　　企业财务活动主要包括筹资管理、投资管理、资金营运管理及利润分配管理。财务关系指企业在组织财务活动过程中与有关各方所发生的经济利益关系。各种财务关系体现在以下几种关系：

　　(1)企业与投资者间。①投资者对企业一定的控制关系；②投资者参与企业净利润的分配；③投资者参与企业剩余资产的索取权；④投资者要承担一定的经济法律责任。

　　(2)企业与债权人间：债务与债权关系。

　　(3)企业与受资人间：所有权性质的投资与受资关系。

　　(4)企业与债务人之间：债权与债务关系。

（5）企业与政府间：强制无偿的分配关系。

（6）企业内部各单位间：企业内部各单位之间的利益关系。

（7）企业与职工之间：职工个人和集体在劳动成果上的分配关系。

二、企业财务管理目标理论

企业的目标就是创造价值。一般而言，企业财务管理的目标就是为企业创造价值服务。鉴于财务主要是从价值方面反映企业的商品或者服务提供过程，因而财务管理可为企业的价值创造发挥重要作用。企业财务管理目标有如下几种具有代表性的理论：

（一）利润最大化

利润最大化就是假定企业财务管理以实现利润最大化为目标。

以利润最大化作为财务管理目标，其主要原因有三个：一是人类从事生产经营活动的目的是为了创造更多的剩余产品，在市场经济条件下，剩余产品的多少可以用利润这个指标来衡量；二是在自由竞争的资本市场中，资本的使用权最终属于获利最多的企业；三是只有每个企业都最大限度地创造利润，整个社会的财富才可能实现最大化，从而带来社会的进步和发展。

利润最大化目标的主要优点是，企业追求利润最大化，就必须讲求经济核算，加强管理，改进技术，提高劳动生产率，降低产品成本。这些措施都有利于企业资源的合理配置，有利于企业整体经济效益的提高。

但是，以利润最大化作为财务管理目标存在以下缺陷：

（1）没有考虑利润实现时间和资金时间价值。比如，今年100万元的利润和10年以后同等数量的利润其实际价值是不一样的，10年间还会有时间价值的增加，而且这一数值会随着贴现率的不同而有所不同。

（2）没有考虑风险问题。不同行业具有不同的风险，同等利润值在不同行业中的意义也不相同，比如，风险比较高的高科技企业和风险相对较小的制造业企业无法简单比较。

（3）没有反映创造的利润与投入资本之间的关系。

（4）可能导致企业短期财务决策倾向，影响企业长远发展。由于利润指标通常按年计算，因此，企业决策也往往会服务于年度指标的完成或实现。

（二）股东财富最大化

股东财富最大化是指企业财务管理以实现股东财富最大化为目标。在上市公司，股东财富是由其所拥有的股票数量和股票市场价格两方面决定的。在股票数量一定时，股票价格达到最高，股东财富也就达到最大。

与利润最大化相比，股东财富最大化的主要优点是：

（1）考虑了风险因素，因为通常股价会对风险做出较敏感的反应。

（2）在一定程度上能避免企业短期行为，因为不仅目前的利润会影响股票价格，预期未来的利润同样会对股价产生重要影响。

（3）对上市公司而言，股东财富最大化目标比较容易量化，便于考核和奖惩。

以股东财富最大化作为财务管理目标也存在以下缺点：

（1）通常只适用于上市公司，非上市公司难于应用，因为非上市公司无法像上市公司一样随时准确获得公司股价。

（2）股价受众多因素影响，特别是企业外部的因素，有些还可能是非正常因素。股价不能完全准确反应企业财务管理状况，如有的上市公司处于破产的边缘，但由于可能存在某些机会，其股票市价可能还在走高。

（3）它强调得更多的是股东利益，而对其他相关者的利益重视不够。

（三）企业价值最大化

企业价值最大化是指企业财务管理行为以实现企业的价值最大化为目标。企业价值可以理解为企业所有者权益的市场价值，或者是企业所能创造的预计未来现金流量的现值。未来现金流量这一概念，包含了资金的时间价值和风险价值两个方面的因素。企业价值最大化要求企业通过采用最优的财务政策，充分考虑资金的时间价值和风险与报酬的关系，在保证企业长期稳定发展的基础上使企业总价值达到最大。

以企业价值最大化作为财务管理目标，具有以下优点：

（1）考虑了取得报酬的时间，并用时间价值的原理进行了计量。

（2）考虑了风险与报酬的关系。

（3）将企业长期、稳定的发展和持续的获利能力放在首位，能克服企业在追求利润上的短期行为，因为不仅目前利润会影响企业的价值，预期未来的利润对企业价值增加也会产生重大影响。

（4）用价值代替价格，克服了过多受外界市场因素的干扰，有效地规避了企业的短期行为。

但是，以企业价值最大化作为财务管理目标也存在以下问题：

（1）企业的价值过于理论化，不易操作。尽管对于上市公司，股票价格的变动在一定程度上揭示了企业价值的变化，但是，股价是多种因素共同作用的结果，特别是在资本市场效率低下的情况下，股票价格很难反映企业的价值。

（2）对于非上市公司，只有对企业进行专门的评估才能确定其价值，而在评估企业的资产时，由于受评估标准和评估方式的影响，很难做到客观和准确。

近年来，随着上市公司数量的增加，以及上市公司在国民经济中地位、作用的增强，企业价值最大化目标逐渐得到了广泛认可。

（四）相关者利益最大化

在现代企业是多边契约关系的总和的前提下，要确立科学的财务管理目标，首先就要考虑哪些利益关系会对企业发展产生影响。在市场经济中，企业的理财主体更加细化和多元化。股东作为企业所有者，在企业中承担着最大的权力、义务、风险和报酬，但是债权人、员工、企业经营者、客户、供应商和政府也为企业承担着风险。比如：①随着举债经营的企业越来越多，举债比例和规模也不断扩大，使得债权人的风险大大增加。②在社会分工细化的今天，由于简单劳动越来越少，复杂劳动越来越多，使得职工的再就业风险不断增加。③在现代企业制度下，企业经理人受所有者委托，作为代理人管理和经营企业，在激烈的市场竞争和复杂多变的形势下，代理人所承担的责任越来越大，风险也随之加大。④随着市场竞争和经济全球化的影响，企业与客户以及企业与供应商之间不再是简单的买卖关系，更多的情况下是长期的伙伴关系，处于一条供应链上，并共同参与同其他供应链的竞争，因而也与企业共同承担一部分风险。⑤政府不管是作为出资人，还是作为监管机构，都与企业各方的利益密切相关。

综上所述，企业的利益相关者不仅包括股东，还包括债权人、企业经营者、客户、供应商、员工、政府等。因此，在确定企业财务管理目标时，不能忽视这些相关利益群体的利益。

相关者利益最大化目标的具体内容包括如下几个方面：

①强调风险与报酬的均衡，将风险限制在企业可以承受的范围内。②强调股东的首要地位，并强调企业与股东之间的协调关系。③强调对代理人即企业经营者的监督和控制，建立有效的激励机制以便企业战略目标的顺利实施。④关心本企业普通职工的利益，创造优美和谐的工作环境和提供合理恰当的福利待遇，培养职工长期努力为企业工作。⑤不断加强与债权人的关系，培养可靠的资金供应者。⑥关心客户的长期利益，以便保持销售收入的长期稳定增长。⑦加强与供应商的协作，共同面对市场竞争，并注重企业形象的宣传，遵守承诺，讲究信誉。⑧保持与政府部门的良好关系。

以相关者利益最大化作为财务管理目标，具有以下优点：

(1)有利于企业长期稳定发展。这一目标注重企业在发展过程中考虑并满足各利益相关者的利益关系。站在企业的角度上进行投资研究，避免只站在股东的角度进行投资可能导致的一系列问题。

(2)体现了合作共赢的价值理念，有利于实现企业经济效益和社会效益的统一。由于兼顾了企业、股东、政府、客户等的利益，企业就不仅仅是一个单纯牟利的组织，还承担了一定的社会责任，企业在寻求其自身的发展和利益最大化过程中，由于客户及其他利益相关者的利益，就会依法经营，依法管理，正确处理各种财务关系，自觉维护和确实保障国家、集体和社会公众的合法权益。

(3)这一目标本身是一个多元化、多层次的目标体系，较好地兼顾了各利益主体的利益。这一目标可使企业各利益主体相互作用、相互协调，并在使企业利益、股东利益达到最大化的同时，也使其他利益相关者利益达到最大化。

(4)体现了前瞻性和现实性的统一。比如，企业作为利益相关者之一，有其一套评价指标，如未来企业报酬贴现值；股东的评价指标可以使用股票市价；债权人可以寻求风险最小、利息最大；工人可以确保工资福利；政府可考虑社会效益等。不同的利益相关者有各自的指标，只要合理合法、互利互惠、相互协调，就可以实现所有相关者利益最大化。

因此，相关者利益最大化是企业财务管理最理想的目标。但是鉴于该目标过于理想化，且无法操作，本书后述章节仍采用企业价值最大化作为财务管理的目标。

第二节　筹资管理概述

企业筹资，是指企业为了满足其经营活动、投资活动、资本结构调整等需要，运用一定的筹资方式，筹措和获取所需资金的一种行为。资金是企业的血液，是企业设立、生存和发展的物质基础，是企业开展生产经营业务活动的基本前提。任何一个企业，为了形成生产经营能力、保证生产经营正常运行，必须拥有一定数量的资金。

筹资活动是企业一项重要的财务活动。如果说企业的财务活动是以现金收支为主的资金流转活动，那么筹资活动则是资金运转的起点。筹资的作用主要有两个：

(1)满足经营运转的资金需要：企业筹资，能够为企业生产经营活动的正常开展提供财务保障。筹集资金，决定着企业资金运动的规模和生产经营发展的程度。企业新建时，要按照企业战略所确定的生产经营规模核定长期资本和流动资金的需要量。在企业日常生产经营活动运行期间，需要维持一定数额的资金，以满足营业活动的正常波动需求。

（2）满足投资发展的资金需要：企业在成长时期，往往因扩大生产经营规模或对外投资需要大量资金。不管是外延式的扩大再生产还是内涵式的扩大再生产，都会发生扩张性的筹资机动。同时，企业由于战略发展和资本经营的需要，还会积极开拓有发展前途的投资领域，以联营投资、股权投资和债权投资等形式对外投资。

一、筹资的分类

企业筹资可以按不同的标准进行分类。

（一）股权筹资、债务筹资及衍生工具筹资

按企业所取得资金的权益特性不同，企业筹资分为股权筹资、债务筹资及衍生工具筹资三类，这也是企业筹资方式最常见的分类方法。

股权筹资形成股权资本，是企业依法长期拥有、能够自主调配运用的资本。股权资本在企业持续经营期间内，投资者不得抽回，因而也称之为企业的自有资本、主权资本或股东权益资本。股权资本是企业从事生产经营活动和偿还债务的本钱，是代表企业基本资信状况的一个主要指标。企业的股权资本通过吸收直接投资、发行股票、内部积累等方式取得。股权资本由于一般不用还本，形成了企业的永久性资本，因而财务风险小，但付出的资本成本相对较高。

股权筹资项目，包括实收资本（股本）、资本公积金、盈余公积金和未分配利润等。其中，实收资本（股本）和实收资本溢价部分形成的资本公积金是投资者的原始投入部分；盈余公积金、未分配利润和部分资本公积金是原始投入资本在企业持续经营中形成的经营积累。通常，盈余公积金、未分配利润共称为留存收益。股权筹资在经济意义上形成了企业的所有者权益，其金额等于企业资产总额减去负债总额后的余额。

由于债务筹资到期要归还本金和支付利息，对企业的经营状况不承担责任，因而具有较大的财务风险，但付出的资本成本相对较低。从经济意义上来说，债务筹资也是债券人对企业的一种投资，也要依法享有企业使用债务所取得的经济利益，因而也可以称之为债权人权益。

衍生工具筹资包括兼具股权与债务特性的混合融资和其他衍生工具融资。我国上市公司目前最常见的混合融资是可转换债券融资，最常见的其他衍生工具融资是认股权证融资。

（二）直接筹资与间接筹资

按其是否以金融机构为媒介，企业筹资分为直接筹资和间接筹资两种类型。

直接筹资，是指企业直接与资金供应者协商融通资本的一种筹资活动。直接筹资方式主要有吸收直接投资、发行股票、发行债券等。通过直接筹资既可以筹集股权资金，也可以筹集债务资金。按法律规定，公司股票、公司债券等有价证券的发行需要通过证券公司等中介机构进行，但证券公司所起到的只是承销的作用，资金拥有者并未向证券公司让渡资金使用权，因此发行股票、债券属于直接向社会筹资。

间接筹资，是指企业借助银行等金融机构融通资本的筹资活动。在间接筹资方式下，银行等金融机构发挥了中介的作用，预先集聚资金，资金拥有者首先向银行等金融机构让渡资金的使用权，然后由银行等金融机构将资金提供给企业。间接筹资的基本方式是向银行借款，此外还有融资租赁等筹资方式，间接筹资形成的主要是债务资金，主要用于满足企业资金周转的需要。

(三)内部筹资与外部筹资

按资金的来源范围不同，企业筹资分为内部筹资和外部筹资两种类型。

内部筹资是指企业通过利润留存而形成的筹资来源。内部筹资数额的大小主要取决于企业可分配利润的多少和利润分配政策(股利政策)，一般无须花费筹资费用，从而降低了资本成本。

外部筹资是指企业向外部筹措资金而形成的筹资来源。处于初创期的企业，内部筹资的可能性是有限的；处于成长期的企业，内部筹资往往难以满足需要。这就需要企业广泛地开展外部筹资，如发行股票、债券，取得商业信用、向银行借款等。企业向外部筹资大多需要花费一定的筹资费用，从而提高了筹资成本。

因此，企业筹资时首先应利用内部筹资，然后再考虑外部筹资。

(四)长期筹资与短期筹资

按所筹集资金的使用期限不同，企业筹资分为长期筹资和短期筹资两种类型。

长期筹资，是指企业筹集使用期限在1年以上的资金筹集活动。长期筹资的目的主要在于形成和更新企业的生产和经营能力，或扩大企业的生产经营规模，或为对外投资筹集资金。长期筹资通常采取吸收直接投资、发行股票、发行债券、取得长期借款、融资租赁等方式，所形成的长期资金主要用于购建固定资产、形成无形资产、进行对外长期投资、垫支流动资金、产品和技术研发等。从资金权益性质来看，长期资金可以是股权资金，也可以是债务资金。

短期筹资，是指企业筹集使用期限在1年以内的资金筹集活动。短期资金主要用于企业的流动资产和日常资金周转，一般在短期内需要偿还。短期筹资经常利用商业信用、短期借款、保理业务等方式来筹集。

二、筹资管理的原则

企业筹资管理的基本要求，是在严格遵守国家法律法规的基础上，分析影响筹资的各种因素，权衡资金的性质、数量、成本和风险，合理选择筹资方式，提高筹集效果。

(一)遵循国家法律法规，合法筹措资金

不论是直接筹资还是间接筹资，企业最终都通过筹资行为向社会获取资金。企业的筹资活动不仅为自身的生产经营提供资金来源，而且也会影响投资者的经济利益，影响社会经济秩序。企业的筹资行为和筹资活动必须遵循国家的相关法律法规，依法履行法律法规和投资合同约定的责任，合法合规筹资，依法信息披露，维护各方的合法权益。

(二)分析生产经营情况，正确预测资金需要量

企业筹集资金，首先要合理预测资金的需要量。筹资规模与资金需要量应当匹配一致，既避免因筹资不足，影响生产经营的正常进行，又要防止筹资过多，造成资金闲置。

（三）合理安排筹资时间，适时取得资金

企业筹集资金，还需要合理预测确定资金需要的时间。要根据资金需求的具体情况，合理安排资金的筹集时间，适时获取所需资金。使筹资与用资在时间上相衔接，既避免过早筹集资金形成的资金投放前闲置，又防止取得资金的时间滞后，错过资金投放的最佳时间。

（四）了解各种筹资渠道，选择资金来源

企业所筹集的资金都要付出资本成本的代价，不同的筹资渠道和筹资方式所取得的资金，其资本成本各有差异。企业应当在考虑筹资难易程度的基础上，针对不同来源资金的成本进行分析，尽可能选择经济、可行的筹资渠道与方式，力求降低筹资成本。

（五）研究各种筹资方式，优化资本结构

企业筹资要综合考虑股权资金与债务资金的关系、长期资金与短期资金的关系、内部筹资与外部筹资的关系，合理安排资本结构，保持适当偿债能力，防范企业财务危机，提高筹资效益。

三、企业资本金制度

资本金制度是国家就企业资本金的筹集、管理以及所有者的责权利等方面所作的法律规范。资本金是企业权益资本的主要部分，是企业长期稳定拥有的基本资金，此外，一定数额的资本金也是企业取得债务资本的必要保证。

（一）资本金的本质特征

设立企业必须有法定的资本金。资本金，是指企业在工商行政管理部门登记的注册资金，是投资者用以进行企业生产经营、承担民事责任而投入的资金。资本金在不同类型的企业中表现形式有所不同，股份有限公司的资本金被称为股本，股份有限公司以外的一般企业的资本金被称为实收资本。

从性质上看，资本金是投资者创建企业所投入的资本，是原始启动资金；从功能上看，资本金是投资者用以享有权益和承担责任的资金，有限责任公司和股份有限公司以其资本金为限对所负债务承担有限责任；从法律地位来看，资本金要在工商行政管理部门办理注册登记，投资者只能按所投入的资本金而不是所投入的实际资本数额享有权益和承担责任，已注册的资本金如果追加或减少，必须办理变更登记；从时效来看，除了企业清算、减资、转让回购股权等特殊情形外，投资者不得随意从企业收回资本金，企业可以无限期地占用投资者的出资。

（二）资本金的筹集

1. 资本金的最低限额

有关法规制度规定了各类企业资本金的最低限额，我国《公司法》规定，股份有限公司注册资本的最低限额为人民币 500 万元，上市的股份有限公司股本总额不少于人民币 3000万元；有限责任公司注册资本的最低限额为人民币 3 万元，一人有限责任公司的注册资本最低限额为人民币 10 万元。

如果需要高于这些最低限额的，可以由法律、行政法规另行规定。比如，《注册会计师法》和《资产评估机构审批管理办法》均规定，设立公司制的会计师事务所或资产评估机构，注册资本应当不少于人民币 30 万元；《保险法》规定，采取股份有限公司形式设立的保险公司，其注册资本的最低限额为人民币 2 亿元。《证券法》规定，可以采取股份有限公司形式设立证券公司，在证券公司中属于经纪类的，最低注册资本为人民币 5000 万元；属于综合类的，公司注册资本最低限额为人民币 5 亿元。

2. 资本金的出资方式

根据我国《公司法》等法律法规的规定，投资者可以采取货币资产和非货币资产两种形式出资。全体投资者的货币出资金额不得低于公司注册资本的 30%；投资者可以用实物、知识产权、土地使用权等可以依法转让的非货币财产作价出资；法律、行政法规规定不得作为出资的财产除外。

3. 资本金缴纳的期限

资本金缴纳的期限，通常有三种办法：一是实收资本制，在企业成立时一次筹足资本金总额，实收资本与注册资本数额一致，否则企业不能成立；二是授权资本制，在企业成立时不一定一次筹足资本金总额，只要筹集了第一期资本，企业即可成立，其余部分由董事会在企业成立后进行筹集，企业成立时的实收资本与注册资本可能不相一致；三是折中资本制，在企业成立时不一定一次筹足资本金总额，类似于授权资本制，但规定了首期出资的数额或比例及最后一期缴清资本的期限。

我国《公司法》规定，资本金的缴纳采用折中资本制，资本金可以分期缴纳，但首次出资额不得低于法定的注册资本最低限额。股份有限公司和有限责任公司的股东首次出资额不得低于注册资本的 20%，其余部分由股东自公司成立之日起两年内缴足，投资公司可以在 5 年内缴足。而对于一人有限责任公司，股东应当一次足额缴纳公司章程规定的注册资本额。

4. 资本金的评估

吸收实物、无形资产等非货币资产筹集资本金的，应按照评估确认的金额或者按合同、协议约定的金额计价。其中，为了避免虚假出资或通过出资转移财产，导致国有资产流失，国有及国有控股企业以非货币资产出资或者接受其他企业的非货币资产出资，需要委托有资格的资产评估机构进行资产评估，并以资产评估机构评估确认的资产价值作为投资作价的基础。经国务院、省政府批准实施的重大经济事项涉及的资产评估项目，分别由本级政府国有资产监管部门或者财政部门负责核准，其余资产评估项目一律实施备案制度。严格来说，其他企业的资本金评估时，并不一定要求必须聘请专业评估机构评估，相关当事人或者聘请的第三方专业中介机构评估后认可的价格也可成为作价依据。不过，聘请第三方专业中介机构来评估相关的非货币资产，能够更好地保证评估作价的真实性和准确性，有效地保护公司及其债权人的利益。

（三）资本金的管理原则

企业资本金的管理，应当遵循资本保全这一基本原则。实现资本保全的具体要求，可分为资本确定、资本充实和资本维持三部分内容。

1. 资本确定原则

资本确定，是指企业设立时资本金数额的确定。企业设立时，必须明确规定企业的资本总额以及各投资者认缴的数额。如果投资者没有足够认缴资本总额，企业就不能成立。为了强化资本确定的原则，法律规定由工商行政管理机构进行企业注册资本的登记管理。根据《公司法》等法律法规的规定，一方面，投资者以认缴的资本为限对公司承担责任；另一方面，投资者以实际缴纳的资本为依据行使表决权和分取红利。《企业财务通则》规定，企业获准工商登记（即正式成立）后 30 日内，应依据验资报告向投资者出具出资证明书等凭证，以此为依据确定投资者的合法权益，界定其应承担的责任。

2. 资本充实原则

资本充实，是指资本金的筹集应当及时、足额。企业筹集资本金的数额、方式、期限均要在投资合同或协议中约定，并在企业章程中加以规定，以确保企业能够及时、足额筹得资本金。

对企业登记注册的资本金，投资者应在法律法规和财务制度规定的期限内缴足。如果投资者未按规定出资，即为投资者违约，企业和其他投资者可以依法追究其责任，国家有关部门还将按照有关规定对违约者进行处罚。

企业筹集的注册资本，必须进行验资，以保证出资的真实可信。对验资的要求，一是依法委托法定的验资机构，二是验资机构要按照规定出具验资报告，三是验资机构依法承担提供验资虚假或重大遗漏报告的法律责任，因出具的验资证明不实给公司债权人造成损失的，除能够证明自己没有过错的外，在其证明不实的金额范围内承担赔偿责任。

3. 资本维持原则

资本维持，指企业在持续经营期间有义务保持资本金的完整性。企业除由股东大会或投资者会议做出增减资本决议并按法定程序办理外，不得任意增减资本总额。

企业筹集的实收资本，在持续经营期间可以由投资者依照相关法律法规以及企业章程的规定转让或者减少，投资者不得抽逃或者变相抽回出资。除《公司法》等有关法律法规另有规定外，企业不得回购本企业发行的股份。

四、股权筹资

企业所能采用的筹资方式，一方面受法律环境和融资市场的制约，另一方面也受企业性质的制约。中小企业和非公司制企业的筹资方式比较受限；股份有限公司和有限责任公司的筹资方式相对多样。

前已述及，股权筹资形成企业的股权资金，也称之为权益资本，是企业最基本的筹资方式。股权筹资又包含吸收直接投资、发行股票和利用留存收益三种主要形式，此外，我国上市公司引入战略投资者的行为，也属于股权筹资的范畴。

（一）吸收直接投资

吸收直接投资，是指企业按照"共同投资、共同经营、共担风险、共享收益"的原则，直接吸收国家、法人、个人和外商投入资金的一种筹资方式。吸收直接投资是非股份制企业筹集权益资本的基本方式，采用吸收直接投资的企业，资本不分为等额股份、无需公开发行股票。吸收直接投资实际出资额，注册资本部分形成实收资本；超过注册资本的部分属于资本溢价，形成资本公积。

1. 吸收直接投资的种类

（1）吸收国家投资。国家投资是指有权代表国家投资的政府部门或机构，以国有资产投入公司，这种情况下形成的资本被叫作国有资本。根据《公司国有资本与公司财务暂行办法》的规定，在公司持续经营期间，公司以盈余公积、资本公积转增实收资本的，国有公司和国有独资公司由公司董事会或经理办公会决定，并报主管财政机关备案；股份有限公司和有限责任公司由董事会决定，并经股东大会审议通过。吸收国家投资一般具有以下特点：①产权归属国家；②资金的运用和处置受国家约束较大；③在国有公司中采用比较广泛。

（2）吸收法人投资。法人投资是指法人单位以其依法可支配的资产投入公司，这种情况下形成的资本称为法人资本。吸收法人资本一般具有以下特点：①发生在法人单位之间；②以参与公司利润分配或控制为目的；③出资方式灵活多样。

（3）吸收外商直接投资。企业可以通过合资经营或合作经营的方式吸收外商直接投资，即与其他国家的投资者共同投资，创办中外合资经营企业或者中外合作经营企业，共同经营、共担风险、共负盈亏、共享利益。

（4）吸收社会公众投资。社会公众投资是指社会个人或本公司职工以个人合法财产投入公司，这种情况下形成的资本称为个人资本。吸收社会公众投资一般具有以下特点：①参加投资的人员较多；②每人投资的数额相对较少；③以参与公司利润分配为基本目的。

2. 吸收直接投资的出资方式

（1）以货币资产出资。以货币资产出资是吸收直接投资中最重要的出资方式。企业有了货币资产，便可以获取其他物质资源，支付各种费用，满足企业创建时的开支和随后的日常周转需要。我国《公司法》规定，公司全体股东或者发起人的货币出资金额不得低于公司注册资本的30%。

（2）以实物资产出资。实物出资是指投资者以房屋、建筑物、设备等固定资产和材料、燃料、商品产品等流动资产所进行的投资。实物投资应符合以下条件：①适合企业生产、经营、研发等活动的需要；②技术性能良好；③作价公平合理。

（3）以土地使用权出资。土地使用权是指土地经营者对依法取得的土地在一定期限内有进行建筑、生产经营或其他活动的权利。土地使用权具有相对的独立性，在土地使用权存续期间，包括土地所有者在内的其他任何人和单位，不能任意收回土地和非法干预使用权人的经营活动。企业吸收土地使用权投资应符合以下条件：①适合企业科研、生产、经营、研发等活动的需要；②地理、交通条件适宜；③作价公平合理。

（4）以工业产权出资。工业产权通常是指专有技术、商标权、专利权、非专利技术等无形资产。投资者以工业产权出资应符合以下条件：①有助企业研究、开发和生产出新的高科技产品；②有助于企业提高生产效率，改进产品质量；③有助于企业降低生产消耗、能源消耗等各种消耗；④作价公平合理。

吸收工业产权等无形资产出资的风险较大。因为以工业产权投资，实际上是把技术转化为资本，使技术的价值固定化。而技术具有强烈的时效性，会因其不断老化落后而导致实际价值不断减少甚至完全丧失。此外，对无形资产出资方式的限制，我国《公司法》规定，股东或发起人不得以劳务、信用、自然人姓名、商誉、特许经营权或者设定担保的财产等作价出资。对于非货币资产出资，需要满足三个条件：可以用货币估价；可以依法转让；法律不禁止。我国《公司法》对无形资产出资的比例要求没有明确限制，但《外企企业法实施细则》另有规定，外资企业的工业产权、专有技术的作价应与国际上通常的作价原则相一致，且作价金额不得超过注册资本的 20%。

3. 吸收直接投资的程序

(1)确定筹资数量。企业在新建在扩大经营时，首先确定资金的需要量。资金的需要量应根据企业的生产经营规模和供销条件等来核定，确保筹资数量与资金需要量相适应。

(2)寻找投资单位。企业既要广泛了解有关投资者的资信、财力和投资意向，又要通过信息交流和宣传，使出资方了解企业的经营能力、财务状况以及未来预期，以便于公司从中寻找最合适的合作伙伴。

(3)协商和签署投资协议。找到合适的投资伙伴后，双方进行具体协商，确定出资数额、出资方式和出资时间。然后双方须签署投资的协议或合同，以明确双方的权利和责任。

(4)取得所筹集的资金。签署投资协议后，企业应按规定或计划取得资金。如果采取现金投资方式，通常还要编制拨款计划，确定拨款期限、每期数额及划拨方式，有时投资者还要规定拨款的用途，如把拨款区分为固定资产投资拨款、流动资金拨款、专项拨款等。如为实物、工业产权、非专利技术、土地使用权投资，一个重要的问题就是核实财产。

(二)发行普通股股票

股票是股份有限公司为筹措股权资本而发行的有价证券，是公司签发的证明股东持有公司股份的凭证。股票作为一种所有权凭证，代表着股东对发行公司净资产的所有权。股票只能由股份有限公司发行。

1. 股票的特征与分类

(1)股票的特点。①永久性。公司发行股票所筹集的资金属于公司的长期自有资金，没有期限，不需归还。换言之，股东在购买股票之后，一般情况下不能要求发行企业退还股金。②流通性。股票作为一种有价证券，在资本市场上可以自由转让、买卖和流通，也可以继承、赠送或作为抵押品。股票特别是上市公司发行的股票具有很强的变现能力，流动性很强。③风险性。由于股票的永久性，股东成了企业风险的主要承担者。风险的表现形式有：股票价格的波动性、红利的不确定性、破产清算时股东处于剩余财产分配的最后顺序等。④参与性。股东作为股份公司的所有者，拥有参与企业管理的权利，包括重大决策权、经营者选择权、财务监控权、公司经营的建议和质询权等。此外，股东还有承担有限责任、遵守公司章程等义务。

(2)股东的权利。股东最基本的权利是按投入公司的股份额，依法享有公司收益获取权、公司重大决策参与权和选择公司管理者的权利，并以其所持股份为限对公司承担责任。

股东的权利包括：①公司管理权。股东对公司的管理权主要体现在重大决策参与权、经营者选择权、财务监控权、公司经营的建议和质询权、股东大会召集权等方面；②收益分享权。股东有权通过股利方式获取公司的税后利润，利润分配方案由董事会提出并经过股东大会批准；③股份转让权。股东有权将其所持有的股票出售或转让；④优先认股权。原有股东拥有优先认购本公司增发股票的权利；⑤剩余财产要求权。当公司解散、清算时，股东有对清偿债务、清偿优先股股东以后的剩余财产索取的权利。

（3）股票的种类。

①按股东权利和义务，分为普通股股票和优先股股票。普通股股票简称普通股，是公司发行的代表着股东享有平等的权利、义务，不加特别限制的，股利不固定的股票。普通股是最基本的股票，股份有限公司通常情况只发行普通股。优先股股票简称优先股，是公司发行的相对于普通股具有一定优先权的股票。其优先权利主要表现在股利分配优先权和分取剩余财产优先权上。优先股股东在股东大会上无表决权，在参与公司经营管理上受到一定限制，仅对涉及优先股权利的问题有表决权。

②按票面有无记名，分为记名股票和无记名股票。记名股票是在股票票面上记载有股东姓名或将名称记入公司股东名册的股票；无记名股票不登记股东名称，公司只记载股票数量、编号及发行日期。我国《公司法》规定，公司向发起人、国家授权投资机构、法人发行的股票，为记名股票；向社会公众发行的股票，可以为记名股票，也可以为无记名股票。

③按发行对象和上市地点，分为 A 股、B 股、H 股、N 股和 ST 股等。

A 股即人民币普通股票，由我国境内公司发行，境内上市交易，它以人民币标明面值，以人民币认购和交易。B 股即人民币特种股票，由我国境内公司发行，境内上市交易，它以人民币标明面值，以外币认购和交易。H 股是注册地在内地、上市在香港的股票，依此类推，在纽约和新加坡上市的股票，就分别称为 N 股和 ST 股。

2. 上市公司的股票发行

上市的股份有限公司在证券市场上发行股票，包括公开发行和非公开发行两种类型。公开发行股票又分为首次上市公开发行股票和上市公开发行股票，非公开发行即向特定投资者发行，也叫定向发行。

（1）首次上市公开发行股票（IPO）。首次上市公开发行股票（Initial Public Offering，IPO），是指股份有限公司对社会公开发行股票并上市流通和交易。实施 IPO 的公司，应当符合中国证监颁布的《首次公开发行股票并上市管理办法》规定的相关条件，并经中国证监会核准。

（2）上市公开发行股票。上市公开发行股票，是指股份有限公司已经上市后，通过证券交易所在证券市场上对社会公开发行股票。上市公司公开发行股票，包括增发和配股两种方式。其中，增发是指增资发行，即上市公司向社会公众发售股票的再融资方式，而配股是指上市公司向原有股东配售发行股票的再融资方式。增发和配股也应符合证监会规定的条件，并经过证监会的核准。

（3）非公开发行股票。上市公司非公开发行股票，是指上市公司采用非公开方式，向特定对象发行股票的行为，也叫定向募集增发。其目的往往是为了引入该机构的特定能力，如管理、渠道等。定向增发的对象可以是老股东，也可以是新投资者。总之，定向增发完成之后，公司的股权结构往往会发生较大变化，甚至发生控股权变更的情况。

（三）留存收益

1. 留存收益的性质

从性质上看，企业通过合法有效地经营所实现的税后净利润，都属于企业的所有者。

企业将本年度的利润部分甚至全部留存下来的原因很多，主要包括：第一，收益的确认和计量是建立在权责发生制基础上的，企业有利润，但企业不一定有相应的现金净流量增加，因而企业不一定有足够的现金将利润全部或部分派给所有者。第二，法律法规从保护债权人利益和要求企业可持续发展等角度出发，限制企业将利润全部分配出去。《公司法》规定，企业每年的税后利润，必须提取10%的法定盈余公积金。第三，企业基于自身扩大再生产和筹资的需求，也会将一部分利润留存下来。

2．留存收益的筹资途径

(1)提取盈余公积金。盈余公积金，是指有指定用途的留存净利润。盈余公积金是从当期企业净利润中提取的积累资金，其提取基数是本年度的净利润。盈余公积金主要用于企业未来的经营发展，经投资者审议后也可以用于转增股本(实收资本)和弥补以前年度经营亏损，但不得用于以后年度的对外利润分配。

(2)未分配利润。未分配利润，是指未限定用途的留存净利润。未分配利润有两层含义：第一，这部分净利润本年没有分配给公司的股东投资者；第二，这部分净利润未指定用途，可以用于企业未来的经营发展、转增资本(实收资本)、弥补以前年度的经营亏损及以后年度的利润分配。

3．利用留存收益的筹资特点

(1)不用发生筹资费用。企业从外界筹集长期资本，与普通股筹资相比较，留存收益筹资不需要发生筹资费用，资本成本较低。

(2)维持公司的控制权分布。利用留存收益筹资，不用对外发行新股或吸收新投资者，由此增加的权益资本不会改变公司的股权结构，不会稀释原有股东的控制权。

(3)筹资数额有限。留存收益的最大数额是企业到期的净利润和以前年度未分配利润之和，不像外部筹资一次性可以筹集大量资金。如果企业发生亏损，那么当年就没有利润留存。另外，股东和投资者从自身期望出发，往往希望企业每年发放一定的利润，保持一定的利润分配比例。

五、债务筹资

债务筹资主要是企业通过向银行借款、向社会发行公司债券、融资租赁以及赊购商品或劳务等方式筹集和取得的资金。向银行借款、发行债券、融资租赁和商业信用，是债务筹资的基本形式。

(一)银行借款

银行借款是指企业向银行或其他非银行金融机构借入的、需要还本付息的款项，包括偿还期限超过1年的长期借款和不足1年的短期借款，主要用于企业购建固定资产和满足流动资金周转的需要。

1．银行借款的种类

(1)按提供贷款的机构，分为政策性银行贷款、商业银行贷款和其他金融机构贷款。

政策性银行贷款是指执行国家政策性贷款业务的银行向企业发放的贷款，通常为长期贷款。如国家开发银行贷款，主要满足企业承建国家重点建设项目的资金需要；中国进出口信贷银行贷款，主要为大型设备的进出口提供的买方信贷或卖方信贷；中国农业发展银行贷款，主要用于确保国家对粮、棉、油等政策性收购资金的供应。

商业性银行贷款是指由各商业银行，如中国工商银行、中国建设银行、中国农业银行、中国银行等，向工商企业提供的贷款，用以满足企业生产经营的资金需要，包括短期贷款和长期贷款。

其他金融机构贷款，如从信托投资公司取得实物或货币形式的信托投资贷款，从财务公司取得的各种中长期贷款，从保险公司取得的贷款等。其他金融机构的贷款一般较商业银行贷款的期限要长，要求的利率较高，对借款企业的信用要求和担保的选择比较严格。

（2）按机构对贷款有无担保要求，分为信用贷款和担保贷款。

信用贷款是指以借款人的信誉或保证人的信用为依据而获得的贷款。企业取得这种贷款，无须以财产作抵押。对于这种贷款，由于风险较高，银行通常要收取较高的利息，往往还附加一定的限制条件。

担保贷款是指由借款人或第三方依法提供担保而获得的贷款。担保包括保证责任、财务抵押、财产质押，由此，担保贷款包括保证贷款、抵押贷款和质押贷款。①保证贷款是指按《担保法》规定的保证方式，以第三人作为保证人承诺在借款人不能偿还借款时，按约定承担一定保证责任或连带责任而取得的贷款。②抵押贷款是指按我国《担保法》规定的抵押方式，以借款人或第三人的财产作为抵押物而取得的贷款。③质押贷款是指按我国《担保法》规定的质押方式，以借款人或第三人的动产或财产权利作为质押物而取得的贷款。

（3）按企业取得贷款的用途，分为基本建设贷款、专项贷款和流动资金贷款。

基本建设贷款是指企业因从事新建、改建、扩建等基本建设项目需要资金而向银行申请借入的款项。

专项贷款是指企业因为专门用途而向银行申请借入的款项，包括更新改造技改贷款、大修理贷款、研发和新产品研制贷款、小型技术措施贷款、出口专项贷款、引进技术转让费周转金贷款、进口设备外汇贷款、进口设备人民币贷款及国内配套设备贷款等。

流动资金贷款是指企业为满足流动资金的需求而向银行申请借入的款项，包括流动基金借款、生产周转借款、临时借款、结算借款和卖方信贷。

2. 银行借款的筹资特点

（1）筹资速度快。与发行债券、融资租赁等债权筹资方式相比，银行借款的程序相对简单，所花时间较短，公司可以迅速获得所需资金。

（2）资本成本较低。利用银行借款筹资，比发行债券和融资租赁的利息负担要低。而且，无须支付证券发行费用、租赁手续费用等筹资费用。

（3）筹资弹性较大。在借款之前，公司根据当时的资本需求与银行等贷款机构直接商定贷款的时间、数量和条件。在借款期间，若公司的财务状况发生某些变化，也可与债权人再协商，变更借款数量、时间和条件，或提前偿还本息。因此，借款筹资对公司具有较大的灵活性，特别是短期借款更是如此。

（4）限制条款多。与债券筹资相比较，银行借款合同对借款用途有明确规定，通过借款的保护性条款，对公司资本支出额度、再筹资、股利支付等行为有严格的约束，以后公司的生产经营活动和财务政策必将受到一定程度的影响。

（5）筹资数额有限。银行借款的数额往往受到贷款机构资本实力的制约，不可能像发行债券、股票那样一次筹集到大笔资金，无法满足公司大规模筹资的需要。

（二）发行公司债券

企业债券又称公司债券，是企业依照法定程序发行的、约定在一定期限内还本付息的有价证券。债券是持有人拥有公司债权的书面证书，它代表持券人同发债公司之间的债权债务关系。

1. 发行债券的条件与种类

（1）发行债券的条件。

在我国，根据《公司法》的规定，股份有限公司、国有独资公司和两个以上的国有公司或者两个以上的国有投资主体投资设立的有限责任公司，具有发行债券的资格。

根据《证券法》规定，公开发行公司债券，应当符合下列条件：①股份有限公司的净资产不低于人民币 3000 万元，有限责任公司的净资产不低于人民币 6000 万元；②累计债券余额不超过公司净资产的 40%；③最近 3 年平均可分配利润足以支付公司债券 1 年的利息；④筹集的资金投向符合国家产业政策；⑤债券的利率不超过国务院限定的利率水平；⑥国务院规定的其他条件。

公开发行公司债券筹集的资金，必须用于核准的用途，不得用于弥补亏损和非生产性支出。

根据《证券法》规定，公司申请公司债券上市交易，应当符合下列条件：①公司债券的期限为 1 年以上；②公司债券实际发行额不少于人民币 5000 万元；③公司申请债券上市时仍符合法定的公司债券发行条件。

（2）公司债券的种类。

①按是否记名，分为记名债券和无记名债券。

记名公司债券，应当在公司债券存根簿上载明债券持有人的姓名及住所、债券持有人取得债券的日期及债券的编号等债券持有人信息。记名公司债券，由债券持有人以背书方式或者法律、行政法规规定的其他方式转让；转让后由公司将受让人的姓名或者名称及住所记载于公司债券存根簿。

无记名公司债券，应当在公司债券存根簿上载明债券总额、利率、偿还期限和方式、发行日期及债券的编号。无记名公司债券的转让，由债券持有人将该债券交付给受让人后即发生转让的效力。

②按是否能够转换成公司股权，分为可转换债券与不可转换债券。

可转换债券，债券持有者可以在规定的时间内按规定的价格转换为发债公司的股票。这种债券在发行时，对债券转换为股票的价格和比率等都作了详细规定。《公司法》规定，可转换债券的发行主体是股份有限公司中的上市公司。

不可转换债券，是指不能转换为发债公司股票的债券，大多数公司债券属于这种类型。

③按有无特定财产担保，分为担保债券和信用债券。

担保债权是指以抵押方式担保发行人按期还本付息的债券，主要是指抵押债券。抵押债券按其抵押品的不同，又分为不动产抵押债券、动产抵押债券和证券信托抵押债券。

信用债券是无担保债券，是仅凭公司自身的信用发行的、没有抵押品作抵押担保的债券。在公司清算时，信用债券的持有人因无特定的资产作担保品，只能作为一般债权人参与剩余财产的分配。

2. 发行债券的程序

(1)做出决议。公司发行债券要由董事会制订方案，股东大会做出决议。

(2)提出申请。我国规定，公司申请发行债券由国务院证券管理部门批准。证券管理部门按照国务院确定的公司债券发行规模，审批公司债券的发行。公司申请应提交公司登记证明、公司章程、公司债券募集办法、资产评估报告和验资报告。

(3)公告募集办法。企业发行债券的申请经批准后，向社会公告债券募集办法。公司债券分私募发行和公募发行，私募发行是以特定的少数投资者为对象发行债券，而公募发行则是在证券市场上以非特定的广大投资者为对象公开发行债券。

(4)委托证券经营机构发售。公募间接发行是各国通行的公司债券发行方式，在这种发行方式下，发行公司与承销团签订承销协议。承销团由数家证券公司或投资银行组成，承销方式有代销和包销两种。代销是指承销机构代为推销债券，在约定期限内未售出的余额可退还发行公司，承销机构不承担发行风险。包销是由承销团先购入发行公司拟发行的全部债券，然后再售给社会上的投资者，如果约定期限内未能全部售出，余额要由承销团负责认购。

(5)交付债券，收缴债券款，登记债券存根簿。发行债券通常不需经过填写认购证过程，由债券购买人直接向承销机构付款购买，承销单位付给企业债券。然后，发行公司向承销机构收缴债券款并结算代理费及预付款项。

3. 债券的偿还

债券偿还时间按其实际发生与规定的到期日之间的关系，分为提前偿还与到期偿还两类，其中后者又包括分批偿还和一次偿还两种。

(1)提前偿还。提前偿还又称提前赎回或收回，是指在债券尚未到期之前就予以偿还。只有在公司发行债券的契约中明确规定了有关允许提前偿还的条款，公司才可以进行此项操作。提前偿还所支付的价格通常要高于债券的面值，并随到期日的临近而逐渐下降。具有提前偿还条款的债券可使公司筹资有较大的弹性。当公司资金有结余时，可提前赎回债券；当预测利率下降时，也可提前赎回债券，而后以较低的利率来发行新债券。

(2)分批偿还。如果一个公司在发行同一种债券的当时就为不同编号或不同发行对象的债券规定了不同的到期日，这种债券就是分批偿还债券。因为各批债券的到期日不同，它们各自的发行价格和票面利率也可能不相同，从而导致发行费较高；但由于这种债券便于投资人挑选最合适的到期日，因而便于发行。

(3)一次偿还。到期一次偿还的债券是最为常见的。

(三)融资租赁

租赁，是指通过签订资产出让合同的方式，使用资产的一方(承租方)通过支付租金，向出让资产的一方(出租方)取得资产使用权的一种交易行为。在这项交易中，承租方通过得到所需资产的使用权，完成了筹集资金的行为。

1. 租赁的特征与分类

(1)租赁的基本特征。

①所有权与使用权相分离。租赁资产的所有权与使用权分离是租赁的主要特点之一。

银行信用虽然也是所有权与使用权相分离，但载体是货币资金，租赁则是资金与实物相结合基础上的分离。

②融资与融物相结合。租赁是以商品形态与货币形态相结合提供的信用活动，出租人在向企业出租资产的同时，解决了企业的资金需求，具有信用和贸易双重性质。它不同于一般的借钱还钱、借物还物的信用形式，而是借物还钱，并以分期支付租金的方式来体现。租赁的这一特点银行信贷和财产信贷融合在一起，成为企业融资的一种新形式。

③租金的分期归流。在租金的偿还方式上，租金与银行信用到期还本付息不一样，采取了分期回流的方式。出租方的资金一次投入，分期收回。对于承租方而言，通过租赁可以提前获得资产的使用价值，分期支付租金便于分期规划未来的现金流出量。

（2）租赁的分类。

租赁分为经营租赁和融资租赁。

经营租赁是由租赁公司向承租单位在短期内提供设备，并提供维修、保养、人员培训等的一种服务性业务，又称服务性租赁。经营租赁的特点主要是：①出租的设备一般由租赁公司根据市场需要选定，然后再寻找承租企业。②租赁期较短，短于资产的有效使用期，在合理的限制条件内承租企业可以中途解约。③租赁设备的维修、保养由租赁公司负责。④租赁期满或合同中止以后，出租资产由租赁公司收回。经营租赁比较适用于租用技术过时较快的生产设备。

融资租赁是由租赁公司按承租单位要求出资购买设备，在较长的合同期内提供给承租单位使用的融资信用业务，它是以融通资金为主要目的的租赁。融资租赁的主要特点是：①出租的设备由承租企业提出要求购买，或者由承租企业直接从制造商或销售商那里选定。②租赁期较长，接近于资产的有效使用期，在租赁期间双方无权取消合同。③由承租企业负责设备的维修、保养。④租赁期满，按事先约定的方法处理设备，包括退还租赁公司，或继续租赁，或企业留购。通常采用企业留购办法，即以很少的"名义价格"（相当于设备残值）买下设备。两者的区别如表 4-1 所示。

表 4-1　融资租赁与经营租赁的区别

对比项目	融资租赁（Financial lease）	经营租赁（Operational lease）
业务原理	融资融物于一体	无融资租赁特征，只是一种融物方式
租赁目的	融通资金，添置设备	暂时性使用，预防无形损耗风险
租期	较长，相当于设备经济寿命的大部分	较短
租金	包括设备价款	只是设备使用费
契约法律效力	不可撤销合同	经双方同意可中途撤销合同
租赁标的	一般为专用设备，也可为通用设备	通用设备居多
维修与保养	专用设备多为承租人负责，通用设备多为出租人负责	全部为出租人负责
承租人	一般为一个	设备经济寿命期内轮流租给多个承租人
灵活方便	不明显	明显

2. 融资租赁的基本程序与形式

(1)融资租赁的基本程序。

①选择租赁公司，提出委托申请。当企业决定采用融资租赁方式以获取某项设备时，需要了解各个租赁公司的资信情况、融资条件和租赁费率等，分析比较选定一家作为出租单位。然后，向租赁公司申请办理融资租赁。

②签订购货协议。由承租企业和租赁公司中的一方或双方，与选定的设备供应厂商进行购买设备的技术谈判和商务谈判，在此基础上与设备供应厂商签订购货协议。

③签订租赁合同。承租企业与租赁公司签订租赁设备的合同，如需要进口设备，还应办理设备进口手续。租赁合同是租赁业务的重要文件，具有法律效力。融资租赁合同的内容可分为一般条款和特殊条款两部分。

④交货验收。设备供应厂商将设备发运到指定地点，承租企业要办理验收手续。验收合格后签发交货及验收证书交给租赁公司，作为其支付货款的依据。

⑤定期交付租金。承租企业按租赁合同规定，分期交纳租金，这也就是承租企业对所筹资金的分期还款。

⑥合同期满处理设备。承租企业根据合同约定，对设备续租、退租或留购。

(2)融资租赁的基本形式。

①直接租赁。直接租赁是融资租赁的主要形式，承租方提出租赁申请时，出租方按照承租方的要求选购，然后再出租给承租方。

②售后回租。售后回租是指承租方由于急需资金等各种原因，将自己资产售给出租方，然后以租赁的形式从出租方原封不动地租回资产的使用权。在这种租赁合同中，除资产所有者的名义改变之外，其余情况均无变化。

③杠杆租赁。杠杆租赁是指涉及承租人、出租人和资金出借人三方的融资租赁业务。一般来说，当所涉及的资产价值昂贵时，出租方自己只投入部分资金，通常为资产价值的20%～40%，其余资金则通过将该资产抵押担保的方式，向第三方(通常为银行)申请贷款解决。租赁公司然后将购进的设备出租给承租方，用收取的租金偿还贷款，该资产的所有权属于出租方。出租人既是债权人也是债务人，如果出租人到期不能按期偿还借款，资产所有权则转移给资金的出借者。

第三节 投资管理

一、投资的概念和种类

投资，是指特定经济主体(包括国家、企业和个人)为了在未来可预见的时期内获得收益或使资金增值，在一定时期向一定领域的标的物投放足够数额的资金或实物等货币等价物的经济行为。从特定企业角度看，投资就是企业为获取收益而向一定对象投放资金的经济行为。

投资可分为以下类型：

(1)按照投资行为的介入程度，分为直接投资和间接投资。直接投资是指不借助金融工具，由投资人直接将资金转移交付给被投资对象使用的投资，包括企业内部直接投资和对外直接投资，前者形成企业内部直接用于生产经营的各项资产，如各种货币资金、实物资产、无形资产等，后者形成企业持有的各种股权性资产，如持有子公司或联营公司股份等。间接投资是指通过购买被投资对象发行的金融工具而将资金间接转移交付给被投资对象使用的投资，如企业购买特定投资对象发行的股票、债券、基金等。

（2）按照投入的领域不同，分为生产性投资和非生产性投资。生产性投资是指将资金投入生产、建设等物质生产领域中，并能够形成生产能力或可以产出生产资料的一种投资，又称为生产资料投资。这种投资的最终成果将形成各种生产性资产，包括形成固定资产的投资、形成无形资产的投资、形成其他资产的投资和流动资金投资。其中，前三项属于垫支资本投资，后者属于周转资本投资。非生产性投资是指将资金投入非物质生产领域中，不能形成生产能力，但能形成社会消费或服务能力，满足人民的物质文化生活需要的一种投资。这种投资的最终成果是形成各种非生产性资产。

（3）按照投资的方向不同，分为对内投资和对外投资。从企业的角度看，对内投资就是项目投资，是指企业将资金投放于为取得供本企业生产经营使用的固定资产、无形资产、其他资产和垫支流动资金而形成的一种投资。对外投资是指企业为购买国家及其他企业发行的有价证券或其他金融产品（包括期货与期权、信托、保险），或以货币资金、实物资产、无形资产向其他企业（如联营企业、子公司等）注入资金而发生的投资。

（4）按照投资的内容不同，分为固定资产投资、无形资产投资、流动资金投资、房地产投资、有价证券投资、期货与期权投资、信托投资和保险投资等多种形式。

本章所讨论的投资，是指属于直接投资范畴的企业内部投资——项目投资。

二、项目投资的特点与意义

所谓项目投资，是指以特定建设项目为投资对象的一种长期投资行为。

与其他形式的投资相比，项目投资具有投资内容独特（每个项目都至少涉及一项形成固定资产的投资）、投资数额大、影响时间长（至少1年货一个营业周期以上）、发生频率低、变现能力差和投资风险高的特点。

从宏观角度看，项目投资有以下两方面积极意义：①项目投资是实现社会资本积累功能的主要途径，也是扩大社会再生产的重要手段，有助于促进社会经济的长期可持续发展；②增加项目投资，能够为社会提供更多的就业机会，提高社会总供给量，不仅可以满足社会需求的不断增长，而且会最终拉动社会消费的增长。

从微观角度看，项目投资有以下三个方面积极意义：①增强投资者经济实力。投资者通过项目投资，扩大其资本积累规模，提高其收益能力，增强其抵御风险的能力；②提高投资者创新能力。投资者通过自主研发和购买知识产权，结合投资项目的实施，实现科技成果的商品化和产业化，不仅可以不断地获得技术创新，而且能够为科技转化为生产力提供更好的业务操作平台；③提升投资者市场竞争能力。市场竞争不仅是人才的竞争、产品的竞争，而且从根本上说是投资项目的竞争。一个不具备核心竞争能力的投资项目，是注定要失败的。无论是投资实践的成功经验还是失败的教训，都有助于促进投资者自觉按市场规律办事，不断提升其市场竞争力。

三、投资决策及其影响因素

投资决策是指特定投资主体根据其经营战略和方针，由相关管理人员做出的有关投资目标、拟投资方向或投资领域的确定和投资实施方案的选择的过程。

一般而言，项目投资决策主要考虑以下因素：

(一)需求因素

需求情况可以通过考察投资项目建成投产后预计产品的各年营业收入(即预计销售单价与预计销量的乘积)的水平来反映。如果项目的产品不适销对路，或质量不符合要求，或产能不足，都会直接影响其未来的市场销路和销售价格的水平。其中，产品是否符合市场需求、质量应达到什么标准，取决于对未来市场的需求分析和工艺技术所达到水平的分析；而产能情况则直接取决于工厂布局是否合理、原材料供应是否有保证，以及对生产能力和运输能力的分析。

(二)时期和时间价值因素

(1)时期因素是由项目计算期的构成情况决定的。项目计算期是指投资项目从投资建设开始到最终清理结束整个过程的全部时间，包括建设期和运营期。其中建设期是指项目资金正式投入开始到项目建成投产为止所需要的时间，建设期第一年的年初称为建设起点，建设期最后一年的年末称为投产日。在实践中，通常应参照项目建设的合理工期或项目的建设进度计划合理确定建设期。项目计算期最后一年的年末称为终结点，假定项目最终报废或清理均发生在终结点(但更新改造除外)。从投产日到终结点之间的时间间隔称为运营期，又包括试产期和达产期(完全达到设计生产能力期)两个阶段。试产期是指项目投入生产，但生产能力尚未完全达到设计能力时的过渡阶段。达产期是指生产运营达到设计预期水平后的时间。运营期一般应根据项目主要设备的经济使用寿命期确定。

项目计算期、建设期和运营期之间有以下关系成立，即：

$$项目计算期(n)＝建设期(s)＋运营期(p)$$

图 4-1 为项目计算期的构成示意图。

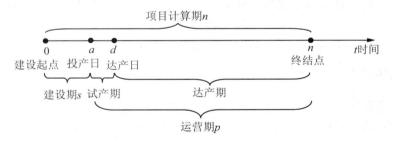

图 4-1　项目计算期示意图

【例 4-1】A 企业拟投资新建一个项目，在建设起点开始投资，历经两年后投产，试产期为 1 年，主要固定资产的预计使用寿命为 10 年。根据上述资料，估算该项目各项指标如下：

建设期为 2 年，运营期为 10 年。

$$达产期＝10－1＝9(年)$$
$$项目计算期＝2＋10＝12(年)$$

(2)考虑时间价值因素。这是指根据项目计算期不同时点上价值数据的特征，按照一定的折现率对其进行折算，从而计算出相关的动态项目评价指标。因此，科学地选择适当的折现率，对于正确开展投资决策至关重要。

（三）成本因素

成本因素包括投入和产出两个阶段的广义成本费用。

（1）投入阶段的成本。它是由建设期和运营期初期所发生的原始投资所决定的。从项目投资的角度看，原始投资（又称初始投资）等于企业为使该项目完全达到设计生产能力、开展正常经营而投入的全部现实资金，包括建设投资和流动资金投资两项内容。建设投资是指在建设期内按一定生产经营规模和建设内容进行的投资。流动资金投资是指项目投产后分次或一次投放于营运资金项目的投资增加额，又称垫支流动资金或营运资金投资。

在财务可行性评价中，原始投资与建设期资本化利息之和为项目总投资，这是一个反映项目投资总体规模的指标。

【例4-2】B企业拟新建一条生产线项目，建设期为2年，运营期为20年。全部建设投资分别安排在建设起点、建设期第2年年初和建设期末分三次投入，投资额分别为100万元、300万元和68万元；全部流动资金投资安排在投产后第一年和第二年年末分两次投入，投资额分别为15万元和5万元。根据项目筹资方案的安排，建设期资本化借款利息为22万元。根据上述资料，可估算该项目各项指标如下：

$$建设投资合计＝100＋300＋68＝468（万元）$$
$$流动资金投资合计＝15＋5＝20（万元）$$
$$原始投资＝468＋20＝488（万元）$$
$$项目总投资＝488＋22＝510（万元）$$

（2）产出阶段的成本。它是由运营期发生的经营成本、营业税金及附加和企业所得税三个因素所决定的。经营成本又称付现的营运成本（或简称付现成本），是指在运营期内为满足正常生产经营而动用货币资金支付的成本费用。从企业投资者的角度看，营业税金及附加和企业所得税都属于成本费用的范畴，因此，在投资决策中需要考虑这些因素。

严格地讲，各项广义成本因素中除所得税因素外，均需综合考虑项目的工艺、技术、生产和财务等条件，通过开展相关的专业分析才能予以确定。

四、投资的程序

企业投资的程序主要包括以下步骤：

（1）提出投资领域和投资对象。这需要在把握良好投资机会的情况下，根据企业的长远发展战略、中长期投资计划和投资环境的变化来确定。

（2）评价投资方案的可行性。在评价投资项目的环境、市场、技术和生产可行性的基础上，对财务可行性做出总体评价。

（3）投资方案比较与选择。在财务可行性评价的基础上，对可供选择的多个投资方案进行比较和选择。

（4）投资方案的执行。即投资行为的具体实施。

（5）投资方案的再评价，在投资方案的执行过程中，应注意原来做出的投资决策是否合理、是否正确。一旦出现新的情况，就要随时根据变化的情况做出新的评价和调整。

五、投资项目净现金流量

投资项目的净现金流量(又称现金净流量,记作 NCF_t)是指在项目计算期内由建设项目每年现金流入量(记作 CI_t)与每年现金流出量(记作 CO_t)之间的差额所形成的序列指标。其理论计算公式为:

$$某年净现金流量=该年现金流入量-该年现金流出量$$
$$=CI_t-CO_t(t=0,1,2,\cdots,n)$$

式中:现金流入量(又称现金流入)是指在其他条件不变时能使现金存量增加的变动量,现金流出量(又称现金流出)是指在其他条件不变时能够使现金存量减少的变动量。

建设项目现金流入量包括的主要内容有:营业收入、补贴收入、回收固定资产余值和回收流动资金等产出类财务可行性要素。

建设项目现金流出量包括的主要内容有:建设投资、流动资金投资、经营成本、维持运营投资、营业税金及附加和企业所得税等投入类财务可行性要素。

显然,净现金流量具有以下两个特征:第一,无论是在运营期内还是在建设期内都存在净现金流量的范畴;第二,由于项目计算期不同阶段上的现金流入量和现金流出量发生的可能性不同,使得各阶段上的净现金流量在数值上表现出不同的特点,如建设期内的净现金流量一般小于或等于零;在运营期内的净现金流量则多为正值。

净现金流量又包括所得税前净现金流量和所得税后净现金流量两种形式。前者不受筹资方案和所得税政策变化的影响,是全面反映投资项目方案本身财务获利能力的基础数据。计算时,现金流出量的内容中不考虑调整所得税因素;后者则将所得税视为现金流出,可用于评价在考虑所得税因素时项目投资对企业价值所作的贡献。可以在税前净现金流量的基础上,直接扣除调整所得税求得。

六、投资项目静态评价指标的计算方法及特征

(一)静态投资回收期

静态投资回收期(简称回收期),是指以投资项目经营净现金流量抵偿原始总投资所需要的全部时间。它有"包括建设期的投资回收期(记作 PP)"和"不包括建设期的投资回收期(记作)PP'"两种形式。

确定静态投资回收期指标可分别采取公式法和列表法。

1. 公式法

公式法又称为简化方法。如果某一项目运营期内前若干年(假定为 $s+1\sim s+m$ 年,共 m 年)每年净现金流量相等,且其合计大于或等于建设期发生的原始投资合计,可按以下简化公式直接求出投资回收期:

$$不包括建设期的回收期(PP')=\frac{建设期发生的原始投资合计}{运营期内前若干年每年相等的净现金流量}=\frac{\sum_{t=0}^{n}I_t}{NCF_{(s+1)-(s+m)}}$$

包括建设期的回收期 $(PP)=$ 不包括建设期的回收期 $+$ 建设期 $=PP'+s$

式中: I_t 为建设期第 t 年发生的原始投资。

如果全部流动资金投资均不发生在建设期内,则上式分子应调整为建设投资合计。

2. 列表法

所谓列表法是指通过列表计算"累计净现金流量"的方式,来确定包括建设期的投资回收期,进而再推算出不包括建设期的投资回收期的方法。因为不论在什么情况下,都可以通过这种方法来确定静态投资回收期,所以此法又称为一般方法。

该法的原理是:按照回收期的定义,包括建设期的投资回收期 PP 满足以下关系式,即:

$$\sum_{t=0}^{PP} NCF_t = 0$$

这表明在财务现金流量表的"累计净现金流量"一栏中,包括建设期的投资回收期 PP 恰好是累计净现金流量为零的年限。

静态投资回收期的优点是能够直观地反映原始投资的返本期限,便于理解,计算也不难,可以直接利用回收期之前的净现金流量信息。缺点是没有考虑资金时间价值因素和回收期满后继续发生的净现金流量,不能正确反映投资方式不同对项目的影响。

只有静态投资回收期指标小于或等于基准投资回收期的投资项目才具有财务可行性。

(二)总投资收益率

总投资收益率,又称投资报酬率(记作 ROI),是指达产期正常年份的年息税前利润或运营期年均息税前利润占项目总投资的百分比。

总投资收益率的计算公式为

$$总投资收益率(ROI) = \frac{年息税前利润或年均息税前利润}{项目总投资} \times 100\%$$

总投资收益率的优点是计算公式简单;缺点是没有考虑资金时间价值因素,不能正确反映建设期长短及投资方式同和回收额的有无等条件对项目的影响,分子、分母的计算口径的可比性差,无法直接利用净现金流量信息。

只有总投资收益率指标大于或等于基准总投资收益率指标的投资项目才具有财务可行性。

七、投资项目动态评价指标的计算及特征

(一)折现率的确定

在财务可行性评价中,折现率(记作 i_c)是指计算动态评价指标所依据的一个重要参数,财务可行性评价中的折现率可以按以下方法确定:①以拟投资项目所在行业(而不是单个投资项目)的权益资本必要收益率作为折现率,适用于资金来源单一的项目;②以拟投资项目所在行业(而不是单个投资项目)的加权平均资金成本作为折现率,适用于相关数据齐备的行业;③以社会的投资机会成本作为折现率,适用于已经持有投资所需资金的项目;④以国家或行业主管部门定期发布的行业基准资金收益率作为折现率,适用于投资项目的财务可行性研究和建设项目评估中的净现值和净现值率指标的计算;⑤完全人为主观确定折现率,适用于按逐次测试法计算内部收益率指标。本章中所使用的折现率,按第四种方法或第五种方法确定。

(二)净现值

净现值(记作 NPV),是指在项目计算期内,按设定折现率或基准收益率计算的各年

净现金流量现值的代数和。其理论计算公式为：

$$净现值(NPV)=\sum_{t=0}^{n}(第\ t\ 年的净现金流量×第\ t\ 年的复利现值系数)$$

计算净现值指标可以通过一般方法、特殊方法和插入函数法三种方法来完成。

1. 净现值指标计算的一般方法

具体包括公式法和列表法两种形式。

(1)公式法。本法是指根据净现值的定义，直接利用理论计算公式来完成该指标计算的方法。

【例4-3】某投资项目的所得税前净现金流量如下：初始投入为−1100万元，第一年净现金流量为0万元，第2~10年净现金流量为200万元，第11年的净现金流量为300万元。假定该投资项目的基准折现率为20%。

根据上述资料，按公式法计算的该项目净现值如下：

$$NPV=-1100×1-0×0.9091+200×0.8264+200×0.7513+200×0.6830+200×$$
$$0.6209+200×0.5645+200×0.5132+200×0.4665+200×0.4241+200×$$
$$0.3855+300×0.3505≈52.23(万元)$$

(2)列表法。本法是指通过在现金流量表计算净现值指标的方法。即在现金流量表上，根据已知的各年净现金流量，分别乘各年的复利现值系数，从而计算出各年折现的净现金流量，最后求出项目计算期内折现的净现金流量的代数和，就是所求的净现值指标。列表法的计算结果与公式法是一致的。

2. 净现值指标计算的特殊方法

本法是指在特殊条件下，当项目投产后净现金流量表现为普通年金或递延年金时，可以利用计算年金现值或递延年金现值的技巧直接计算出项目净现值的方法，又称简化方法。

由于项目各年的净现金流量 $NCF_t(t=0，1，2，\cdots，n)$ 属于系列款项，所以当项目的全部原始投资均在建设期投入，运营期不再追加投资，投产后的净现金流量表现为普通年金或递延年金的形式时，就可视情况不同分别按不同的简化公式计算净现值指标。

(1)特殊方法一：当建设期为零，投产后的净现金流量表现为普通年金形式时，公式为：

$$NPV=NCF_0+NCF_{1\sim n}·(P/A，i_c，n)$$

【例4-4】某投资项目的所得税前净现金流量如下：NCF_0 为−100万元，$NCF_{1\sim 10}$ 为20万元；假定该项目的基准折现率为10%。则按照简化方法计算的该项目的净现值(所得税前)如下：

$$NPV=-100+20×(P/A，10\%，10)=22.8914≈22.89(万元)$$

(2)特殊方法二：当建设期为零，运营期第1~n每年不含回收额的净现金流量相等，但终结点第n年有回收额 R_n(如残值)时，可按两种方法求净现值。

①将运营期1~(n−1)年每年相等的不含回收额净现金流量视为普通年金，第n年净现金流量视为第n年终值。公式如下：

$$NPV=NCF_0+NCF_{1\sim(n-1)}·(P/A，i_c，n-1)+NCF_n·(P/F，i_c，n)$$

②将运营期1~n年每年相等的不含回收额净现金流量按普通年金处理，第n年发生

的回收额单独作为该年终值。公式如下：

$$NPV = NCF_0 + 不含回收额 \ NCF_{1\sim n} \cdot (P/A, i_c, n) + R_n \cdot (P/F, i_c, n)$$

（3）特殊方法三：当建设期不为零，全部投资在建设起点一次投入，运营期每年净现金流量为递延年金形式时，公式为：

$$NPV = NCF_0 + NCF_{(s+1)\sim n} \cdot (P/A, i_c, n-s) \cdot (P/F, i_c, s)$$

或

$$= NCF_0 + NCF_{s+1} \sim n \cdot [(P/A, i_c, n) - (P/A, i_c,)]$$

（4）特殊方法四：当建设期不为零，全部投资在建设起点分次投入，投产后每年净现金流量为递延年金形式时，公式为：

$$NPV = NCF_0 + NCF_1 \cdot (P/F, i_c, 1) + \cdots + NCF_s \cdot (P/F, i_c, s) +$$
$$NCF_{(s+1)\sim n} \cdot [(P/A, i_c, n) - (P/A, i_c, s)]$$

（三）净现值率

净现值率（记作 $NPVR$），是指投资项目的净现值占原始投资现值总和的比率，亦可将其理解为单位原始投资的现值所创造的净现值。

净现值率的计算公式为：

$$净现值率(NPVR) = \frac{项目的净现值}{原始投资的现值合计}$$

【例 4-5】某项目的净现值（所得税前）为 16.2648 万元，原始投资现值合计为 95.4545 万元。则按简化方法计算的该项目净现值率（所得税前）如下：

$$NPVR = \frac{16.2648}{95.4545} \approx 0.17$$

净现值率的优点是可以从动态的角度反映项目投资的资金投入与净产出之间的关系，计算过程比较简单；缺点是无法直接反映投资项目的实际收益率。

只有该指标大于或等于零的投资项目才具有财务可行性。

（四）内部收益率

内部收益率（记作 IRR），是指项目投资实际可望达到的收益率。实质上，它是能使项目的净现值等于零时的折现率。IRR 满足下列等式：

$$\sum_{t=0}^{n} [NCF_t \cdot (P/F, IRR, t)] = 0$$

计算内部收益率指标可以通过特殊方法、一般方法和插入函数法三种方法来完成。

1. 内部收益率指标计算的特殊方法

该法是指当项目投产后的净现金流量表现为普通年金的形式时，可以直接利用年仅现值系数计算内部收益率的方法，又称为简便算法。

该法所要求的充分而必要的条件是：项目的全部投资均于建设起点一次投入，建设期为零，建设起点第 0 期净现金流量等于全部原始投资的负值，即：$NCF_0 = -1$；投产后每年净现金流量相等，第 1 至第 n 期每期净现金流量取得了普通年金的形式。

应用本法的条件十分苛刻，只有当项目投产后的净现金流量表现为普通年金的形式时才可以直接利用年金现值系数计算内部收益率，在此法下，内部收益率 IRR 可按下式确定：

$$(P/A，IRR，n)=\frac{I}{NCF}$$

式中：I 为在建设起点一次投入的原始投资；$(P/A，IRR，n)$ 是 n 期、设定折现率为 IRR 的年金现值系数；NCF 为投产后 $1\sim n$ 年每年相等的净现金流量（$NCF_1=NCF_2=\cdots=NCF_n=NCF$，$NCF$ 为一常数，$NCF\geqslant0$）。

特殊方法的具体程序如下：

(1)按上式计算 $(P/A，IRR，n)$ 的值，假定该值为 C，则 C 值必然等于该方案不包括建设期的回收期。

(2)根据计算出来的年金现值系数 C，查 n 年的年金现值系数表。

(3)若在 n 年系数表上恰好能找到等于上述数值 C 的年金现值系数 $(P/A，r_m，n)$，则该系数所对应的折现率 r_m 即为所求的内部收益率 IRR。

(4)若在系数表上找不到事先计算出来的系数值 C，则需要找到系数表上同期略大及略小于该数值的两个临界值 C_m 和 C_{m+1} 及相对应的两个折现率 r_m 和 r_{m+1}，然后应用内插法计算近似的内部收益率。即，如果以下关系成立：

$$(P/A，r_m，n)=C_m>C$$
$$(P/A，r_{m+1}，n)=C_{m+1}<C$$

就可按下列具体公式计算内部收益率 IRR：

$$IRR=r_m+\frac{c_m-c}{c_m-c_{m+1}}\cdot(r_{m+1}-r_m)$$

为缩小误差，按照有关规定，r_{m+1} 与 r_m 之间的差不得大于 5%。

2. 内部收益率指标计算的一般方法

该法是指通过计算项目不同设定折现率的净现值，然后根据内部收益率的定义所揭示的净现值与设定折现率的关系，采用一定技巧，最终设法找到能使净现值等于零的折现率——内部收益率 IRR 的方法，又称为逐次测试逼近法（简称逐次测试法）。如项目不符合直接应用简便算法的条件，必须按此法计算内部收益率。

一般方法的具体应用步骤如下：

(1)先自行设定一个折现率 r_1，代入计算净现值的公式，求出按 r_1 为折现率的净现值 NPV_1，并进行下面的判断。

(2)净现值 $NPV_1=0$，则内部收益率 $IRR=r_1$，计算结束；若净现值 $NPV_1>0$，则内部收益率 $IRR>r_1$，应重新设定 $r_2>r_1$，再将 r_2 代入有关计算净现值的公式，求出 r_2 为折现率的净现值 NPV_2，继续进行下一轮的判断；若净现值 $NPV_1<0$，则内部收益率 $IRR<r_2$，应重新设定 $r_2<r_1$，再将 r_2 代入有关计算净现值的公式，求出 r_2 为折现率的净现值 NPV_2，继续进行下一轮的判断。

(3)经过逐次测试判断，有可能找到内部收益率 IRR。每一轮判断的原则相同。若设 r_j 为第 j 次测试的折现率，NPV_j 为按 r_j 计算的净现值，则有：

当 $NPV_j>0$ 时，$IRR>r_j$，继续测试。

当 $NPV_j<0$ 时，$IRR<r_j$，继续测试。

当 $NPV_j=0$ 时，$IRR=r_j$，测试完成。

(4)若经过有限次测试，已无法继续利用有关货币时间价值系数表，仍未求得内部收

益率 IRR，则可利用最为接近零的两个净现值正负临界值 NPV_m、NPV_{m+1} 及其相应的折现率 r_m、r_{m+1} 四个数据，应用内插法计算近似的内部收益率。

即：如果以下关系成立：

$$NPV_m>0，NPV_{m+1}<0，r_m<r_{m+1}，r_{m+1}-r_m \leqslant d(2\% \leqslant d<5\%)$$

就可以按下列具体公式计算内部收益率 IRR：

$$IRR=r_m+\frac{NPV_m-0}{NPV_m-NPV_{m+1}} \cdot (r_{m+1}-r_m)$$

(五)动态指标之间的关系

净现值 NPV、净现值率 $NPVR$ 和内部收益率 IRR 指标之间存在以下数量关系，即：

当 $NPV>0$ 时，$NPVR>0$，$IRR>i_c$；

当 $NPV=0$ 时，$NPVR=0$，$IRR=i_c$；

当 $NPV<0$ 时，$NPVR<0$，$IRR<i_c$。

此外，净现值率 $NPVR$ 的计算需要在已知净现值 NPV 的基础上进行，内部收益率 IRR 在计算时也需要利用净现值 NPV 的计算技巧。这些指标都会受到建设期的长短、投资方式，以及各年净现金流量的数量特征的影响。所不同的是 NPV 为绝对量指标，其余为相对数指标，计算净现值 NPV 和净现值率 $NPVR$ 所依据的折现率都是事先已知的 i_c，而内部收益率 IRR 的计算本身与 i_c 的高低无关。

第四节　收益与分配管理

收益与分配管理是对企业收益与分配的主要活动及其形成的财务关系的组织与调节，是企业将一定时期内所创造的经营成果合理地在企业内、外部各利益相关者之间进行有效分配的过程。企业的收益分配有广义和狭义两种概念。广义的收益分配是指对企业的收入和净利润进行分配，包含两个层次的内容：第一层次是对企业收入的分配；第二层次是对企业净利润的分配。狭义的收益分配则仅仅是指对企业净利润的分配。本章所指收益分配采用广义的收益分配概念，即对企业收入和净利润的分配。

企业通过经营活动取得收入后，要按照补偿成本、缴纳所得税、提取公积金、向投资者分配利润等顺序进行收益分配。对于企业来说，收益分配不仅是资产保值、保证简单再生产的手段，同时也是资产增值、实现扩大再生产的工具。收益分配可以满足国家政治职能与组织经济职能的需要，是处理所有者、经营者等各方面物质利益关系的基本手段。

一、收益分配的原则

收益分配作为一项重要的财务活动，应当遵循以下原则：

(一)依法分配原则

企业的收益分配必须依法进行。为了规范企业的收益分配行为，维护各利益相关者的合法权益，国家颁布了相关法规。这些法规规定了企业收益分配的基本要求、一般程序和重要比例，企业应当认真执行，不得违反。

(二)分配与积累并重原则

企业的收益分配必须坚持积累与分配并重的原则。企业通过经营活动赚取收益，既要保证企业简单再生产的持续进行，又要不断积累企业扩大再生产的财力基础。恰当处理分配与积累之间的关系，留存一部分净收益以供未来分配之需，能够增强企业抵抗风险的能力，同时，也可以提高企业经营的稳定性与安全性。

(三)兼顾各方利益原则

企业的收益分配必须兼顾各方面的利益。企业是经济社会的基本单元，企业的收益分配涉及国家、企业股东、债权人、职工等多方面的利益。正确处理它们之间的关系，协调其矛盾，对企业的生存、发展是至关重要的。企业在进行收益分配时，应当统筹兼顾，维护各利益相关者的合法权益。

(四)投资与收益对等原则

企业进行收益分配应当体现"谁投资谁受益"、收益大小与投资比例相对等的原则。这是正确处理投资者利益关系的关键。企业在向投资者分配收益时，应本着平等一致的原则，按照投资者投资额的比例进行分配，不允许任何一方随意多分多占，以从根本上实现收益分配中的公开、公平和公正，保护投资者的利益。

二、收益与分配管理的内容

企业通过销售产品、提供劳务、转让资产使用权等活动取得收入，而这些收入的去向主要是两个方面：一是弥补成本费用，即为取得收入而发生的资源耗费；二是形成利润，即收入匹配成本费用后的余额。收入、成本费用和利润三者之间的关系可以简单表述为：

$$收入-成本费用=利润$$

可以看出，广义的收益分配首先是对企业收入的分配，即对成本费用进行弥补，进而形成利润的过程，然后，对其余额(即利润)按照一定的程序进行再分配。显然，收入的取得、成本费用的发生以及利润的形成与流向便构成了收益分配的主要内容。因此，收益分配管理包括了收入管理、成本费用管理和利润分配管理三个部分。

(一)收入管理

收入是企业收益分配的首要对象。企业的收入多种多样，其中，销售收入是指企业在日常经营活动中，由于销售产品、提供劳务等所形成的货币收入。这是企业收入的主要构成部分，是企业能够持续经营的基本条件。企业的再生产过程包括供应、生产和销售三个相互联系的阶段。企业只有把生产出来的产品及时销售出去，取得销售收入，才能保证再生产过程的继续进行。

销售收入的制约因素主要是销量与价格。由于企业一般是按照"以销定产"的原则组织生产，那么对于销售量的预测便显得尤为重要。科学的销售预测可以加速企业的资金周转，提高企业的经济效益。产品价格是企业获得市场占有率、提升产品竞争能力的重要因素。产品价格的制定直接或间接地影响着销售收入。一般来说，价格与销售量呈反向变动关系：价格上升，销量减少；反之，销量增加。企业可以通过不同的价格制定方法与运用策略来调节产品的销售量，进而作用于销售收入。所以，销售预测分析与销售定价管理便构成了收入管理的主要内容。

(二)成本费用管理

企业取得的收入首先应当弥补成本费用。成本费用是商品价值中所耗费的生产资料的价值和劳动者必要劳动所创造的价值之和，在数量上表现为企业的资金耗费。收入必须首先弥补成本费用，才可以保证企业简单再生产的继续进行。成本费用有多种不同的分类，比如，按照经济用途可以分为生产成本和期间费用；按照成本性态可以分为固定成本、变动成本和混合成本等。

成本费用管理对于提高经营效率、增加企业收益具有重要意义，主要的成本费用管理模式包括归口分级管理、成本性态分析、标准成本管理、作业成本管理和责任成本管理等。

(三)利润分配管理

利润分配是收益分配第二层次的内容，也是狭义的收益分配。利润是收入弥补成本费用后的余额。由于成本费用包括的内容与表现的形式不同，利润所包含的内容与形式也有一定的区别。若成本费用不包括利息和所得税，则利润表现为息税前利润；若成本费用包括利息而不包括所得税，则利润表现为利润总额；若成本费用包括了利息和所得税，则利润表现为净利润。

值得说明的是，本章所指利润分配是指对净利润的分配。根据我国公司法及相关法律制度的规定，公司净利润的分配应按照下列顺序进行。

1. 弥补以前年度亏损

企业在提取法定公积金之前，应先用当年利润弥补亏损。企业年度亏损可以用以下年度的税前利润弥补，下一年度不足弥补的，可以在五年之内用税前利润连续弥补，连续五年未弥补的亏损则用税后利润弥补。其中，税后利润弥补亏损可以用当年实现的净利润，也可以用盈余公积转入。

2. 提取法定盈余公积金

根据公司法的规定，法定盈余公积金的提取比例为当年税后利润（弥补亏损后）的10%。当年法定盈余公积的累积额已达注册资本的50%时，可以不再提取。法定盈余公积金提取后，根据企业的需要，可用于弥补亏损或转增资本，但企业用盈余公积金转增资本后，法定盈余公积金的余额不得低于转增前公司注册资本的25%。提取法定盈余公积金的目的是为了增加企业内部积累，以利于企业扩大再生产。

3. 提取任意盈余公积金

根据我国《公司法》的规定，公司从税后利润中提取法定公积金后，经股东会或股东大会决议，还可以从税后利润中提取任意盈余公积。这是为了满足企业经营管理的需要，控制向投资者分配利润的水平，以及调整各年度利润分配的波动。

4. 向股东(投资者)分配股利(利润)

根据公司法的规定，公司弥补亏损和提取公积金后所余税后利润，可以向股东(投资者)分配股利(利润)。其中，有限责任公司股东按照实缴的出资比例分取红利，全体股东约定不按照出资比例分取红利的除外；股份有限公司按照股东持有的股份比例分配，但股份有限公司章程规定不按照持股比例分配的除外。

三、股利政策

股利政策是指在法律允许的范围内，企业是否发放股利、发放多少股利以及何时发放股利的方针及对策。

股利政策的最终目标是使公司价值最大化。股利往往可以向市场传递一些信息，股利的发放多寡、是否稳定、是否增长等，往往是大多数投资者推测公司经营状况、发展前景优劣的依据。因此，股利政策关系到公司在市场上、在投资者中间的形象，成功的股利政策有利于提高公司的市场价值。

股利政策由企业在不违反国家有关法律、法规的前提下，根据本企业具体情况制定。股利政策既要保持相对稳定，又要符合公司财务目标和发展目标。在实际工作中，通常有以下几种股利政策可供选择。

(一)剩余股利政策

剩余股利政策是指公司在有良好的投资机会时，根据目标资本结构，测算出投资所需的权益资本额，先从盈余中留用，然后将剩余的盈余作为股利来分配，即净利润首先满足公司的资金需求，如果还有剩余，就派发股利；如果没有，则不派发股利。剩余股利政策的理论依据是 MM 股利无关理论。根据 MM 无关理论，在完全理想状态下的资本市场中，公司的股利政策与普通股每股市价无关，故而股利政策只需随着公司投资、融资方案的制订而自然确定。因此，采用剩余股利政策时，公司要遵循如下四个步骤：

(1)设定目标资本结构，在此资本结构下，公司的加权平均资本将达到最低水平；

(2)确定公司的最佳资本预算，并根据公司的目标资本结构预计资金需求中所需增加的权益资本数额；

(3)最大限度地使用留存收益来满足资金需求中所需增加的权益资本数额；

(4)留存收益在满足公司权益资本增加需求后，若还有剩余再用来发放股利。

【例 4-6】某公司 20×8 年税后净利润为 1000 万元，20×9 年的投资计划需要资金 1200 万元，公司的目标资本结构为权益资本占 60%，债务资本占 40%。

按照目标资本结构的要求，公司投资方案所需的权益资本数额为：1200×60%＝720(万元)

公司当年全部可用于分派的盈利为 1000 万元，除了满足上述投资方案所需的权益资本数额外，还有剩余可用于发放股利。20×8 年，公司可以发放的股利额为：1000－720＝280(万元)

假设该公司当年流通在外的普通股为 1000 万股，那么，每股股利为：280÷1000＝0.28(元/股)

剩余股利政策的优点是：留存收益优先保证再投资的需要，有助于降低再投资的资金成本，保持最佳的资本结构，实现企业价值的长期最大化。

剩余股利政策的缺陷是：若完全遵照执行剩余股利政策，股利发放额就会每年随着投资机会和盈利水平的波动而波动。在盈利水平不变的前提下，股利发放额与投资机会的多寡呈反方向变动；而在投资机会维持不变的情况下，股利发放额将与公司盈利呈同方向波动。剩余股利政策不利于投资者安排收入与支出，也不利于公司树立良好的形象，一般适用于公司初创阶段。

(二)固定或稳定增长的股利政策

固定或稳定增长的股利政策是指公司将每年派发的股利额固定在某一特定水平或是在

此基础上维持某一固定比率逐年稳定增长。公司只有在确信未来应予不会发生逆转时才会宣布实施固定或稳定增长的股利政策。在这一政策下，应首先确定股利分配额，而且该分配额一般不随资金需求的波动而波动。

固定或稳定增长股利政策的优点有：

(1)由于股利政策本身的信息含量，稳定的股利向市场传递着公司正常发展的信息，有利于树立公司的良好形象，增强投资者对公司的信心，稳定股票的价格。

(2)稳定的股利额有助于投资者安排股利收入和支出，有利于吸引那些打算进行长期投资并对股利有很高依赖性的股东。

(3)稳定的股利政策可能会不符合剩余股利理论，但考虑到股票市场会受多种因素影响(包括股东的心理状态和其他要求)，为了将股利维持在稳定的水平上，即使推迟某些投资方案或暂时偏离目标资本结构，也可能比降低股利或股利增长率更为有利。

固定或稳定增长股利政策的缺点有，股利的支付与企业的盈利相脱节，即不论公司盈利多少，均要支付固定的或按固定比率增长的股利，这可能会导致企业资金紧缺，财务状况恶化。此外，在企业无利可分的情况下，若依然实施固定或稳定增长的股利政策，也是违反我国《公司法》的行为。

因此，采用固定或稳定增长的股利政策，要求公司对未来的盈利和支付能力能做出准确的判断。一般来说，公司确定的固定股利额不宜太高，以免陷入无力支付的被动局面。固定或稳定增长的股利政策通常适用于经营比较稳定或正处于成长期的企业，且很难被长期采用。

(三)固定股利支付率政策

固定股利支付率政策是指公司将每年净利润的某一固定百分比作为股利分派给股东。这一百分比通常称为股利支付率，股利支付率一经确定，一般不得随意变更。在这一股利政策下，只要公司的税后利润一经计算确定，所派发的股利也就相应确定了。固定股利支付率越高，公司留存的净利润越少。

固定股利支付率的优点：

(1)采用固定股利支付率政策，股利与公司盈余紧密地配合，体现了"多盈多分、少盈少分、无盈不分"的股利分配原则。

(2)由于公司的获利能力在年度间是经常变动的，因此，每年的股利也应当随着公司收益的变动而变动。采用固定股利支付率政策，公司每年按固定的比例从税后利润中支付现金股利，从企业的支付能力的角度看，这是一种稳定的股利政策。

固定股利支付率的缺点：

(1)大多数公司每年的收益很难保持稳定不变，导致年度间的股利额波动较大，由于股利的信号传递作用，波动的股利很容易给投资者带来经营状况不稳定、投资风险较大的不良印象，称为公司的不利因素。

(2)容易使公司面临较大的财务压力。这是因为公司实现的盈利多，并不能代表公司有足够的现金流用来支付较多的股利额。

(3)合适的固定股利支付率的确定难度比较大。

由于公司每年面临的投资机会、筹资渠道都不同，而这些都可以影响到公司的股利分派，所以，一成不变地奉行固定股利支付率政策的公司在实际中并不多见，固定股利支付率政策只是比较适用于那些处于稳定发展且财务状况也较稳定的公司。

【例 4-7】某公司长期以来用固定股利支付率政策进行股利分配，确定的股利支付率为30％。20×8 年税后净利润为 1500 万元，如果仍然继续执行固定股利支付率政策，公司本年度将要支付的股利为：

$$1500×30\%＝450（万元）$$

但公司下一年度有较大的投资需求，因此，准备本年度采用剩余股利政策。如果公司下一年度的投资预算为 2000 万元，目标资本结构为权益资本占 60％。按照目标资本结构的要求，公司投资方案所需的权益资本额为：2000×60％＝1200（万元）

公司 20×8 年度可以发放的股利为：1500－1200＝300（万元）

(四)低正常股利加额外股利政策

低正常股利加额外股利政策，是指公司事先设定一个较低的正常股利额，每年除了按正常股利额向股东发放股利外，还在公司盈余较多、资金较为充裕的年份向股东发放额外股利。但是，额外股利并不固定化，不意味着公司永久地提高了股利支付率。可以用以下公式表示：

$$Y＝a＋bX$$

式中：Y 为每股股利；X 为每股收益；a 为低正常股利；b 为股利支付比率。

低正常股利加额外股利政策的优点：①赋予公司较大的灵活性，使公司在股利发放上留有余地，并具有较大的财务弹性。公司可根据每年的具体情况，选择不同的股利发放水平，以稳定和提高股价，进而实现公司价值的最大化。②使那些依靠股利度日的股东每年至少可以得到虽然较低但比较稳定的股利收入，从而吸引住这部分股东。

低正常股利加额外股利政策的缺点：①由于年份之间公司盈利的波动使得额外股利不断变化，造成分派的股利不同，容易给投资者收益不稳定的感觉。②当公司在较长时间持续发放额外股利后，可能会被股东误认为"正常股利"，一旦取消，传递出的信号可能会使股东认为这是公司财务状况恶化的表现，进而导致股价下跌。

相对来说，对那些盈利随着经济周期而波动较大的公司或者盈利与现金流量很不稳定时，低正常股利加额外股利政策也许是一种不错的选择。

四、利润分配制约因素

企业的利润分配涉及企业相关各方的切身利益，受众多不确定因素的影响，在确定分配政策时，应当考虑各种相关因素的影响，主要包括法律、公司、股东及其他因素：

(一)法律因素

为了保护债权人和股东的利益，法律规定就公司的利润分配作出如下规定：

(1)资本保全约束。规定公司不能用资本(包括实收资本或股本和资本公积)发放股利，目的在于维持企业资本的完整性，保护企业完整的产权基础，保障债权人的利益。

(2)资本积累约束。规定公司必须按照一定的比例和基数提取各种公积金，股利只能从企业的可供分配利润中支付。此处可供分配利润包含公司当期的净利润按照规定提取各种公积金后的余额和以前累积的未分配利润。另外，在进行利润分配时，一般应当贯彻"无利不分"的原则，即当企业出现年度亏损时，一般不进行利润分配。

(3)超额累积利润约束。由于资本利得与股利收入的税率不一致，如果公司为了避税而使得盈余的保留大大超过了公司目前及未来的投资需要时，将被加征额外的税款。

(4)偿债能力约束。要求公司考虑现金股利分配对偿债能力的影响，确定在分配后仍能保持较强的偿债能力，以维持公司的信誉和借贷能力，从而保证公司的正常资金周转。

(二)公司因素

公司基于短期经营和长期发展的考虑，在确定利润分配政策时，需要关注一下因素：

(1)现金流量。由于会计规范的要求和核算方法的选择，公司盈余与现金流量并非完全同步，净收益的增加不一定意味着可供分配的现金流量的增加。公司在进行利润分配时，要保证正常的经营活动对现金的需求，以维持资金的正常周转，使生产经营得以有序进行。

(2)资产的流动性。企业现金股利的支付会减少其现金持有量，降低资产的流动性，而保持一定的资产流动性是企业正常运转的必备条件。

(3)盈余的稳定性。一般来讲，公司的盈余越稳定，其股利支付水平也就越高。

(4)投资机会。如果公司的投资机会多，对资金的需求量大，那么它就很可能会考虑采用低股利支付水平的分配政策；相反，如果公司的投资机会少，对资金的需求量小，那么它就很可能倾向于采用较高的股利支付水平。此外，如果公司将留存收益用于再投资所得报酬低于股东个人单独将股利收入投资于其他投资机会所得的报酬时，公司就不应多留存收益，而应多发股利，这样有利于股东价值的最大化。

(5)筹资因素。如果公司具有较强的筹资能力，随时能筹集到所需资金，那么它会具有较强的股利支付能力。另外，留存收益是企业内部筹资的一种重要方式，它同发行新股或举债相比，不需花费筹资费用，同时增加了公司权益资本的比重，降低了财务风险，便于低成本取得债务资本。

(6)其他因素。由于股利的信号传递作用，公司不宜经常改变其利润分配政策，应保持一定的连续性和稳定性。此外，利润分配政策还会受到其他公司的影响，比如不同发展阶段、不同行业的公司股利支付比例会有差异，这就要求公司在进行政策选择时要考虑发展阶段以及所处行业状况。

(三)股东因素

股东在控制权、收入和税赋方面的考虑也会对公司的利润分配政策产生影响。

(1)控制权。现有股东往往将股利政策作为维持其控制地位的工具。企业支付较高的股利导致留存收益的减少，当企业为有利可图的投资机会筹集所需资金时，发行新股的可能性增大，新股东的加入必然稀释公司的控制权。所以，股东会倾向于较低的股利支付水平，以便从内部的留存收益中取得所需资金。

(2)稳定的收入。如果股东以来现金股利维持生活，他们往往要求企业能够支付稳定的股利，而反对过多的留存。

(3)避税。由于股利收入的税率要高于资本利得的税率，一些高股利收入的股东处于避税的考虑而往往倾向于较低的股利支付水平。

(四)其他因素

(1)债务契约。一般来说，股利支付水平越高，留存收益越少，企业的破产风险加大，就越有可能损害到债权人的利益。因此，为了保证自己的利益不受侵害，债权人通常都会在债务契约、租赁合同中加入关于借款企业股利政策的限制条款。

（2）通货膨胀。通货膨胀会带来货币购买力水平下降，导致固定资产重置资金不足，此时，企业往往不得不考虑留用一定的利润，以便弥补由于购买力下降而造成的固定资产重置资金缺口。因此，在通货膨胀时期，企业一般会采取偏紧的利润分配政策。

五、股利支付形式与程序

（一）股利支付形式

股利支付形式可以分为不同的种类，主要有以下四种：

1. 现金股利

现金股利是以现金支付的股利，它是股利支付的最常见的方式。公司选择发放现金股利除了要有足够的留存收益外，还要有足够的现金，而现金充足与否往往会成为公司发放现金股利的主要制约因素。

2. 财产股利

财产股利，是以现金以外的其他资产支付的股利，主要是以公司所拥有的其他公司的有价证券，如债券、股票等，作为股利支付给股东。

3. 负债股利

负债股利，是以负债方式支付的股利，通常以公司的应付票据支付给股东，有时也以发放公司债券的方式支付股利。

财产股利和负债股利实际上是现金股利的替代，但这两种股利支付形式在我国公司实务中很少使用。

4. 股票权利

股票权利，是公司以增发股票的方式所支付的股利，我国实务中通常也称其为"红股"。股票股利对公司来说，并没有现金流出企业，也不会导致公司的财产减少，而只是将公司的留存收益转化为股本和资本公积。但股票权利会增加流通在外的股票数量，同时降低股票的每股价值。它不改变公司股东权益总额，但会改变股东权益的构成。

发放股票股利，不会对公司股东权益总额产生影响，但会引起资金在各股东权益项目间的再分配。而股票股利派发前后每一位股东的持股比例也不会发生变化。发放股票股利虽不直接增加股东的财富，也不增加公司的价值，但对股东和公司都有特殊意义。

（二）股利支付程序

公司股利的发放必须遵守相关的要求，按照日程安排来进行。一般情况下，先由董事会提出分配预案，然后提交股东大会决议通过才能进行分配。股东大会决议通过分配预案后，要向股东宣布发放股利的方案，并确定股权登记日、除息日和股利发放日。

（1）股利宣告日，即股东大会决议通过并由董事会将股利支付情况予以公告的日期。公告中将宣布每股应支付的股利、股权登记日、除息日以及股利支付日。

（2）股权登记日，即有权领取本期股利的股东资格登记截止日期。凡是在此指定日期收盘之前取得公司股票，成为公司在册股东的投资者都可以作为股东享受公司分派的股利。在这一天之后取得股票的股东则无权领取本次分派的股利。

（3）除息日，即领取股利的权利与股票分离的日期。在除息日之前购买的股票才能领取本次股利，而在除息日当天或是以后购买的股票，则不能领取本次股利。由于失去了"付息"的权利，除息日的股票价格会下跌。

（4）股利发放日，即公司按照公布的分红方案向股权登记日在册的股东实际支付股利的日期。

第五节　财务分析

一、财务分析的意义和内容

财务分析是根据企业财务报表等信息资料，采用专门方法，系统分析和评价企业财务状况、经营成果以及未来发展趋势的过程。

财务分析以企业财务报告及其他相关资料为主要依据，对企业的财务状况和经营成果进行评价和剖析，反映企业在运营过程中的利弊得失和发展趋势，从而为改进企业财务管理工作和优化经济决策提供重要财务信息。

（一）财务分析的意义

财务分析对不同的信息使用者具有不同的意义。具体来说，财务分析的意义主要体现在如下方面：

（1）可以判断企业的财务实力。通过对资产负债表和利润表有关资料进行分析，计算相关指标，可以了解企业的资产结构和负债水平是否合理，从而判断企业的偿债能力、营运能力及获利能力等财务实力，揭示企业在财务状况方面可能存在的问题。

（2）可以评价和考核企业的经营业绩，揭示财务活动存在的问题。通过指标的计算、分析和比较，能够评价和考核企业的盈利能力和资金周转状况，揭示其经营管理的各个方面和各个环节问题，找出差距，得出分析结论。

（3）可以挖掘企业潜力，寻求提高企业经营管理水平和经济效益的途径。企业进行财务分析的目的不仅仅是发现问题，更重要的是分析问题和解决问题。通过财务分析，应保持和进一步发挥生产经营管理中成功的经验，对存在的问题应提出解决的策略和措施，以达到扬长避短、提高经营管理水平的经济效益的目的。

（4）可以评价企业的发展趋势。通过各种财务分析，可以判断企业的发展趋势，预测其生产经营的前景及偿债能力，从而为企业领导层进行生产经营决策、投资者进行投资决策和债权人进行信贷决策提供重要的依据，避免因决策错误给其带来重大的损失。

（二）财务分析的内容

财务分析信息的需求者主要包括企业所有者、企业债权人、企业经营决策者和政府等。不同主体出于不同的利益考虑，对财务分析信息有着各自不同的要求。

（1）企业所有者作为投资人，关心其资本的保值和增值状况，因此较为重视企业获利能力指标，主要进行企业盈利能力分析。

（2）企业债权人因不能参与企业剩余收益分享，首先关注的是其投资的安全性，因此更重视企业偿债能力指标，主要进行企业偿债能力分析，同时也关注使企业盈利能力分析。

（3）企业经营决策者必须对企业经营理财的各个方面，包括运营能力、偿债能力、获利能力及发展能力的全部信息予以详尽地了解和掌握，主要进行各方面综合分析，并关注企业财务风险和经营风险。

（4）政府兼具多重身份，既是宏观经济管理者，又是国有企业的所有者和重要的市场参与者，因此政府对企业财务分析的关注点因所具身份不同而异。

尽管不同企业的经营状况、经营规模、经营特点不同，作为运用价值形式进行的财务分析，归纳起来其分析的内容不外乎偿债能力分析、营运能力分析、获利能力分析、发展能力分析和综合能力分析五个方面。

二、财务分析的方法

（一）比较分析法

比较分析法，是指通过对比两期或连续数期财务报告中的相同指标，确定其增减变动的方向、数额和幅度，来说明企业财务状况或经营成果变动趋势的一种方法。采用这种方法，可以分析引起变化的主要原因、变动的性质，并预测企业未来的发展趋势。

比较分析法的具体运用主要有重要财务指标的比较、会计报表的比较和会计报表项目构成的比较三种方式。

（二）比率分析法

比率分析法，是指通过计算各种比率指标来确定财务活动变动程度的方法。比率指标的类型主要有构成比率、效率比率和相关比率三类。

（三）因素分析法

因素分析法，是指依据分析指标与其影响因素的关系，从数量上确定各因素对分析指标影响方向和影响程度的一种方法。因素分析法具体有两种：连环替代法和差额分析法。

三、上市公司特殊财务分析指标

（一）每股收益

每股收益是综合反映企业获利能力的重要指标，可以用来判断和评价管理层的经营业绩。每股收益包括基本每股收益和稀释每股收益，以下介绍基本每股收益。

基本每股收益的计算公式为：

$$基本每股收益 = \frac{归属于公司普通股股东的净利润}{发行在外的普通股加权平均数}$$

【例4-8】某上市公司20×8年度归属于普通股股东的净利润为25000万元。20×7年年末的股本为8000万股，20×8年2月8日，经公司20×7年度股东大会决议，以截至20×7年年末公司总股本为基础，向全体股东每10股送红股10股，工商注册登记变更完成后公司总股本变为16000万股。20×8年11月29日发行新股6000万股。

$$基本每股收益 = \frac{25000}{8000 + 8000 + 6000 \times 1/12} \approx 1.52（元/股）$$

在上例计算中，公司20×7年度分配10送10导致股本增加8000万股，由于送红股是将公司以前年度的未分配利润转为普通股，转化与否都一直作为资本使用，因此新增的

这 8000 万股不需要按照实际增加的月份加权计算，可以直接计入分母；而公司发行新股
6000 万股，这部分股份由于在 11 月底增加，对全年的利润贡献只有 1 个月，因此应该按
照 1/12 的权数进行加权计算。

对投资者来说，每股收益是一个综合性的盈利概念，能比较恰当地说明收益的增长或
减少。人们一般将每股收益视为企业能否成功地达到其利润目标的计量标志，也可以将其
看成一家企业管理效率、盈利能力和股利来源的标志。

每股收益这一财务指标在不同行业、不同规模的上市公司之间具有相当大的可比性，
因而在各上市公司之间的业绩比较中被广泛地加以引用。此指标越大，盈利能力越好，股
利分配来源越充足，资产增值能力越强。

(二)每股股利

每股股利是企业股利总额与企业流通股数的比值。其计算公式为：

$$每股股利 = \frac{股利总额}{流通股数}$$

【例 4-9】某上市公司 20×8 年度发放普通股股利 3600 万元，年末发行在外的普通股股
数为 12000 万股。每股股利计算如下：

$$每股股利 = \frac{3600}{12000} = 0.3(元)$$

每股股利反映的是上市公司每一普通股获取股利的大小。每股股利越大，则企业股本
获利能力就越强；每股股利越小，则企业股本获利能力就越弱。但须注意，上市公司每股
股利发放多少，除了受上市公司获利能力大小影响以外，还取决于企业的股利发放政策。
如果企业为了增强企业发展后劲儿增加企业的公积金，则当前的每股股利必然会减少；反
之，则当前的每股股利会增加。

反映每股股利和每股收益之间关系的一个重要指标是股利发放率，即每股股利分配额
与当期的每股收益之比。借助于该指标，投资者可以了解一家上市公司的股利发放政策。

(三)市盈率

市盈率是股票每股市价与每股收益的比率，其计算公式如下：

$$市盈率 = \frac{每股市价}{每股收益}$$

【例 4-10】同时假定该上市公司 20×8 年末每股市价 30.4 元。则该公司 20×8 年末市
盈率计算如下：

$$市盈率 = \frac{30.4}{1.52} = 20(倍)$$

一方面，市盈率越高，意味着企业未来成长的潜力越大，也即投资者对该股票的评价
越高，反之，投资者对该股票评价越低。另一方面，市盈率越高，说明投资于该股票的风
险越大，市盈率越低，说明投资于该股票的风险越小。

影响企业股票市盈率的因素有：第一，上市公司盈利能力的成长性。如果上市公司预
期盈利能力不断提高，说明企业具有较好的成长性，虽然目前市盈率较高，也值得投资者
进行投资。第二，投资者所获取报酬率的稳定性。如果上市公司经营效益良好且相对稳
定，则投资者获取的收益也较高且稳定，投资者就愿意持有该企业的股票，则该企业的股

票市盈率会由于众多投资者的普遍看好而相应提高。第三，市盈率也受到利率水平变动的影响。当市场利率水平变化时，市盈率也应作相应的调整。在股票市场的实务操作中，利率与市盈率之间的关系常用如下公式表示：

$$市场平均市盈率=\frac{1}{市场利率}$$

所以，上市公司的市盈率一直是广大股票投资者进行中长期投资的重要决策指标。

对于因送红股、公积金转增资本、配股造成股本总数比上一年年末数增加的公司，其每股税后利润按变动后的股本总数予以相应的摊薄。

(四)每股净资产

每股净资产，又称每股账面价值，是指企业净资产与发行在外的普通股股数之间的比率。用公式表示为：

$$每股净资产=\frac{股东权益总额}{发行在外的普通股股数}$$

【例4-11】某上市公司20×8年年末股东权益为15600万元，全部为普通股，年末普通股股数为12000万股。则每股净资产计算如下：

$$每股净资产=\frac{15600}{12000}=1.3（元）$$

每股净资产显示了发行在外的每一普通股股份所能分配的企业账面净资产的价值。这里所说的账面净资产是指企业账面上的总资产减去负债后的余额，即股东权益总额。每股净资产指标反映了在会计期末每一股份在企业账面上到底值多少钱，它与股票面值、发行价值、市场价值乃至清算价值等往往有较大差距。

利用该指标进行横向和纵向对比，可以衡量上市公司股票的投资价值。如在企业性质相同、股票市价相近的条件下，某一企业股票的每股净资产越高，则企业发展潜力与其股票的投资价值越大，投资者所承担的投资风险越小。但是也不能一概而论，在市场投机气氛较浓的情况下，每股净资产指标往往不太受重视。投资者，特别是短线投资者注重股票市价的变动，有的企业的股票市价低于其账面价值，投资者会认为这个企业没有前景，从而失去对该企业股票的兴趣；如果市价高于其账面价值，而且差距较大，投资者会认为企业前景良好，有潜力，因而甘愿承担较大的风险购进该企业股票。

(五)市净率

市净率是每股市价与每股净资产的比率，是投资者用以衡量、分析个股是否具有投资价值的工具之一。市净率的计算公式如下：

$$市净率=\frac{每股市价}{每股净资产}$$

【例4-12】沿用例4-24资料，同时假定该上市公司20×8年年末每股市价为3.9元，则该公司20×8年年末市净率计算如下：

$$市净率=\frac{3.9}{1.3}=3（倍）$$

净资产代表的是全体股东共同享有的权益，是股东拥有公司财产和公司投资价值最基本的体现，它可以用来反映企业的内在价值。一般来说，市净率较低的股票，投资价值较高；反之，则投资价值较低。但有时较低市净率反映的可能是投资者对公司前景的不良预期，而较高市净率则相反。因此，在判断某只股票的投资价值时，还要综合考虑当时的市场环境以及公司经营情况、资产质量和盈利能力等因素。

四、企业综合绩效分析与评价

财务分析的最终目的在于全面、准确、客观地揭示与披露企业财务状况和经营情况，并借以对企业经济效益优劣做出合理的评价。显然，要达到这样一个分析目的，仅仅测算几个简单、孤立的财务比率，或者将一些孤立的财务分析指标堆砌在一起，彼此毫无联系地考察，不可能得出合理、正确的综合性结论的，有时甚至会得出错误的结论。因此，只有将企业偿债能力、营运能力、投资收益实现能力以及发展趋势等各项分析指标有机地联系起来，作为一套完整的体系，相互配合使用，做出系统地综合评价，才能从总体意义上把握企业财务状况和经营情况的优劣。

综合分析的意义在于能够全面、正确地评价企业的财务状况和经营成果，因为局部不能替代整体，某项指标的好坏不能说明整个企业经济效益的高低。除此之外，综合分析的结果在进行企业不同时期比较分析和不同企业之间比较分析时消除了时间上和空间上的差异，使之更具有可比性，有利于总结经验、吸取教训、发现差距、赶超先进。进而，从整体上、本质上反映和把握企业生产经营的财务状况和经营成果。企业综合绩效分析方法有很多，传统方法主要有杜邦分析法和沃尔评分法等。

（一）杜邦分析法

杜邦分析法，又称杜邦财务分析体系，简称杜邦体系，是利用各主要财务比率指标间的内在联系，对企业财务状况及经济效益进行综合系统分析评价的方法。该体系是以净资产收益率为起点，以总资产净利率和权益乘数为核心，重点揭示企业获利能力及权益乘数对净资产收益率的影响，以及各相关指标间的相互影响作用关系。因最初由美国杜邦企业成功应用，故得名。

杜邦分析法将净资产收益率（权益净利率）分解如图4-2所示。其分析关系式为：

净资产收益率＝销售净利率×总资产周转率×权益乘数

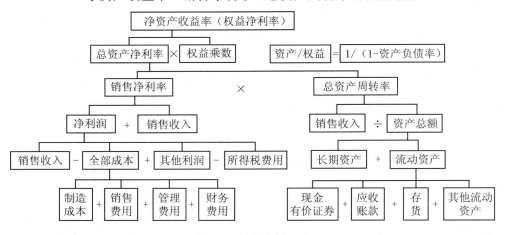

图 4-2　杜邦分析体系

注：①本章销售净利率即营业净利率，销售收入即营业收入，销售费用即营业费用。
　　②上图中有关资产、负债与权益指标通常用平均值计算。

运用杜邦分析法需要抓住以下几点：

(1)净资产收益率是一个综合性最强的财务分析指标，是杜邦分析体系的起点。

财务管理的目标之一是使股东财富最大化，净资产收益率反映了企业所有者投入资本的获利能力，说明了企业筹资、投资、资产营运等各项财务及其管理活动的效率，而不断提高净资产收益率是使所有者权益最大化的基本保证。所以，这一财务分析指标是企业所有者、经营者都十分关心的。而净资产收益率高低的决定因素主要有三个，即销售净利率、总资产周转率和权益乘数。这样，在进行分解之后，就可以将净资产收益率这一综合性指标升降变化的原因具体化，从而它比只用一项综合性指标更能说明问题。

(2)销售净利率反映了企业净利润与销售收入的关系，它的高低取决于销售收入与成本总额的高低。

要向提高销售净利率，一是要扩大销售收入，二是要降低成本费用。扩大销售收入既有利于提高销售净利率，又有利于提高总资产周转率。降低成本费用是提高销售净利率的一个重要因素，从杜邦分析图可以看出成本费用的基本结构是否合理，从而找出降低成本费用的途径和加强成本费用控制的办法。如果企业财务费用支出过高，就要进一步分析其负债比率是否过高；如果管理费用过高，就要进一步分析期资金周转情况等。从图 4-2 中还可以看出，提高销售净利率的另一途径是提高其他利润。为了详细地了解企业成本费用的发生情况，在具体列示成本总额时，还可根据重要性原则，将那些影响较大的费用单独列示，以便为寻求降低成本的途径提供依据。

(3)影响总资产周转率的一个重要因素是资产总额。

资产总额由流动资产与长期资产组成，它们的结构合理与否将直接影响资产的周转速度。一般来说，流动资产直接体现企业的偿债能力和变现能力，而长期资产则体现了企业的经营规模、发展潜力。两者之间应该有一个合理的比例关系。如果发现某项资产比重过大，影响资金周转，就应深入分析其原因，例如企业持有的货币资金超过业务需要，就会影响企业的盈利能力；如果企业占有过多的存货和应收账款，则既会影响获利能力，又会影响偿债能力。因此，还应进一步分析各项资产的占用数额和周转速度。

(4)权益乘数主要受资产负债率指标的影响。

资产负债率越高，权益乘数就越高，说明企业的负债程度比较高，给企业带来了较多的杠杆利益，同时，也带来了较大的风险。

(二)沃尔评分法

企业财务综合分析的先驱者之一是亚历山大·沃尔。他在 20 世纪初出版的《信用晴雨表研究》和《财务报表比率分析》中提出了信用能力指数的概念，他把若干个财务比率用线性关系结合起来，以此来评价企业的信用水平，被称为沃尔评分法。他选择了七种财务比率，分别给定了其在总评价中所占的比重，总和为 100 分；然后，确定标准比率，并与实际比率相比较，评出每项指标的得分，求出总评分。（具体方法略）

第五章

生产管理

【案例导入】

钢铁行业存在的主要问题

随着国际市场对我国钢铁企业造成的压力，使企业的管理水平在一定程度上有了很大提高。但与世界先进企业相比，还存在很大的差距，主要表现在：

1. 生产规模仍以大批量生产为主，造成生产过剩引起一系列浪费；

2. 企业在响应客户需求上速度缓慢，产品数量、质量、交货期存在的问题；

3. 客户、企业、供应商彼此之间的合作方式原始、松散。

这些差距主要不在于生产设备等方面，关键在于生产和管理方式。因此，如何采用先进的生产管理方式成为国内钢铁企业的当务之急。

思考：钢铁行业目前存在的主要问题是什么？

第一节　认识和理解生产与运作管理

一、生产与运作管理过程的概述

(一)什么是生产与运作管理

1. 生产与运作活动

生产与运作活动是指"输入、转换和输出"的过程，即投入一定的资源，经过一系列多种形式的变换，使其价值增值，最后以某种产出形式供给社会的过程。也可以说，生产与运作活动是一个社会组织通过获取和利用各种资源向社会提供有用产品的过程。其中投入包括：人力、设备、物料、信息、技术、能源、土地等劳动资源要素；产出包括两大类：有形产品和无形产品。中间的变换过程，也就是劳动过程、价值增值过程，即运作过程。生产与运作活动过程如图5-1所示，表5-1则是几种典型的社会组织的输入、转换和输出。

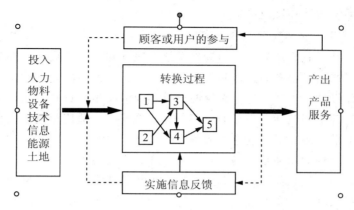

图 5-1　生产与运作活动过程

表 5-1　几种典型的社会组织的输入、转换和输出

社会组织	主要输入	转换内容	主要输出	利用的资源
工厂	原材料	加工制造	产品	工具、设备、工人
运输公司	产地的物资	位移	销地的物资	运输工具、工人
修理站	损坏的机器	修理	修复的机器	修理工具、修理员
医院	病人	诊断与治疗	恢复健康的人	医疗器械、医生、护士
大学	高中毕业	教学	高级专门人才	教室、书本、教师
咨询站	情况、问题	咨询	建议、方案	咨询员、信息
饭店	饥饿的顾客	提供餐饮和服务	满意的顾客	厨师、服务员、食物

2. 生产与运作管理的概念

生产与运作管理(production and operation management)就是对企业日常生产活动的计划、组织和控制，是和产品制造密切相关的各项管理工作的总称，是指对企业生产系统的设计、运行与改进的过程。人们最初对生产变换过程的研究主要限于有形产品变换过程的研究，即对生产制造过程的研究。

(二)生产与运作管理的目标、任务、职能范围和内容

1. 生产与运作管理的目标和任务

生产与运作管理的目标是通过构造一个高效率、适应能力强的生产运营系统，为企业生产有竞争力的产品。具体可用一句话来概括："在顾客需要的时候，以适宜的价格，向顾客提供具有适当质量的产品和服务。"生产与运作活动是一个价值增值的过程，是一个社会组织向社会提供有用产品的过程。要想实现价值增值，要想向社会提供"有用"的产品，其必要条件是生产运作过程提供的产品，无论有形还是无形，必须有一定的使用价值。产品使用价值的支配条件主要是产品质量和产品提供的适时性。

生产与运作管理的两大任务是生产运作活动的计划、组织与控制和生产运作系统的设计、改造与升级。生产运作管理的基本任务包括：保证生产系统正常顺利运行；提高效率，缩短交货期，准时生产和准时交货；降低生产成本，提高生产过程质量水平和质量稳定性；提高生产系统柔性和反应速度。

2. 生产与运作管理的职能范围和内容

生产与运作管理的职能是从生产与运作系统的设计和运行管理两方面着手。生产与运作系统的设计包括产品或服务的选择和设计、生产与运作设施的定点选择和布置、服务交付系统设计和工作设计。生产与运作系统的设计主要涉及生产计划、组织和控制。生产与运作系统的运行管理主要包括在现行的生产与运作系统中，适应市场的变化，按用户的需求，生产用户满意的产品和提供满意的服务。

在生产与运作管理的职能范围内，生产与运作管理内容如下：

(1)生产与运作战略制定。生产与运作战略决定产出什么，如何组合各种不同的产出品种，为此需要投入什么，如何优化配置所需要投入的资源要素，如何设计生产组织方式，如何确立竞争优势等。其目的是为产品生产及时提供全套的、能取得令人满意的技术经济效果的技术文件，并尽量缩短开发周期，降低开发费用。

(2)生产与运作系统(设计)构建管理。生产与运作系统构建管理包括设施选择、生产规模与技术层次决策、设施建议、设备选择与购置、生产与运作系统的总平面布置、车间及工作地布置等。其目的是为了以最快的速度、最少的投资建立起最适宜企业的生产与运作系统主体框架。

(3)生产与运作系统的运行管理。生产与运作系统的运行管理是对生产与运作系统的正常运行进行计划、组织和控制。其包括三方面的内容：①计划编制，如编制生产计划和生产作业计划；②计划组织，如组织制造资源、保证计划的实施；③计划控制，如以计划为标准，控制实际生产进度和库存。其目的是按技术文件和市场需求，充分利用企业资源条件，实现高效、优质、安全、低成本生产，最大限度地满足市场销售和企业盈利的要求。

(4)生产与运作系统的维护与改进。生产与运作系统只要通过正确的维护和不断的改进，才能适应市场的变化。生产与运作系统运行的计划、组织和控制，最终都要落实到生产现场。因此，要加强生产现场的协调与组织，使生产现场做到安全、文明生产。生产现场管理是生产与运作管理的基础和落脚点，加强生产现场管理，可以消除无效劳动和浪费，排除不适应生产活动的异常现象和不合理现象，使生产与运作过程的各要素更加协调，不断提高劳动生产率和经济效益。

(三)生产与运作发展新模式介绍

1. 准时生产(JIT)的管理方式

准时生产方式是起源于日本丰田汽车公司的一种生产管理方法。它的基本思想可用现在已广为流传的一句话来概括，即"只在需要的时候，按需要的量生产所需的产品"，这也就是 Just in Time(JIT)一词所要表达的本来含义。这种生产方式的核心是追求一种无库存的或使库存达到最小的生产系统。为此而开发了包括"看板"在内的一系列具体方法，并逐渐形成了一套独具特色的生产经营体系。准时生产方式在最初引起人们的注意时曾被称为"丰田生产方式"，后来随着这种生产方式被人们越来越广泛地认识研究和应用，特别是引起西方国家的广泛注意以后，人们开始把它称为 JIT 生产方式。

JIT 生产方式将"获取最大利润"作为企业经营的最终目标，将"降低成本"作为基本目标。在福特时代，降低成本主要是依靠单一品种的规模生产来实现的。但是在多品种中小批量生产的情况下，这一方法是行不通的。因此，JIT 生产方式力图通过"彻底消除浪费"来达到这一目标。

2. 敏捷制造 AM

敏捷制造强调信息的快速收集与处理，强调运作的方案性与速度以获得竞争优势。其指导思想是"灵活性"。其优势在于通过提高灵活性，增强企业的应变能力和竞争能力。敏捷制造的目的可概括为："将柔性生产技术，有技术、有知识的劳动力与能够促进企业内部和企业之间合作的灵活管理（三要素）集成在一起，通过所建立的共同基础结构，对迅速改变的市场需求和市场时机做出快速响应"。从这一目标中可以看出，敏捷制造实际上主要包括三个要素：生产技术、管理和人力资源。企业实现敏捷制造可以增强其应变能力和竞争力。

3. 计算机集成制造系统 CIMS

计算机集成制造系统（Computer Integrated Manufacturing System，CIMS），是计算机应用技术在工业生产领域的主要分支技术之一。它的概念是由美国的 J. Harrington 于 1973 年首次提出的，但是直到 20 世纪 80 年代才得到人们的认可。一个制造型企业采用 CIMS，概括地讲是提高了企业整体效率。具体而言，体现在以下方面：在工程设计自动化方面，可提高产品的研制和生产能力，便于开发技术含量高和结构复杂的产品，保证产品设计质量，缩短产品设计与工艺设计的周期，从而加速产品的更新换代速度，满足顾客需求，从而占领市场。在制造自动化或柔性制造方面，加强了产品制造的质量和柔性，提高了设备利用率，缩短了产品制造周期，增强了生产能力，加强了产品供货能力。在经营管理方面，使企业的经营决策和生产管理趋于科学化，使企业能够在市场竞争中，快速、准确地报价，赢得时间，在实际生产中，解决"瓶颈"问题，减少在制品，同时降低库存资金的占用。

4. 大批量定制生产 MC

1970 年，托夫勒（Alvin Toffler）在其《未来的冲击》（*Future Shock*）一书中提出了一种全新生产方式的设想：以类似于标准化或大批量生产的成本和时间，提供满足客户特定需求的产品和服务。1987 年，达维斯（Stan Davis）在《未来的理想生产方式》（*Future Perfect*）一书中，将这种生产方式称为大批量定制（Mass Customization）。大批量定制又称大规模定制、大规模客户化生产、批量定制和批量客户化生产等。这种既能满足客户的真正需求，而又不牺牲企业效益和成本的生产方式，正成为 21 世纪的主流生产方式。

大批量定制是一种集企业、客户、供应商和环境于一体，在系统思想指导下，用整体优化的思想，充分利用企业已有的各种资源，在标准化技术、现代设计方法学、信息技术和先进制造技术等的支持下，根据客户的个性化需求，以大批量生产的低成本、高质量和高效率提供定制产品和服务的生产方式。

此外，计算机辅助设计 CAD、柔性制造系统 FMS、计算机辅助编制工艺 CAPP、计算机管理信息系统 MIS、并行工程等现代科技成果在现代生产与运作管理中的广泛应用，将不断革新管理方法和手段。

二、生产运作系统的类型

所谓"生产运作类型"，是指一个组织以什么样的基本形式来组织资源，设计生产运作系统。他是产品和服务的品种、数量、专业化程度等因素在生产运作系统的技术、组织、效益等方面的综合表现。不同的生产运作类型所对应的生产运作系统的结构及其运行机制不同，相应的管理方法也不同。

根据其产出可以归纳为两种生产运作类型：制造性生产和服务性运作(生产)，见表 5-2。

表 5-2　制造业和服务业的区别

制造性运作	服务性运作
产品是有形的、耐久的	产品是无形的、不耐久的
生产与消费分离	生产与消费同步
产出可储存	产出不可储存
顾客与生产系统接触少	顾客与生产系统接触频繁
质量相对易于度量	质量难于度量
辐射范围小	辐射范围广
绩效难测量	绩效易测量

(一)生产运作系统的分类

1. 制造性生产

制造性生产是通过物理和(或)化学作用将有形输入转化为有形输出的过程。例如，通过锯、切削加工、焊接、弯曲、合成等物理和化学过程，将有形原材料转化为有形产品的过程，属于制造性生产。具体可以按不同的生产特点进行分类：

(1)按生产技术特点划分。

①合成型：将不同的成分(零件)合成或装配成一种产品，即加工装配性质的生产企业，如机械制造厂、服装生产等。

②分解型：原料经加工处理后分解成多种产品，即化工性质的生产企业，如炼油厂、焦化厂等。

③调剂型：通过改变加工对象的形状或性能而制成产品，如钢铁厂、橡胶厂等。

④提取型：从地下或海洋中提取产品，如煤矿、油田等。

一个企业的生产过程可能采用多种生产方法，上述几种生产类型可以同时并存。如机械制造企业属于合成型，但兼有调解型，如铸锻、热处理、电镀等。

(2)按企业组织生产的特点划分。

按照企业组织生产的特点可以把制造性生产分成备货型生产(Make-to-Stock，MTS)与订货型生产(Make-to-Order，MTO)两种。

①订货型生产：指按用户订单进行的生产。订货型生产是按用户订单进行的生产。用户提出各种各样的要求，包括产品性能、数量等。经过协商确定出价格和交货期等要素，然后组织设计和生产。如船舶、大型工业锅炉等产品的生产。

按用户订单进行的生产，订货型生产又分为以下几种：

a. 订货装配型生产(Assemble-To-Order)：是指在接到客户订单之后，用库存的通用零部件装配成满足客户订单需求的产品，但产成品的生产过程只是对零部件做简单的装配或者机加工。这些通用的零部件是在客户订货之前就计划、生产并储存入库的。如个人计算机和工作站，电话机，发动机，房屋门窗，办公家具，汽车，某些类型的机械产品，以及越来越多的消费品。叉车、电气开关柜等的生产也属于订货装配型生产。以零部件标准化，通用化为前提。

b. 订货制造型生产（Make-To-Order，MTO）：按顾客的要求进行制造。生产周期较长。

c. 订货工程型生产（Engineer-To-Order，ETO）：在接到客户订单后，按客户订单要求进行专门设计和组织生产，整个过程的管理按工程管理的方法进行。一般为非重复的单项任务，设计、制造等工作都要重新开始。

②备货型生产：是指在没有接到用户订单时，在对市场需求量进行预测的基础上，按已有的标准产品或产品系列进行的生产。例如，轴承、家电产品、小型电动机等的生产。

（3）按工艺过程特点划分。

①连续型生产：是指物料连续、均匀地按一定工艺顺序运动，在运动中不断改变形态和性能，最后形成产品的生产。化工、炼油、冶金、食品、造纸等流程式生产。企业长时间连续不断地生产一种或少数几种产品，使用的生产设备和工艺流程都是固定的、标准化的，各工序之间环环相扣，基本上没有在制品储存。

②离散型生产：是指物料离散地间断地按一定工艺顺序运动，在运动中不断改变形态和性能，最后形成产品的生产。如轧钢、汽车制造、服装等加工装配式生产。各种生产要素不是连续投入，而是间歇性的投入，使用的生产设备和运输装置适合多种产品加工的需要，各工序之间有一定量的在制品储存。

2. 服务性运作（生产）

服务性运作是指只提供劳务，而不制造有形产品的生产。服务运作系统可以根据系统所提供的服务内容、与顾客的接触程度、服务对象与服务行为以及服务性质等来划分。

（1）按服务业的性质划分。①业务服务：如咨询、财务金融、银行、房地产等；②贸易服务：如零售、维修等；③基础设施服务：如交通运输、通信等；④社会服务：如餐馆、旅店、保健等；⑤公共服务：如教育、公共事业、政府等。

（2）按是否形成有形产品划分。①纯劳务生产：是指不提供任何产品，如咨询、法庭辩护、指导和讲课等；②一般劳务生产：是指提供有形产品，如批发、零售、运输、邮政等。

（3）按顾客是否参与划分。①顾客参与服务生产。如理发、保健、旅游、客运、学校、娱乐中心等；②顾客不参与服务生产。如修理、洗衣、邮政、货运等。

（4）按劳动密集程度和与顾客接触程度划分。①大量资本密集服务；②专业技术密集服务；③大量劳动密集服务；④专业劳动密集服务。如图 5-2 所示。

与顾客接触程序　低	大量资本密集服务 航空公司 大酒店 游乐场	大量劳动密集服务 中小学校 批发 零售
与顾客接触程序　高	专业资本密集服务 医院 车辆修理	专业劳动密集服务 律师事务所 会计事务所 专利事务所
	资本密集 ——— 劳动密集	
	劳动或资本密集程度	

图 5-2　按劳动密集程度和与顾客接触程度对服务业的划分

（二）生产类型的划分

生产类型是影响生产过程组织的主要因素。生产运作管理学的一项重要任务，便是要从种类繁多的不同行业中，分析研究其生产过程组织的不同特点，探索它们的规律性。

一般按产品或服务的专业化程度划分生产类型。产品或服务的专业化程度可以通过产品或服务的品种数多少，同一品种产量大小和生产的重复程度来衡量。显然，产品或服务的品种数越多，每一品种的产量越少，生产重复性越低，则产品或服务的专业化程度越低；反之，产品或服务的专业化程度则越高。

按产品或服务的专业化程度高低（按照生产过程的稳定性、重复性程度进行划分），可将生产划分为大量生产、成批生产和单件小批生产三种基本生产类型。

（1）大量生产类型。是指生产的品种很少，每一种产品的产量很大（或单位产品劳动量和年产量的乘积很大），生产能稳定地不断重复进行。一般，这类产品在一定时期内有相对稳定的社会需求，而且需求量很大，如各种标准件、各类标准元器件、家电产品、小轿车等。因为生产稳定数量大，工作的专业化程度高，可以采用高效专用设备，按对象专业化原则，采用流水生产线的生产组织方式。

（2）单件小批生产类型。是指产品对象基本上为一次性需求的专用产品，一般不重复生产。单件小批生产类型的典型代表，有重型机器产品、远洋船舶、试制阶段的新产品等。单件小批量生产类型的特点正好与大量生产相反，产品多为一次性需求的专用产品，很少重复生产，生产的品种繁多。由于生产对象经常在变，工作的专业化程度低，所以必须选用通用设备，采用工艺专业化原则机群式布置的生产组织方式。

（3）成批生产类型。其特点介于以上两者之间，它的生产对象是通用产品，生产具有重复性，产品品种较多，每种产品的产量不大，形成多品种周期性地轮番生产的特点。

三、生产过程组织

（一）生产过程

生产过程是指从投料开始，经过一系列的加工，直至成品生产出来的全部过程。其中包括：劳动过程和自然过程。劳动过程是指人利用劳动工具，作用于劳动对象，按照预定的方法和步骤，改变几何形状和性质，使其成为产品的过程。自然过程是指在自然力的作用下，改变其物理和化学状况的过程。影响生产过程的构成因素：企业产品的特点；企业的规模；企业生产采用的设备和工艺方法；企业对外协作关系等。

生产过程的构成按各部分分担的任务不同划分为四部分：

（1）生产技术准备工作——指产品在投入生产前所进行的各种生产技术准备工作。

（2）基本生产过程——指对构成产品实体的劳动对象直接进行工艺加工的过程。

（3）辅助生产过程——指为保证基本生产过程的正常进行而从事的各种辅助性生产活动的过程。如为基本生产提供动力、工具和维修工作等。

（4）生产服务过程——指为保证生产活动顺利进行而提供的各种服务工作。如供应工作、运输工作、技术检验工作等。

（二）生产过程组织

生产过程组织是指对生产过程中劳动者、劳动手段、劳动对象以及生产过程的各个阶段、环节和工序的合理组织与安排。包括生产过程的空间组织和生产过程的时间组织。其目的是在空间上、时间上衔接平衡、紧密配合，形成一个有机协调的产品生产系统，保证产品在制造时行程最短、时间最省、耗费最小，并按计划规定的产品品种、质量、数量、交货期生产产品，满足市场需要，获得最大的经济效益。

1. 生产过程组织必须满足以下基本要求

(1)连续性。企业产品生产过程的各个阶段、各个环节、各个工序应相互衔接，连续进行，不间断或少间断。

(2)比例性，又叫协调性。表现为企业的各种生产过程之间、各生产阶段之间和各工作地之间，在设备生产能力、劳动力配备和物料、动力、工具等供应上，应保持合理的比例关系，使之平衡协调地按比例生产。

(3)均衡性，又叫节奏性。企业从材料投入生产到最后成品完工的过程中，应避免时紧时松、前松后紧等现象，保证企业生产负荷均衡、有节奏地进行。

(4)平行性。企业生产过程的各个组成部分、各个生产阶段和各个工序实行平行作业，使产品的各个零部件的生产能在不同的空间同时进行。

(5)适应性。企业生产过程能根据市场多变、品种变换的需要，灵活地改变生产组织形式，增强适应能力，能及时满足变化了的市场需要。即朝着多品种、小批量、能够灵活转向、应急应变性强的方向发展。

2. 生产过程的空间组织

生产过程的空间组织就是指企业的各个生产单位的组成、相互联系及其在空间上的分布情况。目的是使生产活动能高效的顺利进行。这里主要从生产单位(如车间)布置角度加以说明。

(1)工艺专业化形式。工艺专业化形式又称工艺原则，就是按照生产工艺的特点来设置生产单位。在工艺专业化的生产单位内，集中着同种类型的生产设备和同工种的工人，每一个生产单位只完成同种工艺方法的加工或同种功能。即加工对象是多样的，但工艺方法是同类的。每一个生产单位只完成产品生产过程中的部分工艺阶段和部分工序的加工任务，产品的制造完成需要数个生产单位的协同努力。如机械制造业中的铸造车间、机加工车间、热处理车间及车间中的车工段、铣工段等，都是工艺专业化生产单位。

工艺专业化形式的优点是：可以充分利用设备；适应产品品种的要求，适应分工的要求；便于工艺管理和提高技术水平；利于加强专业管理和进行专业技术指导；个别设备出现故障或进行维修，对整个产品的生产制造影响小。它的缺点是：加工路线长；经过许多车间，增加交接等待时间；车间之间的相互联系比较复杂，使计划管理和在制品管理工作更加复杂。

工艺专业化形式适用于企业生产品种多、变化大、产品制造工艺不确定的单件小批生产类型。一般表现为按订货要求组织生产，特别适用于新产品的开发试制。

(2)对象专业化形式。对象专业化形式又称对象原则，是指各基本车间独立完成产品、零件、部件的全部或大部分工艺过程，工艺过程是封闭的。在对象专业化生产单位(如汽车制造厂中的发动机车间、底盘车间、机床厂中的齿轮车间等)里，集中了不同类型的机器设备、不同工种的工人，对同类产品进行不同的工艺加工，能完成一种或几种产品(零件、部件)的全部或部分的工艺过程，而不用跨越其他的生产单位。

对象专业化形式有两类主要形式：以成品或部件为对象的专业化形式和以同类零件为对象的专业化形式。其优点是加工路线短；为采用先进的生产过程组织形式（流水线、自动化）创造条件；大大减少车间之间的联系，有利于在制品管理。它的缺点是：对产品变动的应变能力差；设备利用率低；工人之间的技术交流比较困难，因此工人技术水平的提高受到一定限制。

对象专业化形式适用于企业的专业方向已定，产品品种稳定、工艺稳定的大量大批生产如家电、汽车、石油化工产品生产等。

3. 生产过程的时间组织

合理组织生产过程，不仅要求生产单位在空间上密切配合，而且要求劳动对象和机器设备在时间上紧密衔接，以实现有节奏的连续生产，达到以提高劳动生产效率和设备利用率、减少资金占用、缩短生产周期的目的。生产过程的时间组织指研究产品生产过程的各生产单位之间和各工序之间在时间上衔接和结合的方式。企业生产过程时间组织包括的内容很多，涉及的范围比较广，它同生产进度的安排，生产作业计划、生产调度等都有密切联系。生产过程在时间上的衔接程度，主要表现在劳动对象在生产过程中的移动方式。劳动对象的移动方式，与一次投入生产的劳动对象数量有关。以加工零件为例，当一次生产的零件只有一个时，零件只能顺序地经过各道工序。如果当一次投产的零件有两个或两个以上时，工序间就有不同的三种移动方式，就是顺序移动、平行移动、平行顺序移动，不同移动方式下的零件加工周期也不同。

(1)顺序移动方式。顺序移动方式是指一批产品（或零件）在上道工序全部加工完毕后才能整批的转入下道工序加工，其特点是：一道工序在加工，其他工序在等待。若将各工序间的运输、等待加工等停歇时间忽略不计，则该批零件的加工周期的计算如图 5-3 所示。

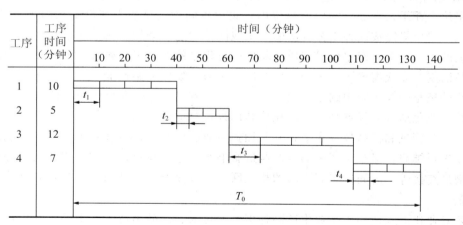

图 5-3　顺序移动方式示意图

$$T_{顺} = n \sum_{i=1}^{m} t_i$$

式中：$T_{顺}$ 为顺序移动方式的加工周期；n 为零件加工批量；t_i 为第 i 道工序的单件工时；m 为零件加工的工序数目。

例如：

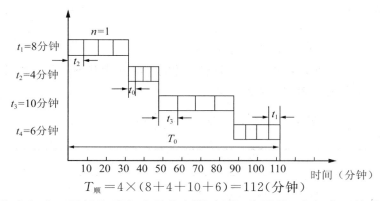

$$T_{顺} = 4 \times (8+4+10+6) = 112（分钟）$$

（2）平行移动方式。平行移动方式是指每件产品（或零件）或每个运输批量在一道工序加工完毕后，立即转入下道工序进行加工，形成各个零件在各道工序上平行地进行加工，如图 5-4 所示。

$$T_{平} = \sum_{i=1}^{m} t_i + (n-1)t_L$$

式中：t_L 为最长的单件工序时间。

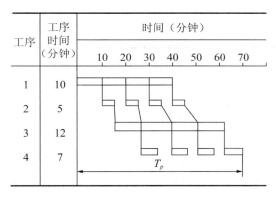

图 5-4　平行移动方式示意图

例如：

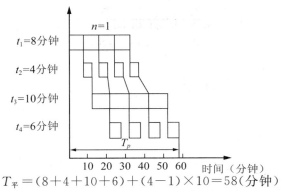

$$T_{平} = (8+4+10+6) + (4-1) \times 10 = 58（分钟）$$

（3）平行顺序移动方式。平行顺序移动方式是指保持一批产品（或零件）一道工序上连续加工，在相邻工序间加工时间尽量做到平行。此方式是介于顺序移动方式与平行移动方式之间，如图 5-5 所示。

其具体做法：

(1)当 $t_1 < t_{1+1}$ 时，零件按平行移动方式移动；

(2)当 $t_1 \geq t_{1+1}$ 时，以 i 工序最后一个零件的完工时间为基准，往前推移 $(n-1) \times t_{1+1}$ 作为零件在 $i+1$ 工序的开始加工时间。

$$T_{平顺} = n \sum_{i=1}^{m} t_i - (n-1) \sum_{j=1}^{m-1} \min(t_j, t_{j+1})$$

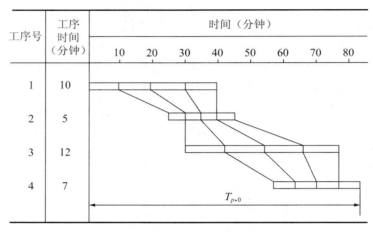

图 5-5　平行顺序移动方式示意图

例如：

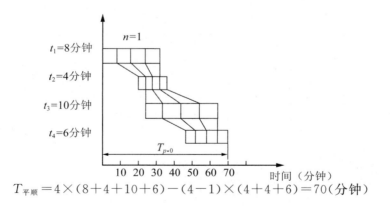

$$T_{平顺} = 4 \times (8+4+10+6) - (4-1) \times (4+4+6) = 70(分钟)$$

第二节　生产与运作计划

一、生产与运作计划概述

(一)企业计划的层次与特点

生产与运作计划是对企业生产与运作活动所做的统筹安排过程，是生产与运作活动的依据。企业中的各种计划，一般可分为战略层计划、战术层计划和作业层计划三个层次，如表 5-3 所示。

表 5-3 所不同层次计划的特点

层次 / 项目	战略层计划	战术层计划	作业层计划
计划期	长(≥5年)	中(1年)	短(月、旬、周)
计划的时间单位	粗(年)	中(月、季)	细(工作日、班次、小时、分)
空间范围	企业、公司	工厂	车间、工段、班组
详细程度	高度综合	综合	详细
不确定性	高	中	低
管理层次	企业高层领导	中层、部门领导	低层、车间领导
特点	涉及资源获取	资源利用	日常活动处理

由表中可以看出，三个层次的计划有不同的特点，从战略层到作业层，分别对应从高到低的管理层次，计划期由长到短，计划的时间单位越来越细，覆盖的空间范围越来越小，计划的内容越来越详细，计划的不确定性越来越小。

生产计划也与其他计划一样，具有以下三个层次。

1. 长期生产计划

长期生产计划属于战略计划范围。它的主要任务是进行产品决策、生产能力决策以及确立何种竞争优势的决策。涉及产品发展方向、生产发展规模、技术发展水平、新生产设施的建造等。

2. 中期生产计划

中期生产计划属战术性计划。在我国企业中通常称之为生产计划或生产计划大纲；其计划期一般为一年，故许多企业又称之为年度生产计划。它的主要任务是在正确预测市场需求的基础上，对企业在计划年度内的生产任务做出统筹安排，规定企业的品种、质量、数量和进度等指标。充分利用现有资源和生产能力，尽可能均衡地组织生产活动和合理地控制库存水平，尽可能满足市场需求和获取利润。

3. 短期生产作业计划

短期生产作业计划或称生产作业计划。它的任务主要是直接依据用户的订单，合理地安排生产活动的每一个细节，使之紧密衔接，以确保按用户要求的质量、数量和交货期交货。生产作业计划是生产计划的具体实施计划。它是把生产计划规定的任务，一项一项地具体分配到每个生产单位、每个工作中心和每个操作工人，规定他们在月、周、日以至每一个轮班的具体任务。

(二)生产与运作计划的主要内容与指标

1. 生产与运作计划的主要内容

企业的生产与运作计划应该包括以下内容：

(1)市场研究与综合计划。包括市场调查、预测与综合计划的制订。

(2)主生产计划。是对全年生产进行综合平衡，对设备能力、劳力等进行平衡，也就是所谓的定盘子。这个环节需要落实到每一具体产品品种的安排。

(3)生产作业计划。这是生产运作计划的执行计划。它要求对每一产品品种的各种零部件的生产都给出非常细致的物料需求安排。

(4)作业分配。它起到计划微调的作用，使各项工作落到实处。

(5)生产能力计划。使计划从生产能力的角度能够进一步落实下来。

2. 生产与运作计划的主要指标

企业年(季)度生产计划，包括产品产量计划、产值计划、产品出产进度计划、生产协作计划等，这些计划是由一系列生产指标构成的

生产计划的主要指标有产品品种指标、产量指标、质量指标、产值指标和出产期等。

(1)产品品种指标。是企业在计划期出产的产品品名、规格、型号和种类数，确定品种指标是解决"生产什么"的决策。品种指标反映企业的服务方向和企业的发展水平。

(2)产量指标。产品产量指标，是企业在计划期内应当生产的符合产品质量标准的实物数量或提供的服务数量，确定产量指标是解决"生产多少"的决策。产量指标反映企业向社会提供的使用价值的数量和企业的生产能力水平。

(3)质量指标。产品质量指标，是企业在计划期内产品质量应当达到的质量标准和水平。质量指标通常包含两个方面的内容：一是产品的技术标准或质量要求；二是产品生产的工作标准，工作标准一般用综合性的质量指标来表示，如合格品率、一等品率、优质品率、废品率等。质量指标反映企业产品满足用户需要的程度，企业的生产技术水平。

(4)产值指标。产值指标就是用货币表示的产量指标，它综合体现企业在计划期内生产活动的总成果。反映一定时期内不同企业，以及同一企业在不同时期的生产规模、生产水平和增长速度。产值指标按其包含的内容不同，又分为总产值、商品产值和净产值。

二、生产作业计划

(一)生产作业计划的概念

生产作业计划是生产计划的具体执行计划。它是把企业全年的生产任务具体地分配到各车间、工段、班组以至每个工作地和工人，规定他们在月、旬、周、日以至轮班和小时内的具体生产任务，从而保证按品种、质量、数量、期限和成本完成企业的生产任务。

(二)期量标准的制定

期量标准又称作业计划标准、日历或期量定额。它是对加工与服务对象在生产与运作过程规定的时间和数量标准，是编制产品出产计划、总装配计划、物料需求计划、作业进度计划等的主要依据。

制定先进合理的期量标准，是编制生产作业计划的主要内容。

1. 大量生产类型期量标准的制定

大量生产类型的特点是企业生产的品种少，工作地担负的工序少且负荷稳定，一般都可以组织流水生产线。因此主要的期量标准有节拍、流水线标准工作指示图表、在制品定额等。

（1）节拍。节拍是组织大量流水线生产的依据，是大量流水生产期量标准中最基本的期量标准。节拍是流水线上相邻两件制品投产或出产的时间间隔，其实质是反映流水线的生产速度或生产效率。

（2）流水线标准工作指示图表。流水线标准工作指示图表又称流水线作业指示图表。由于流水线的生产对象是固定的，生产任务比较稳定，流水线基本上可以按照标准计划进行工作。车间只需根据当月产量要求，适当调整流水线的工作班次和工作时间，所以流水线生产作业计划的核心问题是编好流水线的标准计划。对于不同的流水线，其标准计划的内容和形式不同。

（3）在制品定额。在制品定额是指在一定生产技术组织条件下，各生产环节为了保证生产衔接所必需的、最低限度的在制品储备量。一定数量的在制品是保证生产不断进行的必备条件。但是，在制品过多，又会使工作场所拥挤，产品生产周期延长，流动资金占用过多，运费保管费用增加。因此，必须合理地确定在制品定额。

大量生产中在制品占用量可分为流水线内占用量和流水线间在制品占用量两类。流水线内在制品占用量包括：工艺占用量、运输占用量、周转占用量和保险占用量四种；流水线间在制品占用量包括：周转占用量、运输占用量和保险占用量。

2．成批生产类型期量标准的制定

成批生产的特点是企业按一定时间间隔依次成批生产多种产品。因此，成批生产作业计划要解决的主要问题是如何妥善安排生产的成批轮番，保证有节奏的生产。其期量标准有：

（1）批量和生产间隔期。批量是花费一次准备结束时间投入生产的同种制品的数量。准备结束时间是指在生产一批产品之前，用于熟悉图纸、领取工具、调整设备安装、安装调整模具、准备砂箱和型板等所花的时间。生产间隔期是相邻两批同种工件投入（或产出）的时间间隔，在周期性重复生产的条件下，批量就等于生产间隔期乘以平均日产量。

（2）生产周期。产品的生产周期是指产品从原材料投入生产起一直到成品出产为止的全部日历时间（或工作日数）。产品的生产周期由各个零部件的生产周期所组成，零部件的生产周期由该零部件的各个工艺阶段或工序的生产周期组成。缩短生产周期，对提高劳动生产率、接收生产面积、加速资金周转、减少在制品的保管费用以及缩短交货期等都有重要的作用。

确定生产周期标准，一般分两个步骤进行。首先，要根据生产流程，确定产品（或零件）在各个工艺阶段上的生产周期；其次，在这个基础上，把各个工艺阶段的生产周期和检验时间、自然过程时间等汇总起来，就是成品的生命周期。由于各个零件的装配程序比较复杂，产品生产周期的确定，一般采用图表法。

（3）生产提前期。生产提前期是指产品、零部件、毛坯等在各工艺阶段投入和出产的日期比成品出产的日期应提前的时间，前者称为投入提前期，后者称为出产提前期。产品装配出产日期是计算提前期的起点，生产周期和生产间隔期是计算提前期的基础。有了提前期标准，就可以根据生产计划或合同规定的产品交货期限，正确地确定一批产品的毛坯、零件投入和出产的日期，以保证产品按时完成交货。

3. 单件小批量生产类型期量标准的制定

单件小批生产的特点是产品品种多、数量少、价值大、结构复杂、生产周期长，一般是按用户订货要求组织生产。因此其作业计划所要解决的主要问题是控制好生产流程、按期交货。

单件小批生产的最基本的期量标准有吨工时、工时结构、网络计划图和负荷分布模式（工时分配模式）等。

(1)吨工时。即每吨产品的加工劳动量。

(2)产品工时结构。即产品加工劳动量中各工种工时的构成比例。

(3)生产周期。从加工对象投产时算起，到它完工时为止所经历的日历时间称为生产周期。

三、生产与运作能力

(一)生产运作能力概述

1. 生产与运作能力的概念

生产与运作能力是指在计划期内，企业参与生产与运作的全部固定资产，在既定的组织技术条件下，所能生产和提供服务的产品数量。生产能力是反映企业所拥有的加工、服务能力的一个技术参数，它也可以反映企业的生产运作规模。

2. 生产运作能力的分类

(1)按用途分类。

企业的生产能力，根据用途不同，可以分为设计能力、查定能力和现有能力三种。

①设计的生产能力。设计的生产能力是指企业基建任务书和技术文件中所规定的生产能力，可以是企业组建时规定的，也可以是车间组建时规定的。它是按工厂设计中规定的加工任务、技术装备、各种设计参数计算的应达到的最大年出产量。企业投产后往往要经过一段熟悉和掌握生产技术的过程，甚至改进某些设计不合理的地方，才能达到设计生产能力。设计生产能力也不是不可突破的，当操作人员熟悉了生产工艺，掌握了内在规律以后，通过适当的改造是可以使实际生产能力大大超过设计生产能力的。

②查定的生产能力。对于老企业可能由于产品方向有所改变，或者是产品结构重新设计，也可能因为工艺方法有所改进等种种原因，当初的设计能力已完全不能反映实际情况，这时需要对企业的产能作重新核准，称此结果为查定能力。查定能力是企业的实际能力，对于企业各类计划有指导作用，是企业计划工作的基本参数。

③现有的生产能力。现有的生产能力也称为计划能力，是企业计划期内根据现有的生产组织条件和技术水平等因素所能够实现的生产能力。计划能力包括两大部分。首先是企业已有的生产能力，查定能力；其次是企业在本年度内新形成的能力。后者可以是以前的基建或技改项目在本年度形成的能力，也可以是企业生产能力通过管理手段而增加的能力。

上述三种生产能力，各有不同的用途。当确定企业的生产规模，编制企业的长期计划，安排企业的基本建设计划和采取重大的技术组织措施的时候，应当以企业查定能力为依据。而企业在编制年度的生产计划，确定生产指标的时候，则应当以企业的现有能力作为依据。因此现有能力定得是否准确，对于生产计划的制订有直接影响。

（2）从管理的角度分类。从管理角度考虑，生产与运作能力可分为理论能力和标定能力两种。①理论能力指不考虑设备计划修理、设备故障和其他原因造成的停工等的损失所达到的产出量，即生产与运作系统在现有条件下可能达到的最大产出量。②标定能力是指按实际产出效率计算的生产与运作能力，由于它考虑了设备故障、出现废品、返修等损失，通常比理论能力小。

在不增加设备或班次的情况下，理论能力不能增加或修正，但标定能力却可通过各种改善措施，如改进工作方法、减少调整时间、加强设备维护、减少设备检修时间等来加以改进和提高。

（二）生产与运作能力的计算

1. 生产与运作能力的计量单位

（1）以产出量为计量单位：是按单位时间出产产品的实物数量计算，如年产或月产多少台、多少吨等。

（2）以原材料处理量为单位：有的企业使用单一的原材料生产多种产品，这时以工厂年处理原料的数量作为生产能力的计量单位比较合理，如炼油厂以一年加工处理原油的重量为它的生产能力。

（3）以投入量为计量单位：是按投入量计量。例如，不少企业的标定能力常用全年可用的设备台时数，人工工时数来代表。又如，医院的床位数、餐馆的座位数就代表了它们可以提供的服务量。

2. 理论能力的计算

它的计算公式为：

$$P = F_e S q = F_y H (1-\theta) \quad Sq = \frac{F_y H (1-\theta) S}{t}$$

式中：P 为设备组生产与运作能力；F_e 为设备全年有效工作时间（小时）；F_y 为设备全年工作日；H 为每日的制度工作小时；θ 为设备计划修理的停工率；S 为设备组的设备数量；q 为设备产量定额；t 为设备台时定额。

（1）按生产与运作面积计算的生产/运作能力，上述公式变为：

$$P = Aq$$

式中：A 为生产/运作面积；q 为单位生产/运作面积的平均产量。

（2）对流水线来说，其生产与运作能力的计算公式：

$$P = \frac{F_e}{r}$$

式中：r 为流水线的节拍。

3. 标定能力的计算

在理论能力计算公式的后面加上若干系数加以调整。如定额完成率（K_1）、工时利用率（K_2）、合格率（K_3）等。这时计算公式可表示为：

$$P = \frac{F_y H (1-\theta) S}{t} \times K_1 \times K_2 \times K_3$$

【案例】

生产理论能力计算

例题 1　已知设备组有机器 20 台，每台机器一个工作日的有效工作时间是 15 小时，每台机器每小时生产 60 件产品，该企业只生产一种产品，求该设备组一个工作日的生产能力是多少？

解：$P = F \cdot S \cdot q = 15 \times 20 \times 60 = 18000$（件）

例题 2　某车间单一生产某产品，车间共有车床 10 台，全年制度工作日为 250 天，两班制，每班工作 7.5 小时，设备计划修理时间占制度工作时间的 10％，单位产品时间定额为 0.5 小时，那么该设备组的年生产能力是多少？

解：$P = F \cdot S/t = 250 \times 7.5 \times 2 \times (1-10\%) \times 10/0.5 = 67500$（件）

四、编制生产与运作计划

(一)综合计划与主生产计划的编制

根据国际惯例，制造类企业的生产与运作计划一般来说可以分为三个层次：综合计划、主生产计划和物料需求计划。

1. 综合生产计划

综合生产计划又称生产计划大纲，它是企业根据市场需求和资源条件对企业未来较长一段时间内资源与需求的平衡所做的总体化规划，是根据企业所拥有的生产能力和需求预测对企业未来一段较长时期内产出内容、产出量、劳动力水平、库存投资等问题所做出的决策性描述。

综合生产计划并不具体制定每一品种的生产数量、生产时间，也不布置每一车间、人员的具体工作任务，只是对产品、时间和人员的配置进行总体规划。

综合生产计划编制按如下程序进行：①收集有关资料，进行必要的市场调研；②拟定多种可行的综合计划方案；③优化综合计划方案；④综合平衡，最终确定正式方案。

2. 主生产计划

主生产计划是在综合生产计划的基础上制订的运作计划，是把综合计划具体化为可操作的实施计划，其目的是要确定企业生产的最终产品的出产数量和出产时间。主生产计划（MPS）是 MRP（物料需求计划）的输入部分之一，与我国通常采用的产品出产进度计划在计划的时间单位上略有不同，产品出产进度计划一般以月为计划时间单位，而主生产计划通常以周为单位。

主生产计划的制订过程：①编制 MPS 初步计划；②制订粗能力计划；③评价初步的MPS，最后修订和批准 MPS。

3. 物料需求计划

物料需求计划，是根据主生产计划的要求，对所需的全部物料所做出的安排。这是一步最复杂而且细化的工作，尤其是在企业的产品结构复杂、零部件种类繁多的情况下，这个工作是非常难以细化操作的。

(二)生产作业计划的编制

1. 制订生产作业计划的基本要求

(1)确保实现交货期。生产计划中规定的生产任务有不同的交货要求，为了保证按期交货，需要在生产作业计划中做精心策划和安排，确保产品或者零部件在各个生产环节的投入和产出时间，尽可能满足所有任务的交货期限。如果因生产能力的限制或其他条件的制约不能保证任务按期完成，也应该使延期交货的损失最小。

(2)减少作业人员和设备的等待时间。提高生产效率的有效方法首先是使人员和设备能够满负荷工作，增加作业时间，减少非作业时间，特别是等待时间。因此制订生产作业计划要妥善地做好各生产环节的衔接，保证各工序连续作业，平行作业，缩短加工周期，减少时间损失。

(3)使作业加工对象的流程时间最短。流程时间是指作业加工对象如产品、零件或部件投入某个工艺阶段开始，直到被加工为止的全部时间。在制订生产作业计划时，运用科学方法，进行合理的作业排序，可以明显地缩短流程时间，给按期交货创造有利条件。

(4)减少在制品的数量和停放时间。在制品是指从原材料投入开始到成品产出为止，处于生产过程中尚未完工的所有毛坯、零件、部件和产品的总称。在制品是生产流动资金的物化状态，在制品的数量越多、停放时间越长，流动资金的周转速度越慢，造成的损失就越大，同时还增加了搬运作业量和在制品管理业务。因此制订生产作业计划时必须考虑在制品的数量和停放时间。

2. 编制生产作业计划的步骤

(1)收集信息资料，为编制生产作业计划提供依据。主要信息资料有：生产任务方面的资料；设计和工艺方面的资料；生产能力方面的资料；生产准备方面的资料；编制生产作业计划的期量标准；上期计划的执行情况的统计分析资料。

(2)确定计划单位。计划单位是编制生产作业计划时下达生产任务所用的计算单位。它反映了生产作业计划的详细程度及各级分工关系。一般常用的计划单位有产品、部件、零件组和零件。

(3)制定和修改期量标准。期量标准是按每种产品分别制定的，不同生产类型条件下生产的产品，生产过程的各个生产环节，在时间上和数量方面联系的方式不同，期量标准也不同。

(4)确定编制方法。由于生产类型、生产专业化形式、生产方法不同，其生产作业计划的编制方法也具有不同特点。

在对象专业化车间里，是以产品(或零部件)为对象建立的相对封闭的生产单位，能够独立的完成产品的全部或大部分生产过程。在这种条件下，厂部下达车间的作业计划任务就比较简单，只要根据车间的分工、生产能力、生产条件等直接将该产品分配给车间即可。

在工艺专业化车间里，只能完成产品加工的部分工艺阶段，产品要经过几个车间，各个车间之间是依次加工半成品的关系。此时编制生产作业计划的方法是反工艺顺序法，即按照工艺过程的反顺序，从成品车间出产任务开始，依次规定各个车间的投入产出任务。但是在不同生产类型的企业，这种反工艺顺序法又有不同的具体方法。

（5）作好综合平衡，及时下达生产作业计划。在编制生产作业计划时，还需要进一步做好综合平衡工作，制定措施，以保证生产任务的完成。最后将生产作业计划及时编好下达给车间、工段、班组等生产环节，以提前做好各项生产准备工作。

3. 编制生产作业计划的方法

编制生产作业计划，一般是先将企业生产任务分配到各个车间，编制车间生产作业计划，然后由车间再分配到工段、班组直至工人，编制车间内生产作业计划。不同生产类型的企业选择不同的编制方法，主要有在制品定额法、提前期法、生产周期法和定货点法。随着科学技术的迅速发展，各种企业生产的品种日益增多，系统分析、运筹学等原理和计算机越来越多地用于企业管理，又出现了成组技术计划法、网络法等新的生产作业计划编制方法。

（1）在制品定额法：根据生产计划的要求将预先制定的在制品定额与预计可能结存的在制品数量作比较，使期末在制品数量保持在规定的定额水平上，并据此来规定各车间的生产任务。这种方法适用于大批量生产的企业。

（2）提前期法：又称累计编号法。根据生产计划的要求和预先制订的提前期来规定各车间的某种产品的装配生产提前完成的产量。它通常用累计编号来表示投入出产的产量任务。这种方法通常用于多品种成批生产的企业。

（3）生产周期法：根据生产计划的要求和预先制订的产品生产周期图表，通过生产能力的核算来规定各车间的生产任务。这种方法适用于单件小批生产的企业。

（4）定货点法：这种方法适用于安排生产产量大、品种稳定、价值低、结构简单的小型零件（见库存管理）。

（5）成组技术的计划方法：这种方法打破产品界限，把工艺相似的零件组织成组生产，适用于多品种、中小批量生产的企业。

（6）网络法：它是一种逻辑性的计划手段，其典型的方法是计划评审法。这种方法主要用于复杂的一次性产品（或工程）的生产。

（7）准时生产制：它的内容要点是：在必要的时候，按必要的数量，把生产所必要的物料送到必要的地方。它的目的是把在制品储备压缩到最低限度，尽可能地节约流动资金。

日本丰田汽车公司的"看板管理"就是准时生产制的一种方式。它要求后道工序的工人凭"领料看板"到前一道工序领取必要数量的零件。前一道工序的工人根据"生产看板"生产规定数量的零件；搬运工人凭"送货看板"在规定的时间内运送规定数量的零件。这样可以利用"看板"把人力、物力和设备有机地结合起来，组成有节奏的生产，防止过量生产造成在制品的过量储备。

（8）混流生产方法：在生产条件和生产能力的情况下，经过科学逻辑的运算，制订出在同一生产线上最优品种搭配的生产方案，达到品种、产量、工时的均衡，最大限度地节约资源。这种方法主要用于工艺相似的系列化产品的流水生产企业。

第三节　生产现场管理

一、生产现场管理的概述

(一)生产现场管理的概念

生产现场就是从事产品生产、制造或提供生产服务的场所。现场管理，就是运用科学的管理制度、标准、方法和手段，对现场的各种生产要素，包括人、机、料、法、环、信等进行合理有效的计划、组织、协调、控制和检测，使其处于良好的结合状态，达到优质、高效、低耗、均衡、安全、文明生产的目的。

现场管理可分为广义现场管理和狭义现场管理。广义现场管理是指企业所有现场作业活动的管理，包括生产现场管理、经营现场管理、办公现场管理、生活现场管理等。狭义现场管理是指企业生产现场管理。我们研究的主要对象是狭义的现场管理，即生产现场管理，它包含以下几层意思：

现场管理是运用管理制度、标准、方法和手段来管理。管理制度是指现场的设备、工具、在制品、产成品等的管理制度，交接班制度，设备维修制度，现场质量事故的处理制度等。管理标准是指现场岗位管理标准、设备管理标准、操作管理标准、工艺管理标准等。管理方法包括现场的定置管理、5S活动、规范化管理等。管理手段是指管理者采用计算机信息管理系统、文件图纸、信息流传递等手段，提高现场管理效能。

现场管理的对象是各种生产要素。包括现场的人员、机器设备、工具、原材料、在制品、燃料动力、场地环境、信息等。

现场管理的职能是计划、组织、协调、控制。这与企业管理的职能是一致的。但是，这里的计划主要是现场生产作业计划；组织主要是现场合理组织作业班组等；协调主要是班组之间、操作者之间生产进度的相互协调；控制主要通过信息流反馈对生产过程的控制。

(二)生产现场管理的基本内容

(1)现场实行"定置管理"，使人流、物流、信息流畅通有序，现场环境整洁，文明生产。

(2)加强工艺管理，优化工艺路线和工艺布局，提高工艺水平，严格按工艺要求组织生产，使生产处于受控状态，保证产品质量。

(3)以生产现场组织体系的合理化、高效化为目的，不断优化生产劳动组织，提高劳动效率。

(4)健全各项规章制度、技术标准、管理标准、工作标准、劳动及消耗定额、统计台账。

(5)建立和完善管理保障体系，有效控制投入产出，提高现场管理的运行效能。

(6)搞好班组建设和民主管理，充分调动员工的积极性和创造性。

现场管理应达到环境整洁、设备完好、物流有序、爱岗敬业、文明生产、产品优质的要求。

(三)生产现场中的班组管理

班组的现场管理水平是企业的形象、管理水平和精神面貌的综合反映，是衡量企业素质及管理水平高低的重要标志。搞好班组生产现场管理，有利于企业增强竞争力，改善生产现场，消除"跑、冒、漏、滴"和"脏、乱、差"状况，提高产品质量，保证安全生产，提高职工素质，对提高企业管理水平，提高经济效益增强企业竞争力具有十分重要的意义。提高现场管理水平，主要应做好以下几项工作：

1. 提高对加强班组生产现场管理重要性的认识

生产现场管理是企业管理的重要组成部分，是企业管理素质的集中表现。通过现场管理的好坏，即可判断出企业的广大职员的素质和管理水平，产品质量的可信赖程度，企业可协作程度。而班组又是企业生产现场管理的前沿阵地，所以，提高企业的班组生产现场管理水平，是企业自身发展的需要。

2. 营造良好工作氛围，为班组建设奠定基础

良好的工作氛围包括整洁的作业现场、安全的工作环境、融洽的人际关系，团队的合作精神等。一个良好的工作环境能有效保证员工的思想稳定，激发员工的工作热情，更加有利于班组凝聚力、战斗力的生成。为此，应做好以下工作：

(1)关心职工。领导和职工之间应融洽相处，关心职工生活和工作，为职工办实事，改善职工生活水平，增强企业凝聚力。

(2)加强民主管理。生产期间，应定期召开民主生活会，要求全班职工都要积极提出一些合理化建议，充分发挥民主监督作用。

(3)加强 6S 管理。在班组生产现场管理中，通过导入"6S"管理活动(整理、整顿、清扫、清洁、素养、安全)，形成以班组管理为活动平台，以人的素养为核心因素，以整理、整顿、清扫和清洁为环境因素，以安全、环保为目标因素的生产现场动态管理系统，从而为职工创造一个安全卫生舒适的工作环境。

(4)发挥班组长的作用。作为班组长，在企业中充当的是一个兵头将尾的角色，通过合理运用手中的权力，调动每个员工的工作积极性，使班组充满活力，为此必须：做好班组长的选拔、培训、考核、激励等工作。班组长要做好表率。在班组建设中表率是指班组长的"自治"行为，在班组做表率不仅是让组员效仿，还是衡量班组长是否合格的基本标准。

(5)强化教育培训，提高员工的素质。加强教育培训，主要是指对班组进行技能、安全生产、岗位职责和工作标准等方面的教育培训，同时将培训成绩记入个人档案，与个人的工资、奖金、晋级、提拔挂钩。

(6)开展班组达标管理工作。企业应制订可操作性的达标标准，标准内容力求系统考虑，整体推进，分步实施，同时应把班组达标工作的总目标分解到每个职工，通过强化考核，细化管理，确保企业总体工作目标的完成。为配合企业推进达标工作，企业还应建立有效的激励机制，鼓励先进班组和个人。

(7)健全组织、权责分明、加强领导为切实加强组织领导，保证班组建设工作健康有序地进行，应成立班组建设工作领导小组，行使指导和监督的职能。领导小组由企业主要负责人任组长，分管领导任副组长，各职能部门的负责人为组员。在班组建设工作领导小

组下成立班组建设工作考核工作小组，具体负责班组达标管理等班组建设工作的检查督促和考核奖惩工作。

（8）健全班组生产现场管理体制。班组不管大小，要建立以班组长、党团小组长、政治宣传员等为核心的班委会。班委会的任务是确定班组建设目标，为开好班组会做准备。另外还要建立"工管员"制，"工管员"一般包括质量管理员、考勤员、工具材料员、文明生产员、劳保生活员，管理落实到人头，形成人人有事干、事事有人管。

3. 建立一套现场管理制度（标准）和检查考评制度

要对班组生产现场进行规范化管理，使班组工作进入有序管理的状态，就要制订相应的管理标准，包括：

（1）生产现场管理标准化生产现场管理必须从基础抓起，即从制订工作标准、完善工作标准和真正贯彻执行及考核工作标准着手。生产现场的工作标准可以分解成三个有明显区别的部分：一是管理工作标准，二是工作程序标准，三是工作人员工作标准。

（2）加强班组内部基础管理。建立各类基础管理台账、报表制度及工序奖惩考核办法；注重半成品库的基础管理工作，起到前道控制、后道监督的作用；充分利用电脑等现代化设备，使各类统计报表及生产任务单的下达均取代手工操作，提高工作效率，等等。通过这些基础管理，促进班组管理工作日趋规范。

（3）建立健全班组生产现场管理规章制度。包括围绕生产、安全、技术和思想政治工作所制订的各种规章制度、条例、程序、办法等，如巡回检查制度、交接班制度、工作票制、岗位责任制度、安全责任制度、技术培训制度等，并且要规范统一，落到实处。

总之，搞好班组的现场管理，一是要从班组实际出发，选择好突破口，有计划地解决现场管理中存在的突出问题；二是要针对班组生产现场的各种作业进行分析，寻求最经济、最有效的作业程序和作业方法；三是定期对实施结果进行评价，不断推动班组工作的步步深入。

二、定置管理

（一）定置管理概述

定置管理是对生产现场中的人、物、场所三者之间的关系进行科学地分析研究，使之达到最佳结合状态的一门科学管理方法。它以物在场所的科学定置为前提，以完整的信息系统为媒介，以实现人和物的有效结合为目的，通过对生产现场的整理、整顿，把生产中不需要的物品清除掉，把需要的物品放在规定位置上，使其随手可得，促进生产现场管理文明化、科学化，达到高效生产、优质生产、安全生产。

物品的定置与一般的"放置"不同，一般的放置有很大的随意性，而定置则具有很强的目的性，两者比较如图5-6所示。

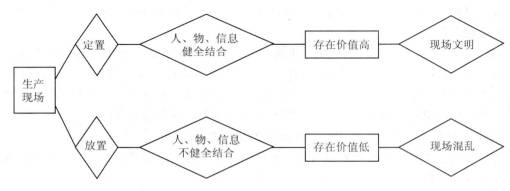

图 5-6　定置与放置的区别

(二)定置管理的程序

定置是对物品进行有目的,有计划的科学放置,开展定置管理应按照以下六个步骤进行:

1. 进行工艺研究

工艺研究是定置管理开展程序的起点,它是对生产现场现有的加工方法、机器设备、工艺流程进行详细研究,确定工艺在技术水平上的先进性和经济上的合理性,分析是否需要和可能用更先进的工艺手段及加工方法,从而确定生产现场产品制造的工艺路线和搬运路线。工艺研究是一个提出问题、分析问题和解决问题的过程,包括以下三个步骤:

(1)对现场进行调查,详细记录现行方法。通过查阅资料、现场观察,对现行方法进行详细记录,要求记录详尽准确,以便为工艺研究提供基础资料。由于现代工业生产工序繁多,操作复杂,如用文字记录现行方法和工艺流程,势必显得冗长烦琐。在调查过程中可运用工业工程中的一些标准符号和图表来记录,则可一目了然。

(2)对记录进行分析,并寻找存在的问题。对所调查记录的现有工艺流程及搬运路线等进行分析,找出存在的问题及其影响因素,提出改进方向。

(3)拟定改进方案。提出改进方向后,定置管理人员要对新的改进方案作具体的技术经济分析,并和旧的工作方法、工艺流程和搬运线路作对比。将较理想的方案作为标准化的方法实施。

2. 对人、物结合的状态分析

人和物结合状态分析,是开展定置管理中最关键的一个环节。在生产过程中必不可少的是人与物,只有人与物的结合才能进行工作。而工作效果如何,则需要根据人与物的结合状态来定。定置管理要在生产现场实现人、物、场所三者最佳结合,首先应解决人与物的有效结合问题,这就必须对人、物结合状态进行分析。

在生产现场,人与物的结合有两种形式,即直接结合和间接结合。直接结合是指需要的东西能立即拿到手,不存在由于寻找物品而发生时间的耗费。如加工的原材料、半成品就在自己岗位周围,工具、贮存容器就在自己的工作台上或工作地周围,随手即得。间接结合是指人与物呈分离状态,为使其结合则需要信息媒介的指引。信息媒介的准确可靠程度影响着人和物结合的效果。

按照人与物有效结合的程度,可将人与物的结合归纳为 A、B、C 三种基本状态。

　　A 状态，表现为人与物处于能够立即结合并发挥效能的状态。例如，操作者使用的各种工具，由于摆放地点合理而且固定，当操作者需要时能立即拿到或做到得心应手。

　　B 状态，表现为人与物处于寻找状态或尚不能很好发挥效能的状态。例如，一个操作者加工一个零件，需要使用某种工具，但由于现场杂乱或忘记了这一工具放在何处，结果因寻找而浪费了时间；又如，由于半成品堆放不合理，散放在地上，加工时每次都需弯腰，一个个地拣起来，既影响了工时，又增加了劳动强度。

　　C 状态，是指人与物没有联系的状态。这种物品与生产无关，不需要人去同该物结合。例如，生产现场中存在的已报废的设备、工具、模具，生产中产生的垃圾、废品、切屑等。这些物品放在现场，必将占用作业面积，而且影响操作者的工作效率和安全。

　　因此，定置管理就是要通过相应的设计、改进和控制，消除 C 状态，改进 B 状态，使之都成为 A 状态，并长期保持下去。关于人与物的结合状态的具体内容见表 5-4。

表 5-4　人与物的结合状态表

要素	A 状态	B 状态	C 状态
场所	指良好的作业环境。如场所中工作面积、通道、加工方法、通风设施、安全设施、环境保护（包括温度、光照、噪声、粉尘、人的密度等）都应符合规定	指需不断改进的作业环境。如场所环境只能满足生产需要而不能满足人的生理需要，或相反。故应改进，以既满足生产需要，又满足人的生理需要	指应消除或彻底改进的环境。如场所环境既不能满足生产需要，又不能满足人的生理需要
人	指劳动者本身的生理、心理均处在高昂、充沛、旺盛的状态；技术水平熟练，能高质量地连续作业	指需要改进的状态。人的生理、心理、技术水平，出现了波动和低潮状态	指不允许出现的状态。人的某些要素如生理、技术水平处于极低潮状态等
物	指正在被使用的状态。如正在使用的设备、工具、加工工件，以及妥善、规范放置，处于随时和随手可取、可用的状态	指寻找状态。如现场混乱，库房不整，需用的东西要浪费时间逐一去找的状态	指与生产和工作无关，但处于生产现场的物品状态。需要清理，即应放弃的状态
人、物、场所的结合	三要素均处于和谐的、紧密结合的、有利于连续作业的状态，即良好状态	三要素在配置上、结合程度上还有待进一步改进，还未能充分发挥各要素的潜力	指要取消或彻底改造的状态。凡指严重影响作业，妨碍作业，不利于现场生产与管理的状态

　　3. 开展对信息流的分析

　　信息媒介就是人与物、物与场所合理结合过程中起指导、控制和确认等作用的信息载体。由于生产中使用的物品品种多、规格杂，它们不可能都放置在操作者的手边，如何找到各种物品，需要有一定的信息来指引；许多物品在流动中是单向的，它们的流向和数量也要有信息来指导和控制；为了便于寻找和避免混放物品，也需要有信息来确认。因此，在定置管理中，完善而准确的信息媒介是很重要的，它影响到人、物、场所的有效结合程度。

人与物的结合，通常需要有四个信息媒介物：

第一个信息媒介物是位置台账，它表明"该物在何处"，通过查看位置台账，可以了解所需物品的存放场所。

第二个信息媒介物是平面布置图，它表明"该处在哪里"。在平面布置图上可以看到物品存放场所的具体位置。

第三个信息媒介物是场所标志，它表明"这儿就是该处"。它是指物品存放场所的标志，通常用名称、图示、编号等表示。

第四个信息媒介物是现货标示，它表明"此物即该物"。它是物品的自我标示，一般用各种标牌表示，标牌上有货物本身的名称及有关事项。

在寻找物品的过程中，人们通过第一个、第二个媒介物，被引导到目的场所。因此，称第一个、第二个媒介物为引导媒介物。再通过第三个、第四个媒介物来确认需要结合的物品。因此，称第三个、第四个媒介物为确认媒介物。人与物结合的这四个信息媒介物缺一不可。是否能按照定置管理的要求，认真地建立、健全连接信息系统，并形成通畅的信息流，有效地引导和控制物流，是推行定置管理成败的关键。

4. 定置管理设计

定置管理设计，就是对各种场地(厂区、车间、仓库)及物品(机台、货架、箱柜、工位器具等)如何科学、合理定置的统筹安排。定置管理设计主要包括定置图设计和信息媒介物设计。

(1)定置图设计。定置图是对生产现场所在物进行定置，并通过调整物品来改善场所中人与物、人与场所、物与场所相互关系的综合反映图。其种类有室外区域定置图，车间定置图，各作业区定置图，仓库、资料室、工具室、计量室、办公室等定置图和特殊要求定置图(如工作台面、工具箱内，以及对安全、质量有特殊要求的物品定置图)。

定置图绘制的原则有：①现场中的所有物均应绘制在图上；②定置图绘制以简明、扼要、完整为原则，物品形状为大概轮廓、尺寸按比例，相对位置要准确，区域划分清晰鲜明；③生产现场暂时没有，但已定置并决定制作的物品，也应在图上表示出来，准备清理的无用之物不得在图上出现；④定置物可用标准信息符号或自定信息符号进行标注，并在图上加以说明；⑤定置图应按定置管理标准的要求绘制，但应随着定置关系的变化而进行修改。

(2)信息媒介物设计。信息媒介物设计，包括信息符号设计和示板图、标牌设计。在推行定置管理，进行工艺研究、各类物品停放布置、场所区域划分等都需要运用各种信息符号表示，以便人们形象地、直观地分析问题和实现目视管理，各个企业应根据实际情况设计和应用有关信息符号，并纳入定置管理标准。在信息符号设计时，如有国家规定的(如安全、环保、搬运、消防、交通等)应直接采用国家标准。其他符号，企业应根据行业特点、产品特点、生产特点进行设计。设计符号应简明、形象、美观。

定置示板图是现场定置情况的综合信息标志，它是定置图的艺术表现和反映。标牌是指示定置物所处状态、标志区域、指示定置类型的标志，包括建筑物标碑，货架、货柜标牌，原材料、在制品、成品标牌等。它们都是实现目视管理的手段。各生产现场、库房、办公室及其他场所都应悬挂示板图和标牌，示板图中内容应与蓝图一致。示板图和标牌的底色宜选用淡色调,图面应清洁、醒目且不易脱落。各类定置物、区(点)应分类规定颜色标准。

5. 定置实施

定置实施是理论付诸实践的阶段,也是定置管理工作的重点。其包括以下三个步骤:

(1)清除与生产无关之物。生产现场中凡与生产无关的物,都要清除干净。与生产无关的物品,能转变利用便转变利用,不能转变利用时,可以变卖,化为资金。

(2)按定置图实施定置。各车间、部门都应按照定置图的要求,将生产现场、器具等物品进行分类、搬、转、调整并予定位。定置的物要与图相符,位置要正确,摆放要整齐,贮存要有器具。可移动物,如推车、电动车等也要定置到适当位置。

(3)放置标准信息名牌。放置标准信息名牌要做到牌、物、图相符,设专人管理,不得随意挪动。

总之,定置实施必须做到:有图必有物,有物必有区,有区必挂牌,有牌必分类;按图定置,按类存放,账(图)物一致。

6. 定置检查与考核

定置的考核是定置管理的最后一个阶段。为了巩固已取得的成果,发现存在的问题,不断完善定置管理,必须坚持定期检查和考核工作。考核的指标就是定置率。它的计算公式是:

$$定置率 = \frac{实际定置的物品数(种类)}{定置图规定的定置物品数(种类)} \times 100\%$$

三、5S 管理

(一)5S 活动的概念

5S 活动,是指对生产现场各生产要素所处状态,不断地进行整理、整顿、清扫、清洁,以达到提高素养的活动。由于这五个词在日语中罗马拼音的第一个字母都是"S",所以把这一系列活动简称为 5S 活动。5S 的含义见表 5-5。

表 5-5 5S 含义表

中文	日文	英文	典型例子
整理	SEIRI	Organization	倒掉垃圾、长期不用的东西放仓库
整顿	SEITON	Neatness	30 秒内就可找到要找的东西
清扫	SEISO	Cleaning	谁使用谁负责清洁(管理)
清洁	SEIKETSU	Standardization	管理的公开化、透明化
素养	SHITSUKE	Discipline and training	严守标准、团队精神

(二)5S 活动的内容

5S 是以素养为始终,包括整理、整顿、清扫、清洁、素养。

1. 整理

整理,就是将工作场所的任何东西分为有必要的与不必要的,把必要的东西与不必要的东西明确地、严格地区分开来，不必要的东西要尽快处理掉。整理的目的是要腾出空间，充分利用空间，防止误用、误送，从而塑造清爽的工作场所。

生产过程中经常有一些残余物料、待修品、报废品等滞留在现场，还有一些已无法使用的工夹具、量具、机器设备，如果不及时清除，会使现场变得凌乱，既占据了地方，又阻碍生产。

要进行整理，需掌握以下实施要领：①对工作场所（范围）全面检查，包括看得到和看不到的；②制定"要"和"不要"的判别基准（判别基准可参考表5-6）；③将不要物品清除出工作场所（处理办法参考图5-7所示）；④对需要的物品调查使用频度，决定日常用量及放置位置；⑤制定废弃物处理方法；⑥每日自我检查。

表 5-6　要和不要的物品判别基准表

要		不　要
1. 用的机器设备、电器装置 2. 作业台、材料架、板凳 3. 使用的工装夹具 4. 原材料、半成品、成品 5. 卡板、纸皮、胶箱 7. 各种清洁工具、用品 8. 文件资料、图表档案 9. 作业指导书、检验用样品等	地板上	1. 杂物、灰尘、纸屑、破旧的纸箱、使用过的无用砂纸 2. 不再使用的工装夹具 3. 不再使用的办公用品 4. 破烂的胶盆、卡板 5. 呆料、废料
	工作台 橱柜	1. 过时的报表、资料 2. 损坏的工具、样品 3. 多余的材料 4. 私人用品
	墙上	1. 蜘蛛网、老旧的海报、标语 2. 无用的通知、标准书 3. 灰尘、窗户
	天花板上	1. 无用的各种管线 2. 无效的标牌、指示

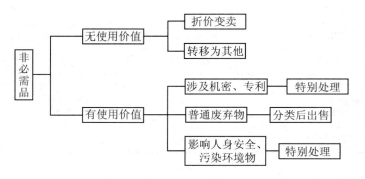

图 5-7　非必需品的分类处理图

2. 整顿

整顿，就是对整理之后留在现场的必要的物品分门别类放置，排列整齐。明确数量，并进行有效地标记。整顿的目的是使工作场所一目了然，工作环境整整齐齐，消除找寻物品的时间，消除过多的积压物品。

要进行整顿，需掌握以下实施要领：①前一步骤整理的工作要落实；②流程布置，确定放置场所；③规定放置方法；④画线定位；⑤场所、物品标识。

整顿的三要素：场所、方法、标志，见表 5-7。

整顿的三定原则：定点、定容、定量，见表 5-8。

表 5-7　整顿三要素表

三要素	内　容
放置场所	1. 物品的放置场所原则上要 100％设定 2. 物品的保管要定点、定容、定量 3. 生产线附近只能放真正需要的物品
放置方法	1. 易取 2. 不超出所规定的范围 3. 在放置方法上多下功夫
标志方法	1. 放置场所和物品原则上一对一表示 2. 现物的表示和放置场所的表示 3. 某些表示方法全公司要统一 4. 在表示方法上多下功夫（易更换、活用颜色等）

表 5-8　整顿三定原则表

三定原则	含　义
定点	放在哪里合适
定容	用什么容器、颜色
定量	规定合适的数量

3. 清扫

清扫，就是指扫除、清理污垢的动作，其着眼点不但要把工作场所打扫得整齐清洁，而且包括在清扫时检查各项设施、工具、机器是否处在正常状态。这包括：①订立每位员工应负责清扫的范围。②确保员工明白怎样清扫他的工作区域、设施和工具。③训练员工在清扫时懂得怎样检查各项设施及工具是否处在正常状态。④制定一套清洁准则和程序。

要进行清扫，需掌握以下实施要领：①建立清扫责任区（室内、外）。②执行例行扫除，清理脏污。③调查污染源，予以杜绝或隔离。④建立清扫基准，作为规范。

4. 清洁

在整理、整顿、清扫基础上，加以认真维护，保持完美和最佳状态。并且，将上面的3S 实施的做法制度化、规范化，并贯彻执行及维持结果。

标准的建立，不但是为整理、整顿和清洁提供依据，亦是最终建立良好的安全文化（素养）的先决条件。所以订立标准是成功推行"5S"的重要环节，包括：①为"整理"订立准则，什么物品是需要的，什么是暂时不需要的，什么是不需要的。建立如何处理物品的规则。②为"整顿"订立识别系统，包括标签、颜色区别、目视管理以及存放的方式。③为"清扫"订立准则，将工作场所和物件清洁整齐规范化，清扫及清理行动制度化。

要进行清洁，需掌握以下实施要领。①落实前面3S工作。②制定目视管理实施办法。③制定考评方法。④制定奖惩制度，加强执行。⑤高层主管经常带头巡查，以示重视。

5. 素养

通过晨会等手段，提高全员文明礼貌水准。培养每位成员养成良好的习惯，并遵守规则做事。开展5S容易，但长时间的维持必须靠素养的提升。坚持不懈地教育、考评，才能养成良好的习惯。

提升素养，需掌握以下要领：①制定服装、仪容、识别证标准。②制定共同遵守的有关规则、规定。③制定礼仪守则。④教育训练（新进人员强化5S教育、实践）。⑤推动各种精神提升活动（晨会、礼貌运动等）。

(三)5S活动的工作程序

掌握了5S现场管理法的基础知识，尚不具备推行5S活动的能力。因推行步骤、方法不当导致事倍功半，甚至中途夭折的事例并不鲜见。因此，掌握正确的步骤、方法是非常重要的。推行5S管理活动的步骤如下：

1. 成立推行组织

首先应成立推行委员会及推行办公室，进行岗位责任的确定，再明确分组及责任者。建议由企业主要领导出任5S活动推行委员会主任职务，以表示对此活动的支持。具体安排上可由副主任负责活动的全面推行。

2. 拟定推行方针及目标

推动5S管理时，应制定方针作为指导原则。比较常见的方针如：推行5S管理、塑公司一流形象；告别昨日，挑战自我，塑造公司新形象；于细微之处着手，塑造公司新形象；规范现场、现物，提升人的品质等。

同时要引进目标管理，设定期望的目标，作为活动努力的程度及执行过程的成果检验。比如：增加可使用面积20%；走道被占用次数降到每月三次以下；有来宾到厂参观，不必事先作整理整顿；第4个月各科室评分90分以上等。

3. 拟定工作计划

工作一定要有计划，以便大家对过程有一个整体的了解。项目责任者清楚自己及其他人员的工作是什么，要何时完成，相互配合造就一种团队作战精神。具体包括：①拟定5S管理工作计划作为推行及控制的依据。②收集资料与观摩他厂成功案例。③制定5S管理实施办法（奖惩办法）。④制定要与不要的区分标准。⑤制定不要物处理标准。⑥制定5S管理考评办法。⑦其他相关规定（如5S实施时间等）。

4. 教育

教育是非常重要的，让员工了解5S活动能给工作及自己带来好处从而主动地去做，与被别人强迫着去做其效果是完全不同的。教育形式要多样化，讲课、放录像、观摩他厂案例或样板区域、学习推行手册等方式均可视情况加以使用。要对每个部门进行教育。内容包括5S的定义及目的，5S管理实施方法，5S管理考评办法等等。另外新员工报到后，要进行实施5S强化训练。

5. 前期的宣导造势

5S管理要全员重视、参与。如最高主管的宣言，举办各种活动及比赛，海报、推行手册的印制与分发等等。具体可采取以下方法：

(1)先期各项宣传活动的推行：如板报比赛，标语比赛，征文比赛。

(2)标杆厂观摩。由5S活动组长带领推行成员及部分员工到5S标杆厂观摩，实际感受，并和公司的现状作比较，共同讨论差距和原因，激发大家共识。

(3)推行手册及海报标语。为了让全体员工了解并实行，最好能制定推行手册，并且人手一册，通过学习，确切掌握5S的定义、目的、推行要领、实施办法、评鉴办法等。另外，配合各项倡导活动、制作精美标语，塑造气氛以增强宣传效果。

(4)主管宣言。利用全员集合的时候，由主管强调和说明推动5S活动的决心和重要性。

6. 5S活动试行

5S活动试行前期的作业准备，如明确责任区域，建立地、物标准，用具和方法准备；全体上下彻底大扫除；采用样板区来推行5S；区域划分、画线、标志；定点摄影等。

7. 考评办法确定

考评办法的确定主要是制定评分标准表，确定评分时间和方法，提出整改措施。

8. 评比考核试行

实行现场检查考核，对5S问题点的质疑和解答。

9. 评鉴公布及奖惩

依5S管理实施办法，并用看板公布成绩，每月实施奖惩。

10. 检讨修正

推行5S活动和进行其他管理活动一样，必须导入PDCA管理循环方能成功。

Plan——拟定活动目标，进行活动计划及准备；

Do——执行阶段，如文字宣传、训练、执行等工作；

Check——过程中进行查核，检讨；

Action——采取改善修正措施。

检讨(check)和改善(action)活动，需要持之以恒地进行。不能坚持的话，则5S活动难以成功，若能脚踏实地地加以改善，则5S活动将逐见功效。要注意下面几点：

(1)问题点的检讨和整理。执行组长每周将各组的问题加以集中和整理，记录在5S整改措施表中，并发至各小组负责人。

(2)定期检讨。5S推行初期，一定要实行日检讨，时间过长，则积累问题太多，难有成效。相对稳定后，可延长检讨周期，逐渐使5S活动融入日常管理活动当中。

(3)各责任部门依缺点项目改善修正。5S推行组长可在5S例行检讨会中提报各部门重点改善项目，作为各部门改善时的参考。

11. 纳入定期管理活动中

5S活动的实施，要不断进行检讨改善以及效果确认，当确认改善对策有效时，要将其标准化、制度化，纳入日常管理活动架构中，将5S的绩效和出勤率、工伤率等一并融入日常管理中。

四、目视管理

(一)目视管理的概念和类别

1. 什么是目视管理

目视管理是利用形象直观、色彩适宜和各种视觉感知信息来组织现场生产活动，达到提高劳动生产效率的一种管理方法。据统计，人的行动60％是从"视觉"的感知开始的。比如日常生活中，我们在开车时看到红灯就会有意识地停车，绿灯就会通行。在排气扇上绑一根小布条，看见布条飘起即可知道运行状况。又如包装箱的箭头管理，有零件的箱表面箭头朝上(↑)，无零件的箱倒置箭头朝下(↓)，这样就不易丢弃尚未使用的零件等。

2. 目视管理的类别

目视管理需要借助一定的工具，按照这些工具的不同，目视管理可划分为：

(1)红牌。红牌，适宜于5S中的整理阶段，是改善的基础起点，用来区分日常生产活动中非必需品，挂红牌的活动又称为红牌作战。在工厂内，找到问题点，并悬挂红牌，让大家都明白并积极地去改善，从而达到整理、整顿的目的。

(2)看板。用在5S的看板作战中，用来表示使用物品、放置场所等基本状况的告示板。记录它们的具体位置在哪里？做什么？数量多少？谁来管理等等重要事项，让人一看就明白，强调的是透明化、公开化。

(3)信号灯或者异常信号灯。在生产现场，信号灯可以帮助第一线的管理人员随时掌握作业员或机器是否在正常地作业。工序某个环节发生异常时，信号灯能够即刻通知管理人员。信号灯的种类有：

①发音信号灯。适用于物料请求通知，当工序内物料用完时，或者该供需的信号灯亮时，扩音器马上会通知搬送人员立刻及时地供应，所以信号灯必须随时让它亮，信号灯也是看板管理中的一个重要的项目。

②异常信号灯。用于产品质量不良及作业异常等场合，通常安装在大型工厂的较长的生产、装配流水线。一般设置红或黄两种信号灯，由员工来控制，当发生零部件用完、出现不良产品及机器的故障等异常时，员工马上按下红灯的按钮，等红灯一亮，生产管理人员要停下手中的工作，马上前往现场，予以调查处理，异常情况被排除以后，管理人员就可以把这个信号灯关掉，然后继续维持作业和生产。

③运转指示灯。检查显示设备状态的运转、机器开动、转换或停止的状况。停止时还显示它的停止原因。

④进度灯。它是比较常见的，安在组装生产线上。在手动或半自动生产线，它的每一道工序间隔是1～2分钟，用于组装节拍的控制，以保证产量。

(4)操作流程图。操作流程图，是描述重点工序和作业顺序的简明指示书，也称为步骤图，用于指导生产作业。一般在工序比较复杂的车间，在看板管理上一定要有操作流程图。比如原材料进来后，第一个流程可能是签收，第二个工序可能是点料，第三个工序可能是转换，或者转制。

（5）反面教材。反面教材，一般用帕累托图结合实物来展示，让现场的作业人员明白不良的现象及后果。一般是放在显著位置，让人一眼就能看到，一看就明白。

（6）提醒板。提醒板，用于防止遗漏。健忘是人的本性，不可能杜绝，只有通过一些自主管理的方法来最大限度地减少遗漏或遗忘。比如有的车间内的进出口处，有一块板子，上面显示今天有多少产品要在何时送到何处，或者什么产品一定要在何时完工，或者下午 2 点有一个什么检查等，这些都统称为提醒板。一般来说，用纵轴表示时间，横轴表示日期，纵轴的时间间隔通常为 1 小时，一天用 8 小时来区分。

（7）区域线。区域线就是对原材料、半成品、成品放置的场所或通道等区域，用线条把它画出，主要用于整理与整顿，以此来保持生产现场的良好生产秩序。

（8）警示线。警示线，就是在仓库或其他物品放置处，用来表示最大或最小库存量的，涂在地面上的彩色漆线。

（9）生产管理板。生产管理板，是揭示生产线的生产状况、进度的表示板，记录生产实绩、设备开动率、异常原因（停线、故障）等。

（二）目视管理的内容及方法

目视管理作为一种管理手段和方法，可以在各项管理中发挥作用，如物品管理、作业管理、设备管理、品质管理、安全管理。

1. 目视管理的物品管理

日常工作中，需要对工夹具、计量仪器、设备的备用零件、消耗品、材料、在制品、完成品等各种各样的物品进行管理。通常对这些物品管理有四种基本形式：随身携带；伸手可及之处；较近的架子、抽屉内；放于储物室、货架中。此时，"什么物品、在哪里、有多少"及"必要的时候、必要的物品、无论何时都能快速地取出放入"成为物品管理的目标。目视管理可以提供一些解决方法。

物品管理的要点及相应的目视管理方法，见表 5-9。

表 5-9　物品管理要点及目视管理方法

要　点	方　法
明确物品的名称及用途	分类标志及用颜色区分
决定物品的放置场所，容易判断	采用有颜色的区域线及标志加以区分
决定物品的放置地点，容易取出	通过标志保证顺利地进行先入先出
决定合理的数量，尽量只保管必要的数量，且要防止断货	标志出最大数量、安全量、订货量

2. 目视管理的作业管理

生产作业是通过各种各样的工序及人组合而成的。各工序的作业是否是按计划进行？是否是按计划的那样正确地实施呢？在作业管理中，能很容易地明白各作业及各工序的进行状况及是否有异常发生等情况是非常重要的。

目视管理的作业管理就是要简单明了地表示出以下四个方面：是否按要求的那样正确地实施着；是否按计划在进行着；是否有异常发生；如果有异常发生该如何应对。

作业管理的要点及相应的目视管理方法，见表 5-10。

表 5-10　作业管理要点及目视管理方法

要　点	方　法
明确作业计划及事前需准备的内容，且很容易核查实际进度与计划是否一致	保养用日历、生产管理板、各类看板
作业能按要求的那样正确地实施，及能够清楚地判定是否在正确地实施	误用品警报灯
在能早期发现异常上下功夫	异常警报灯

3. 目视管理的设备管理

目视管理的设备管理是以能够正确地、高效率地实施清扫、点检、加油、紧固等日常保养工作为目的。设备管理的要点及相应的目视管理方法，见表 5-11。

表 5-11　设备管理要点及目视管理方法

要　点	方　法
清楚明了地表示出应该进行维护保养的部位	颜色标贴
能迅速发现发热异常	在马达、泵上使用温度感应标贴或温度感应油漆
清楚是否正常供给、运转	旁置玻璃管、小飘带；在各类盖板的极小化、透明化上下工夫，特别是驱动部分，下工夫使得容易"看见"
标志出计量仪器类的正常/异常范围、管理界限	用颜色表示出范围（如：绿色表示正常范围，红色表示异常范围）
设备是否按要求的性能、速度在运转	揭示出应有周期、速度

4. 目视管理的品质管理

目视管理能有效防止许多"人的失误"的产生，从而减少品质问题发生。

品质管理的要点及相应的目视管理方法，见表 5-12。

表 5-12　品质管理要点及目视管理方法

要　点	方　法
防止因"人的失误"导致的品质问题	合格品与不合格品分开放置，用颜色加以区分
设备异常的"显露化"	重要部位贴"品质要点"标贴，明确点检线路，防止点检遗漏
能正确地实施点检	计量仪器按点检表逐项实施定期点检

5. 目视管理的安全管理

目视管理的安全管理是要将危险的事或物，予以"显露化"，刺激人的"视觉"，唤醒人们的安全意识，防止事故、灾难的发生。

安全管理的要点及相应的目视管理方法，见表 5-13。

表 5-13 安全管理要点及目视管理方法

要　点	方　法
注意有高差、突起之处	使用油漆或荧光色，刺激视觉
注意车间、仓库内的交叉之处	设置凸面镜或"临时停止脚印"图案
危险物的保管、使用	将有关规定醒目地揭示出来
设备的紧急停止按钮设置	设置在容易触及的地方，且有醒目标志

【案例】

目视管理在办公室现场管理的应用

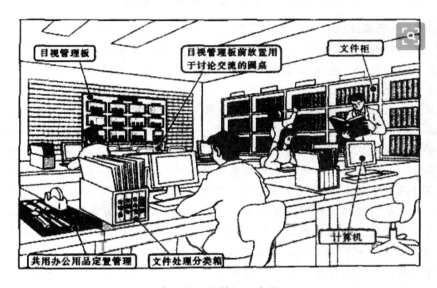

办公室目视管理示意图

第六章
质量管理

【案例导入】

质量建设是国家强大的基石

经过 30 多年的高速经济增长，我国已成为世界第二大经济体，然而，中国品牌进入"全球品牌 100 强"和"全球最佳品牌排行榜"的数量仍屈指可数。中国与制造业强国的差距就在质量。有数据显示，我国制造业每年因质量原因直接经济损失超过 2000 亿元，间接损失超过 1 万亿元。

十八届五中全会提出将"提高发展质量和效益"作为"十三五"时期我国发展的中心任务。事实上，提升质量也具有很强的民意基础。随着人民生活水平的提高，享受高质量的生活已经成为全国人民共同的愿望，这一点从"海淘""海购"以及我国游客出国抢购电饭煲、马桶盖等"扫货"现象可见一斑，建设质量强国早已成为各界的共同追求。据上海质量科学研究院开展的一项全国范围调查显示，95.1％的公众认为有必要实施质量强国战略，90.6％的公众表示实施质量强国战略与自身的关系紧密。而目前我国质量水平的提高仍然滞后于经济社会发展。我国被承认的校准测量能力数量列世界第四位，但仅为第一名美国的 53％。在 3 万余项国际标准中，由我国主导制订的仅占 0.7％，质量提升潜力不足。虽有 200 多种产品产量居全球第一位，但缺少核心技术和品牌优势，有相当比重的高档数控机床、集成电路、高端芯片等依赖进口。质量提升动力不足很大程度上催生了我国产品市场的"怪圈"，即企业供给与消费者需求之间形成了"产品质量差——低质低价形象——中高端需求转移——提升质量的动力不足——产品质量差"的非良性循环。

质量强则国强，质量兴则国兴，中国经过多年的经济发展积累，目前已经具备全面提高质量生产的基础。建议：

一是将建设质量强国纳入国家战略，坚持"质量为先"，强化质量法治建设，深入推进质量强省、强市、强县活动，加强以质量创新为突破的供给侧结构性改革，积极推动经济转型升级，引导各方面把推动发展的立足点真正转到提高质量和效益上来。

二是加强国家质量基础建设。将标准、计量、合格评定（包括认证认可、检验检测）等质量技术基础纳入国家战略，加强质量技术基础能力建设。开展国家质量基础（NQI）的整体研究，提高质量技术基础对产业发展的支撑能力，增强产业技术创新的服务能力，推进产业质量技术"走出去"的国际化进程，以支撑工业强基、制造强国。

三是设立质量强国建设专项基金，支持企业以提升质量水平为主要内容的创新活动，不断提升高端技术、产品、服务的比重，提高全要素生产率，提高供给体系的质量和效率。开展针对政府、企业决策者的质量培训，不断提高决策者适应转型升级的战略能力、实施质量创新的领导能力和推动产品和服务质量升级的执行能力。开展针对技术工人的质量技能培训，培养具有工匠精神的职业技能人才队伍，强化质量人才基础。

思考：为什么国人"海淘""海购"，而国内企业的产品却销售不畅？

第一节 质量与质量管理

一、质量与质量特性

(一)质量

质量是一个关注质量的组织倡导一种文化，其结果导致其行为、态度、活动和过程，它们通过满足顾客和其他有关的相关方的需求和期望创造价值。组织的产品和服务质量取决于满足顾客的能力以及对有关的相关方预期或非预期的影响。产品和服务的质量不仅包括其预期的功能和性能，而且还涉及顾客对其价值和利益的感知。

ISO 9000：2015 标准对质量的定义为：客体一组固有特性满足要求的程度。

客体 object(entity，item)可感知或想象的任何事物。如：产品、服务、过程、人、组织、体系、资源。

客体可能是物质的(如一台发动机、一张纸、一颗钻石)、非物质的(如转换率、一个项目计划)或想象的(如组织未来的状态)

(二)产品与服务

1. 产品的概念

ISO 9000：2015《质量管理体系 基础和术语》标准中把产品定义为："在组织和顾客之间未发生任何交易的情况下，组织产生的输出"。

(1)在供方和顾客之间未发生任何必要交易的情况下，可以实现产品的生产。但是，当产品交付给顾客时，通常包含服务因素。

(2)通常，产品的主要特征是有形的。

(3)硬件是有形的，其量具有计数的特性(如轮胎)。流程性材料是有形的，其量具有连续的特性(如燃料和软饮料)。硬件和流程性材料经常被称为货物。软件由信息组成，无论采用何种介质传递(如计算机程序、移动电话应用程序、操作手册、字典、音乐作品版权、驾驶执照)。

2. 服务的概念

ISO 9000：2015《质量管理体系 基础和术语》标准中把服务定义为："至少有一项活动必须在组织和顾客之间进行的组织的输出"。

(1)通常服务的主要特征是无形的。

(2)通常服务包含与顾客在接触面的活动，除了确定顾客的要求，以提供服务外，可能还包括建立持续的关系。

(3)服务的提供可能涉及，例如：在顾客提供的有形产品(如需要维修的汽车)上所完成的活动；在顾客提供的无形产品（如为准备纳税申报单所需的损益表）上所完成的活动；无形产品的交付（如知识传授方面的信息提供）；为顾客创造氛围（如在宾馆和饭店）。

（4）通常服务由顾客体验。

（三）质量特性

1. 特性的概念

ISO 9000：2015《质量管理体系　基础和术语》标准中把特性定义为："可区分的特征"。

（1）特性可以是固有的或赋予的。

（2）特性可以是定性的或定量的。

（3）有各种类别的特性。例如：物理的（如机械的、电的、化学的或生物学的特性）；感官的（如嗅觉、触觉、味觉、视觉、听觉）；行为的（如礼貌、诚实、正直）；时间的（如准时性、可靠性、可用性、连续性）；人因工效的（如生理的特性或有关人身安全的特性）；功能的（如飞机的最高速度）。

2. 质量特性的概念

ISO 9000：2015《质量管理体系　基础和术语》标准中把质量特性定义为："与要求有关的，实体的固有特性"。

（1）"固有的"是指本来就有的，尤其是那种永久的特性。

（2）赋予实体的特性（如实体的价格）不是它们的质量特性。

二、质量管理（quality management）

（一）质量管理的定义

ISO 9000：2015 标准对质量管理的定义为："关于质量的管理"。

质量管理可包括制定质量方针和质量目标，以及通过质量策划、质量保证、质量控制、和质量改进实现这些质量目标的过程。

在上述质量管理的定义中可以引出以下几个概念。

1. 质量方针（quality policy）：关于质量的方针

（1）通常质量方针与组织的总方针相一致，可以与组织的愿景和使命相一致，并为制定质量目标提供框架。

（2）本标准中提出的质量管理原则可以作为制定质量方针的基础。

2. 质量目标（quality objective）：有关质量的目标

（1）质量目标通常依据组织的质量方针制定。

（2）通常对组织内的相关职能、层次和过程分别规定质量目标。

3. 质量策划（quality planning）

质量管理的一部分，致力于制定质量目标并规定必要的运行过程和相关资源以实现质量目标。

编制质量计划可以是质量策划的一部分。

4. 质量保证（quality assurance）

质量管理的一部分，致力于提供质量要求会得到满足的信任。

5. 质量控制(quality control)

质量管理的一部分,致力于满足质量要求。

6. 质量改进(quality improvement)

质量管理的一部分,致力于增强满足质量要求的能力。

质量要求可以是有关任何方面的,如有效性、效率或可追溯性。

(二)质量管理的发展

1. 工业时代以前的质量管理

虽然人类历史的长河中,最原始的质量管理方式已很难寻觅,但我们可以确信人类自古以来一直就面临着各种质量问题。古代的食物采集者必须了解哪些果类是可以食用的,而哪些是有毒的;古代的猎人必须了解哪些树是制造弓箭最好的木材。这样,人们在实践中获得的质量知识一代一代地流传下去。

人类社会的核心从家庭发展为村庄、部落,产生了分工,出现了集市。在集市上,人们相互交换产品(主要是天然产品或天然材料的制成品),产品制造者直接面对顾客,产品的质量由人的感官来确定。随着社会的发展,村庄逐渐扩展为商品交换,新的行业——商业出现了。买卖双方不现直接接触了,而是通过商人来进行交换和交易。在村庄集市上通行的确认质量的方法便行不通了,于是就产生了质量担保,从口头形式的质量担保逐渐演变为质量担保书。商业的发展,要使彼此相隔遥远的连锁性厂商和经销商之间能够有效地沟通,新的发明又产生了,这就是质量规范即产品规格。这样,有关质量的信息能够在买卖双方之间直接沟通,无论距离多么遥远,产品结构多么复杂。紧接着,简易的质量检验方法和测量手段也相继产生,这就是在手工业时期的原始质量管理。由于这时期的质量主要靠手工操作者本人依据自己的手艺和经验来把关,因而又被称为"操作者的质量管理"。18世纪中叶,欧洲爆发了工业革命,其产物就是"工厂"。由于工厂具有手工业者和小作坊无可比拟的优势,导致手工作坊的解体和工厂体制的形成。在工厂进行的大批量生产,带来了许多新的技术问题,如部件的互换性、标准化、工装和测量的精度等,这些问题的提出和解决,催促着质量管理科学的诞生。因此,质量管理作为一门科学,是在20世纪的事情。

2. 工业化时代的质量管理

20世纪,人类跨入了以"加工机械化、经营规模化、资本垄断化"为特征的工业化时代。在过去的整整一个世纪中,质量管理的发展,大致经历了三个阶段:

(1)质量检验阶段。

20世纪初,人们对质量管理的理解还只限于质量的检验。质量检验所使用的手段是各种的检测设备和仪表,方式是严格把关,进行百分之百的检验。其间,美国出现了以泰勒为代表的"科学管理运动"。"科学管理"提出了在人员中进行科学分工的要求,并将计划职能与执行职能分开,中间在加一个检验环节,以便监督、检查对计划、设计、产品标准等项目的贯彻执行。这就是说,计划设计、生产操作、检查监督各有专人负责,从而产生了一支专职检查队伍,构成了一个专职的检查部门,这样,质量检验机构就被独立出来了。起初,人们非常强调工长在保证质量方面的作用,将质量管理的责任由操作者转移到工长,故被人称为"工长的质量管理"。后来,这一职能又由工长转移到专职检验人员,由专职检验部门实施质量检验。称为"检验员的质量管理"。

　　质量检验是在成品中挑出废品，以保证出厂产品质量。但这种事后检验把关，无法在生产过程中起到预防、控制的作用。废品已成事实，很难补救。且百分之百的检验，增加检验费用。生产规模进一步扩大，在大批量生产的情况下，其弊端就凸显出来。一些著名统计学家和质量管理专家就注意到质量检验的问题，尝试运用数理统计学的原理来解决，使质量检验既经济又准确，1924年，美国的休哈特提出了控制和预防缺陷的概念，并成功地创造了"控制图"，把数理统计方法引入到质量管理中，使质量管理推进到新阶段。

　　(2)统计质量控制阶段。

　　这一阶段的特征是数理统计方法与质量管理的结合。第一次世界大战后期，为了在短时期内解决美国300万参战士兵的军装规格是服从正态分布的。因此他建议将军装按十种规格的不同尺寸加工不同的数量。美国国防部采纳了他的建议，结果，制成的军装基本符合士兵体裁的要求。后来他又将数理统计的原理运用到质量管理中来，并发明了控制图。他认为质量管理不仅要搞事后检验，而且在发现有废品生产的先兆时就进行分析改进，从而预防废品的产生。控制图就是运用数理统计原理进行这种预防的工具。因此，控制图的出现，是质量管理从单纯事后检验转入检验加预防的标志，也是形成一门独立学科的开始。第一本正式出版的质量管理科学专著就是1931年休哈特的《工业产品质量经济控制》。

　　在休哈特创造控制图以后，他的同事在1929年发表了《抽样检查方法》。他们都是最早将数理统计方法引入质量管理的，为质量管理科学做出了贡献。然而，休哈特等人的创建，除了他们所在的贝尔系统以外，只有少数美国企业开始采用。特别是由于资本主义的工业生产受到了20世纪20年代开始的经济危机的严重影响，先进的质量管理思想和方法没有能够广泛推广。第二次世界大战开始以后，统计质量管理才得到了广泛应用。这是由于战争的需要，美国军工生产急剧发展，尽管大量增加的检验人员，产品积压待检的情况日趋严重，有时又不得不进行无科学根据的检查，结果不仅废品损失惊人，而且在战场上经常发生武器弹药的质量事故，比如炮弹炸膛事件等，对士气产生极坏的影响。在这种情况下，美国军政部门随即组织一批专家和工程技术人员，于1941—1942年先后制订并公布了Z1.1《质量管理指南》、Z1.2《数据分析用控制图》、Z1.3《生产过程中质量管理控制图法》，强制生产武器弹药的厂商推行，并收到了显著效果。从此，统计质量管理的方法才得到很多厂商的应用，统计质量管理的效果也得到了广泛的承认。

　　第二次世界大战结束后，美国许多企业扩大了生产规模，除原来生产军火的工厂继续推行质量管理的条件方法以外，许多民用工业也纷纷采用这一方法，美国以外的许多国家，如加拿大、法国、德国、意大利、墨西哥、日本也都陆续推行了统计质量管理，并取得了成效。但是，统计质量管理也存在着缺陷，它过分强调质量控制的统计方法，使人们误认为"质量管理就是统计方法"，"质量管理是统计专家的事"。使多数人感到高不可攀、望而生畏。同时，它对质量的控制和管理只局限于制造和检验部门，忽视了其他部门的工作对质量的影响。这样，就不能充分发挥各个部门和广大员工的积极性，制约了它的推广和运用。这些问题的解决，又把质量管理推进到一个新的阶段。

　　(3)全面质量管理阶段。

　　20世纪50年代以来，生产力迅速发展，科学技术日新月异，出现了很多新情况。主要有以下几个方面：

　　科学技术和工业生产的发展，对质量要求越来越高。20世纪50年代以来，火箭、宇宙飞船、人造卫星等大型、精密、复杂的产品出现，对产品的安全性、可靠性、经济性等要求越来越高，质量问题就更为突出。要求人们运用"系统工程"的概念，把质量问题作为一个有机整体加以综合分析研究，实施全员、全过程、全企业的管理。

　　20世纪60年代在管理理论上出现了"行为科学论"，主张改善人际关系，调动人的积极性，突出"重视人的因素"，注意人在管理中的作用。

　　随着市场竞争，尤其国际市场竞争的加剧，各国企业都很重视"产品责任"和"质量保证"问题，加强内部质量管理，确保生产的产品使用安全、可靠。

　　由于上述情况的出现，显然仅仅依靠质量检验和运用统计方法已难以保证和提高产品质量，促使"全面质量管理"的理论逐步形成。最早提出全面质量管理概念的是美国通用电气公司质量经理菲根保姆。1961年，他发表了一本著作《全面质量管理》。该书强调执行质量职能是公司全体人员的责任，他提出："全面质量管理是为了能够在最经济的水平上并考虑到充分满足用户要求的条件下进行市场研究、设计、生产和服务，把企业各部门的研制质量、维持质量和提高质量活动构成为一体的有效体系"。

　　20世纪60年代以来，菲根保姆的全面质量管理概念逐步被世界各国所接受，在运用时各有所长，在日本叫全公司的质量管理（CWQC）。我国自1978年推行全面质量管理（简称TQC）以来，在实践上、理论上都有所发展，也有待于进一步探索、总结、提高。综上所述，随着生产力和科学技术的发展，质量管理的理论逐趋完善，更趋科学性，更趋实用性。各国在运用"质量管理"理论时，都各有所长。随着国际贸易的发展，产品的生产销售已打破国界，不同民族、不同国家有不同的社会历史背景，质量的观点也不一样，这往往会形成国际贸易的障碍或鸿沟。需要在质量上有共同的语言和共同的准则。

　　3. 质量管理的国际化

　　随着国际贸易的迅速扩大，产品和资本的流动日趋国际化，相伴而产生的是国际产品质量保证和产品责任问题。1973年在海牙国际司法会议上通过了《关于产品责任适用法律公约》，之后，欧洲理事会在丹麦斯特拉斯堡缔结了《半于造成人身伤害与死亡的产品责任欧洲公约》，同时，旨在消除非关税壁垒，经缔约国谈判通过的《技术标准守则》对商品质量检测合格评定、技术法规等方面作了详尽的规定。由于许多国家和地方性组织相继发布了一系列质量管理和质量保证标准，制订质量管理国际标准已成为一项迫切的需要。为此，经理事会成员国多年酝酿，国际标准化组织（ISO）于1979年单独建立质量管理和质量保证技术委员会（TC176），负责制订质量管理的国际标准。1987年3月正式发布ISO 9000～9004质量管理和质量保证系列标准。该标准总结了各先进国家的管理经验，将之归纳、规范。发布后引起世界各国的关注，并予以贯彻，适应了国际贸易发展需要，满足了质量方面对国际标准化的需求。

　　【案例】

"品质革命"与"工匠精神"

　　据介绍，"质量中国"以"一网两平台"为基础支撑：中国企业质量诚信网作为"质量中国"不可或缺的支撑基础已正式上线；质量中国平台暨质量大数据平台将于2016年8月26日正式发布。

国务院办公厅印发的《贯彻实施质量发展纲要 2016 年行动计划》也明确提出，深入开展质量提升行动，以空气净化器、电饭煲、智能马桶盖等为重点提升消费品质量。中国的产品正经历着从"中国制造"向"精品制造"的华丽蜕变，中国正走在从"制造大国"迈向"制造强国"的道路上。而立足大众消费品生产推进"品质革命"，离不开培育和弘扬精益求精的"工匠精神"。2016 年"两会"，"工匠精神"首次被写入政府工作报告。

思考：作为一名劳动者是否需要树立质量观，具备质量意识？

第二节　全面质量管理

20 世纪 50 年代末，美国通用电气公司的费根堡姆和质量管理专家朱兰提出了"全面质量管理"（Total Quality Management，TQM）的概念，认为"全面质量管理是为了能够在最经济的水平上，并考虑到充分满足客户要求的条件下进行生产和提供服务，把企业各部门在研制质量、维持质量和提高质量的活动中构成为一体的一种有效体系"。60 年代初，美国一些企业根据行为管理科学的理论，在企业的质量管理中开展了依靠职工"自我控制"的"无缺陷运动"（Zero Defects），日本在工业企业中开展质量管理小组（Q. C. Circle/Quality Control Circle）活动行，使全面质量管理活动迅速发展起来。

一、全面质量管理的概念

全面质量管理（Total Quality Management，TQM）就是一个组织以质量为中心，以全员参与为基础，目的在于通过让顾客满意和本组织所有成员及社会受益而达到长期成功的管理途径。

二、全面质量管理七项原则

（一）以顾客为关注焦点

1. 简述

质量管理的主要关注点是满足顾客要求并且努力超越顾客的期望。

2. 理论依据

组织只有赢得顾客和其他相关方的信任才能获得持续成功。与顾客相互作用的每个方面，都提供了为顾客创造更多价值的机会。理解顾客和其他相关方当前和未来的需求，有助于组织的持续成功。

3. 获益之处

潜在的获益之处是：①增加顾客价值；②提高顾客满意度；③增进顾客忠诚；④增加重复性业务；⑤提高组织的声誉；⑥扩展顾客群；⑦增加收入和市场份额。

4. 可开展的活动

可开展的活动包括：①了解从组织获得价值的直接和间接的顾客；②了解顾客当前和未来的需求和期望；③将组织的目标与顾客的需求和期望联系起来；④将顾客的需求和期望，在整个组织内予以沟通；⑤为满足顾客的需求和期望，对产品和服务进行策划、设计、开发、生产、交付和支持；⑥测量和监视顾客满意度，并采取适当的措施；⑦在有可能影响到顾客满意度的相关方的需求和期望方面，确定并采取措施；⑧积极管理与顾客的关系，以实现持续成功。

（二）领导作用

1. 简述

各层领导建立统一的宗旨和方向，并且创造全员参与的条件，以实现组织的质量目标。

2. 理论依据

统一的宗旨和方向，以及全员参与，能够使组织将战略、方针、过程和资源保持一致，以实现其目标。

3. 获益之处

潜在的获益之处是：①提高实现组织质量目标的有效性和效率；②组织的过程更加协调；③改善组织各层次、各职能间的沟通；④开发和提高组织及其人员的能力，以获得期望的结果。

4. 可开展的活动

可开展的活动包括：①在整个组织内，就其使命、愿景、战略、方针和过程进行沟通；②在组织的所有层次创建并保持共同的价值观和公平道德的行为模式；③培育诚信和正直的文化；④鼓励在整个组织范围内履行对质量的承诺；⑤确保各级领导者成为组织人员中的实际楷模；⑥为人们提供履行职责所需的资源、培训和权限；⑦激发、鼓励和表彰员工的贡献。

（三）全员参与

1. 简述

整个组织内各级人员的胜任、授权和参与，是提高组织创造和提供价值能力的必要条件。

2. 理论依据

为了有效和高效的管理组织，各级人员得到尊重并参与其中是极其重要的。通过表彰、授权和提高能力，促进在实现组织的质量目标过程中的全员参与。

3. 获益之处

潜在的获益之处是：①通过组织内人员对质量目标的深入理解和内在动力的激发以实现其目标；②在改进活动中，提高人员的参与程度；③促进个人发展、主动性和创造力；④提高员工的满意度；⑤增强整个组织的信任和协作；⑥促进整个组织对共同价值观和文化的关注。

4. 可开展的活动

可开展的活动包括：①与员工沟通，以增进他们对个人贡献的重要性的认识；②促进整个组织的协作；③提倡公开讨论，分享知识和经验；④让员工确定工作中的制约因素，毫不犹豫的主动参与；⑤赞赏和表彰员工的贡献、钻研精神和进步；⑥针对个人目标进行绩效的自我评价；⑦评估员工的满意度和沟通结果进行调查，并采取适当的措施；

(四)过程方法

1. 简述

当活动被作为相互关联的功能连贯过程系统进行管理时,可更加有效和高效的始终得到预期的结果。

2. 理论依据

质量管理体系是由相互关联的过程所组成。理解体系是如何产生结果的,能够使组织尽可能地完善其体系和绩效。

3. 获益之处

潜在的获益之处是:①提高关注关键过程和改进机会的能力;②通过协调一致的过程体系,始终得到预期的结果。③通过过程的有效管理,资源的高效利用及职能交叉障碍的减少,尽可能提升其绩效。④使组织能够向相关方提供关于其一致性、有效性和效率方面的信任。

4. 可开展的活动

可开展的活动包括:①确定体系和过程需要达到的目标;②为管理过程确定职责、权限和义务;③了解组织的能力,事先确定资源约束条件;④确定过程相互依赖的关系,分析个别过程的变更对整个体系的影响;⑤对体系的过程及其相互关系进行管理,有效和高效的实现组织的质量目标;⑥确保获得过程运行和改进的必要信息,并监视、分析和评价整个体系的绩效;⑦管理能影响过程输出和质量管理体系整个结果的风险。

(五)改进

1. 简述

成功的组织总是致力于持续改进。

2. 理论依据

改进对于组织保持当前的业绩水平,对其内、外部条件的变化做出反应并创造新的机会都是非常必要的。

3. 获益之处

潜在的获益之处是:①改进过程绩效、组织能力和顾客满意度;②增强对调查和确定基本原因及后续的预防和纠正措施的关注;③提高对内外部的风险和机会的预测和反应的能力;④增加对增长性和突破性改进的考虑;⑤通过加强学习实现改进;⑥增强改革的动力。

4. 可开展的活动

可开展的活动包括:①促进在组织的所有层次建立改进目标;②对各层次员工进行培训,使其懂得如何应用基本工具和方法实现改进目标;③确保员工有能力成功的制定和完成改进项目;④开发和部署整个组织实施的改进项目;⑤跟踪、评审和审核改进项目的计划、实施、完成和结果;⑥将新产品开发或产品、服务和过程的更改都纳入到改进中予以考虑;⑦赞赏和表彰改进。

(六)循证决策

1. 简述

基于数据和信息的分析和评价的决策更有可能产生期望的结果。

2. 理论依据

决策是一个复杂的过程，并且总是包含一些不确定因素。它经常涉及多种类型和来源的输入及其解释，而这些解释可能是主观的。重要的是理解因果关系和潜在的非预期后果。对事实、证据和数据的分析可导致决策更加客观，因而更有信心。

3. 获益之处

潜在的获益之处是：①改进决策过程；②改进对实现目标的过程绩效和能力的评估；③改进运行的有效性和效率；④增加评审、挑战和改变意见和决策的能力；⑤增加证实以往决策有效性的能力。

4. 可开展的活动

可开展的活动包括：①确定、测量和监视证实组织绩效的关键指标；②使相关人员能够获得所需的全部数据；③确保数据和信息足够准确、可靠和安全；④使用适宜的方法对数据和信息进行分析和评价；⑤确保人员对分析和评价所需的数据是胜任的；⑥依据证据，权衡经验和直觉进行决策并采取措施。

(七)关系管理

1. 简述

为了持续成功，组织需要管理与供方等相关方的关系。

2. 理论依据

相关方影响组织的绩效。组织管理与所有相关方的关系，以最大限度地发挥其在组织绩效方面的作用。对供方及合作伙伴的关系网的管理是非常重要的。

3. 获益之处

潜在的获益之处是：①通过对每一个与相关方有关的机会和限制的响应，提高组织及其相关方的绩效；②对目标和价值观，与相关方有共同的理解；③通过共享资源和能力，以及管理与质量有关的风险，增加为相关方创造价值的能力；④使产品和服务稳定流动的管理好的供应链。

4. 可开展的活动

可开展的活动包括：①确定组织和相关方(如供方、合作伙伴、顾客、投资者、雇员或整个社会)的关系；②确定需要优先管理的相关方的关系；③建立权衡短期收益与长期考虑的关系；④收集并与相关方共享信息、专业知识和资源；⑤适当时，测量绩效并向相关方报告，以增加改进的主动性；⑥与供方、合作伙伴及其他相关方共同开展开发和改进活动；⑦鼓励和表彰供方与合作伙伴的改进和成绩。

三、全面质量管理的基本方法

全面质量管理的基本方法可以概况为四句话十八字，即，一个过程，四个阶段，八个步骤，数理统计方法(见图 6-1)。

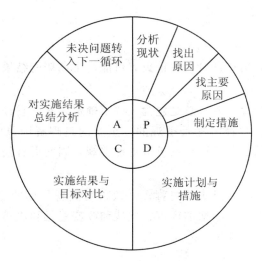

图 6-1　PDCA 四个循环

（1）一个过程，即企业管理是一个过程。企业在不同时间内，应完成不同的工作任务。企业的每项生产经营活动，都有一个产生、形成、实施和验证的过程。

（2）四个阶段，根据管理是一个过程的理论，美国的戴明博士把它运用到质量管理中来，总结出"计划（plan）—执行（do）—检查（check）—处理（act）"四阶段的循环方式，简称 PDCA 循环，又称"戴明循环"。

（3）八个步骤，为了解决和改进质量问题，PDCA 循环中的四个阶段还可以具体划分为八个步骤。①计划阶段：分析现状，找出存在的质量问题；分析产生质量问题的各种原因或影响因素；找出影响质量的主要因素；针对影响质量的主要因素，提出计划，制定措施。②执行阶段：执行计划，落实措施。③检查阶段：检查计划的实施情况。④处理阶段：总结经验，巩固成绩，工作结果标准化；提出尚未解决的问题，转入下一个循环。

在应用 PDCA 四个循环阶段、八个步骤来解决质量问题时，需要收集和整理大量的书籍资料，并用科学的方法进行系统的分析。最常用的七种统计方法，它们是排列图、因果图、直方图、分层法、相关图、控制图及统计分析表。这套方法是以数理统计为理论基础，不仅科学可靠，而且比较直观。

PDCA 循环管理的特点：

（1）PDCA 循环工作程序的四个阶段，顺序进行，组成一个大圈。

（2）每个部门、小组都有自己的 PDCA 循环，并都成为企业大循环中的小循环。

（3）阶梯式上升，循环前进，即不断根据处理情况或利用新信息重新开始循环改进过程。

（4）任何提高质量和生产率的努力要想成功都离不开员工的参与。

四、全面质量管理的内容

全面质量管理注重顾客需要，强调参与团队工作，并力争形成一种文化，以促进所有的员工设法、持续改进组织所提供产品/服务的质量、工作过程等。全面质量管理由结构、技术、人员和变革推动者四个要素组成，只有这四个方面全部齐备，才会有全面质量管理这场变革(见图6-2)。

结构 • 分权化 • 低纵向变化 • 低劳动分工 • 宽管理跨度 • 跨职能小组	技术 • 柔性流程 • 工人教育与培训	人员 • 教育与培训 • 支持性的绩效评估与奖酬制度	变革推动者 • 高层有效领导

图 6-2　全面质量管理的组成要素

全面质量管理有三个核心的特征：即全员参加的质量管理、全过程的质量管理和全面的质量管理。

(1)全员参加的质量管理即要求全部员工，无论高层管理者还是普通办公职员或一线工人，都要参与质量改进活动。参与"改进工作质量管理的核心机制"，是全面质量管理的主要原则之一。

(2)全过程的质量管理必须在市场调研、产品的选型、研究试验、设计、原料采购、制造、检验、储运、销售、安装、使用和维修等各个环节中都把好质量关。其中，产品的设计过程是全面质量管理的起点，原料采购、生产、检验过程实现产品质量的重要过程；而产品的质量最终是在市场销售、售后服务的过程中得到评判与认可。

(3)全面的质量管理是用全面的方法管理全面的质量。全面的方法包括科学的管理方法、数理统计的方法、现代电子技术、通信技术行。全面的质量包括产品质量、工作质量、工程质量和服务质量

另外，全面质量管理还强调以下观点：

(1)用户第一的观点，并将用户的概念扩充到企业内部，即下道工序就是上道工序的用户，不将问题留给用户。

(2)预防的观点，即在设计和加工过程中以预防为主为核心，变管结果为管不良因素，消除质量隐患。

(3)定量分析的观点，只有定量化才能获得质量控制的最佳效果。

(4)以工作质量为重点的观点，因为产品质量和服务均取决于工作质量。

五、6σ 管理

(一)什么是 6σ 管理法

6σ 管理是通过减少波动、不断创新、质量缺陷达到或逼近百万分之三点四的质量水平，以实现顾客满意和最大收益的系统科学。

6σ 管理法是一种统计评估法，核心是追求零缺陷生产，防范产品责任风险，降低成本，提高生产率和市场占有率，提高顾客满意度和忠诚度。6σ 管理既着眼于产品、服务质量，又关注过程的改进。"σ"是希腊文的一个字母，在统计学上用来表示标准偏差值，用以描述总体中的个体离均值的偏离程度，测量出的 σ 表征着诸如单位缺陷、百万缺陷或错误的概率性，σ 值越大，缺陷或错误就越少。6σ 是一个目标，这个质量水平意味的是所有的过程和结果中，99.99966% 是无缺陷的，也就是说，做 100 万件事情，其中只有 3.4 件是有缺陷的，这几乎趋近到人类能够达到的最为完美的境界。6σ 管理关注过程，特别是企业为市场和顾客提供价值的核心过程。因为过程能力用 σ 来度量后，σ 越大，过程的波动

越小，过程以最低的成本损失、最短的时间周期、满足顾客要求的能力就越强。6σ 理论认为，大多数企业在 3σ～4σ 间运转，也就是说每百万次操作失误在 6210～66800 之间，这些缺陷要求经营者以销售额在 15%～30% 的资金进行事后的弥补或修正，而如果做到 6σ，事后弥补的资金将降低到约为销售额的 5%。

(二)6σ 管理的含义

1.6σ 是一种衡量的标准

从统计意义上讲，一个过程具有 6σ 能力意味着过程平均值与其规定的规格上下限之间的距离为 6 倍标准差，此时过程波动减小，每 100 万次操作仅有 3.4 次落在规格上下限以外。即 6σ 水平意味着差错率仅为百万分之三点四(即 3.4ppm)。因此，它首先是一种度量的标准，可以通过样本的散布情况来衡量系统的稳定性。6σ 的数量越多，产品合格率越高，产品间的一致性越好，或产品的适应环境的能力越强，产品(服务)的质量就越好。

2.6σ 是一个标杆

管理学上有一种设定目标的方法就是"标杆法"，将你的目标设定在你所要超越的对象上，将领先者的水平作为超越的"标杆"。6σ 也是一个标杆，它的目标就是"零缺陷"(差错率百万分子 3.4)。进行 6σ 管理就是要以这个目标作为追赶和超越的对象。

3.6σ 是一种方法

"一种基于事实和数据的分析改进方法，其目的是提高企业的收益。"这个方法的最大特点就是一切基于事实，一切用数据说话。不论是说明差错的程度，还是分析原因，以及检验改进措施的成效，都要用事实和数据说话，而不是基于主观上的想象。

4.6σ 是一个工具系统

需要说明的是，6σ 本身并没有独创出什么新的工具或方法，但在 6σ 的框架下，几乎包括了所有的统计和质量管理方法。如 SPC、QCC 活动的工具(因果图、排列图、直方图、散布图、调查表、分层图、控制图)、FMEA、FTA、QFD、DOE 等。当然，上面我们说了，6σ 管理法中强调的是基于事实，基于数据的分析和改进，工具只对这些工作提供辅助作用。强调工具的应用是 6σ 的特色，但应该明白工具并不是包治百病的灵丹妙药。

(三)6σ 管理的流程

6σ 模式是一种自上而下的革新方法，它由企业最高管理者领导并驱动，由最高管理层提出改进或革新目标(这个目标与企业发展战略和远景密切相关)、资源和时间框架。推行 6σ 模式可以采用由定义、度量、分析、改进、控制(DMAIC)构成的改进流程。DMAIC 流程可用于以下三种基本改进计划：

(1)6σ 产品与服务实现过程改进。

(2)6σ 业务流程改进。

(3)6σ 产品设计过程改进。

这种革新方法强调定量方法和工具的运用，强调对顾客需求满意的详尽定义与量化表述，每一阶段都有明确的目标并由相应的工具或方法辅助。

六、ISO 9000 标准系列

ISO 9000 族标准是国际标准化组织(ISO)于 1987 年发布，后经不断修改完善而成的系列标准。该标准已经历 1994 版、2000 版和 2008 版的修改。目前，ISO 组织已对 2008 版 ISO 9000 族标准进行修订，并与 2015 年 9 月 23 日发布了 ISO 9000：2015 标准和 ISO 9001：2015 标准。到 2018 年 9 月，所有的 ISO 9001：2008 证书都将作废且失效。

（一）ISO 9000 族的核心标准

ISO 9000 族标准包括以下一组密切相关的质量管理体系核心标准：

（1）ISO 9000：《质量管理体系　基础和术语》。

（2）ISO 9001：《质量管理体系　要求》。

（3）ISO 9004：《质量管理体系　业绩改进指南》。

（4）ISO 19011：《质量和（或）环境管理体系审核指南》。

（二）ISO 9000 族标准的作用

（1）ISO 9000 为企业提供了一种具有科学性的质量管理和质量保证方法和手段，可用以提高内部管理水平。

（2）使企业内部各类人员的职责明确，避免推诿扯皮，减少领导的麻烦。

（3）文件化的管理体系使全部质量工作有可知性、可见性和可查性，通过培训使员工更理解质量的重要性及对其工作的要求。

（4）可以使产品质量得到根本的保证。

（5）可以降低企业的各种管理成本和损失成本，提高效益。

（6）为客户和潜在的客户提供信心。

（7）提高企业的形象，增加了竞争的实力。

（8）满足市场准入的要求。

（三）组织的质量管理体系认证

ISO 9000 族标准认证，也可以理解为质量管理体系注册，就是由国家批准的、公正的第三方机构——认证机构，依据 ISO 9000 族标准，对组织的质量管理体系实施评介，向公众证明该组织的质量管体系符合 ISO 9000 族标准，提供合格产品，公众可以相信该组织的服务承诺和组织的产品质量的一致性。

认证证书有效期为三年。证书有效期间，每年进行一次监督审核（每次间隔不超过 12 个月）证书有效期满后，需进行再认证审核。

【案例】

联合电器控制公司——全面改革

在实施过的改革方案中最有成效的是"全员参与项目"。通过全员参与，该公司通过三种方法从员工那里取得合理化建议。第一种方法是合理化建议，提出可行建议的员工都可以得到 100 美元的现金奖励。第二种方法是项目行动小组，小组的主要任务是提高老产品的质量，可随时成立这样的小组（运用管理手段），实施方法的一个月（1987 年 2 月）里员工们就自发组织了 40 多个小组。第三种方法是因果关系分析图，在对出现的问题进行原因分析时使用，项目小组至少应维持 3 个月。汉密尔顿对如何吸取员工的想法很有远见，他强调，仅凭建议带来的成本节约来评判建议的价值实际上是对公司的损害。他说："重要的是提出建议的过程，而不是结果——甚至是考虑要提出建议的过程，这个过程才是我们的奖励对象。一个员工可能提出了九个方案，每个方案只能节约 1 美元成本，那么他的第十个方案可能就会带来 50000 美元的成本节约。没有人愿意看到自己的建议遭到拒绝，如果管理者们拒绝了开始的九个方案，那么他就不会得到最后一个。"

思考："全员参与项目"的要点是什么？

第三节　质量管理常用的统计方法

一、数据的收集和整理

(一)数据的概念

如果要使质量管理科学化，就必须进行定量分析，要进行定量分析，就必须有数据。所谓的数据是指测量质量特性所得的数值，也就是质量指标数据，数据是质量管理的基础和依据。

(二)数据的种类

数据分为计量值数据和计数值数据两大类。

1. 计量值数据

所谓计量值数据是指可以连续取值的数据，或是可以用各种计量工具具体测量出小数点以下的数值。如长度、容量、重量、时间、寿命、强度、化学成分、产量、温度等。

2. 计数值数据

所谓计数值数据是指不可以连续取值，或者说即使使用测量工具也得不到小数点以下，的数据，而只能得到 0、1、2、3、4 等自然数的这类数据。如不合格品数、疵点数、缺席人数等。

当数据以百分比表示时，要判断它是计量数据还是计数数据，应取决于数据分子的计量单位。当分子是计量值数据时，则该百分比数据是计量值数据；当分子是计数值数据时，则该百分比数据是计数值数据。

(三)总体和样本

1. 总体

总体又叫母体，是研究对象的全体。一批零件、一个工序或某段时间内生产的同类产品的全部都可以成为总体。构成总体的基本单位，称为个体，每个零件、每件产品都是一个个体。

2. 样本

样本又叫子样，是从总体中抽出来一部分个体的集合。样本中的每个个体叫样品，样本中所包含样品数目称为样本大小，又叫样本量。当样本个数越多时，分析结果越接近总体的值，样本对总体的代表性就越好。

(四)数据的收集

在很多情况下，要获得总体产品质量特性数据是不容易的，也是不经济的。因此，常从总体中按一定方法，抽取样本并测定质量特性数据来对总体进行推断。合理抽样可以减少检验数量，但样品必须具有代表性，所以抽样方法的选择就十分重要。

1. 随机抽样

所谓的随机抽样，是指总体中每一个个体都有同等可能的机会被抽调。常用抽签或利用随机数表来抽取样品以保证样品的代表性。

2. 分层抽样

分层抽样是先将总体按照研究密切相关的主要因素分类或分层，然后在各层中按照随机原则抽取样本。分层抽样可以减少层内差异，增加样本的代表性。

3. 系统抽样

系统抽样又叫机械随机抽样，它是在时间和空间上按一定间隔从总体中抽取样本的一种方法。如某机床生产的零件，每隔 20 分钟从其中抽取一件来做样本，系统抽样方法简单易行，在企业产品质量检验中广为应用。

(五)数据的整理分析

现场取得的数据往往是杂乱无章的，所以必须经过整理，把收集的数据编成数表，使之系统化，规则化，变成能表明总体及其构成的全面资料，再把数表绘制成各种图形，使所反映的事实形象化，一目了然，这样才能把数据体现的本质表示出来，发现问题，采取措施。这种分析要结合工艺理论、现场观察、实验验证和日常经验进行。

二、质量管理统计方法的数学依据

(一)频数、频率的概念

在有限次试验中所发生某种结果的次数叫频数。频数通常用 m 表示。在有限次试验中发生某种结果的次数与试验次数的比值叫频率。

(二)质量的波动及产生波动的原因

在生产过程中，无论工艺条件多么一致，生产出来的产品的质量特性值也不完全一致，这就是所谓质量波动，也叫误差。产品质量特性的波动分为正常波动和异常波动。

1. 正常波动(随机因素引起的)

正常波动在每个工序中都是经常发生的，是由偶然性、不可避免的因素造成的波动。引起正常波动的影响因素很多，诸如机器的微小振动、原材料的微小差异等。在工序中，尽管对单个产品的观察结果不完全相同，但从总体上看，其波动趋势是可以预料的，可以用某种统计分布来进行描述。

2. 异常波动(系统性因素引起)

工序中的异常波动是由系统性原因引起的，例如刀具磨损、操作等都可导致异常波动。

当某工序只存在正常波动时，我们说工序是处于正常控制之中，此时的工序生产性能是可以预测的，过程控制系统的目标是工序出现异常波动时迅速提出统计信号，使我们能很快查明异常原因并采取行动消除波动。

三、质量管理常用的统计方法

(一)统计分析表法

统计分析表法又称检查表法或调查表法。它是利用一定格式的图表形式，进行初步的质量数据整理和对原因作粗略分析的方法。

一般来说，统计分析表法常常和分层法联合运用，这样可以使影响产品质量的原因分析更清楚，不同企业可以根据不同目的设计不同的统计分析表。常用的统计分析表有：缺陷位置统计表；不良品原因统计表；质量特性值分布统计表及其他形式的统计分析表等。

检查表应用方法：

(1)明确收集资料的目的和所需收集的资料。

(2)确定负责人和对资料的分析方法。

(3)决定所要设计的表格形式。

(4)决定记录的形式。

选择[○][×][⑯][□][△]等记号中之适当者记入。

(5)决定收集的方法。

由谁收集、收集的周期、检查时间、检查方法、检查数等均应决定。

(6)记入记号并整理成次数分配表。

能直观地看出全体的形态，并能兼有收集情报与解析的功能。

(二)分层法

分层法也称分类法。是指将收集来的数据根据不同目的，按其性质、来源、影响等因素加以分类和分层进行研究的方法，它可以使杂乱的数据和错综复杂的因素系统化、条理化，从而找到主要问题，采取相应措施。

应用分层法研究影响质量因素时，可先按操作者、机器、材料、方法、测量、环境和时间等方面进行分层，然后在小范围内分层。

常用的分层法有：

(1)按操作人员分。可按性别，按年龄、工龄，按操作技术熟练程度，按工种、文化水平高低等进行分类。

(2)按设备使用分。可按不同设备型号、设备新旧，按生产线，按不同的工夹具等分类。商业企业按不同商品部、不同柜台、不同工作性质等进行分类。

(3)按材料(商品)分。如不同产地、不同供货单位、不同的进货时间、不同材料成分、规格、不同批量等分类。

(4)按操作方法分。按操作条件、操作环境，按工艺方案等分类。

(5)按测量工作分。如按测量人员、测量仪器、取样方法等分类。

(6)按环境分。按噪声、清洁、工位器、采光、运输等分类。

(7)按不同时间分。按季节、月、日，按早、中、晚不同班次等分类。

(8)其他分类

将数据分层时，应根据分析目的，按照一定标准加以分类，将性质相同、在相同条件下收集的数据归并在一起，同时应尽量使同一层的数据波动幅度较小，而层间相互差别较大，这是用分层法进行分析的关键。分层法可以单独使用，也可以和QC其他几大手法结合使用，常常是首先利用分层法将原始数据分门别类，然后再进行统计分析的。

(三)主次因素排列图法

1. 什么是排列图

排列图法是利用排列图寻找影响质量主次因素的一种有效方法。排列图又叫帕累托图或主次因素分析图，它是由两个纵坐标、一个横坐标、几个连起来的直方形和一条曲线所组成，如图6-3所示。左侧的纵坐标表示频数，右侧纵坐标表示累计频率，横坐标表示影响质量的各个因素或项目，按影响程度大小从左至右排列，直方形的高度示意某个因素的影响大小。实际应用中，通常按累计频率划分为$(0\sim80\%)$、$(80\%\sim90\%)$、$(90\%\sim100\%)$三部分，与其对应的影响因素分别为A、B、C三类。A类为主要因素，B类为次要因素，C类为一般因素。

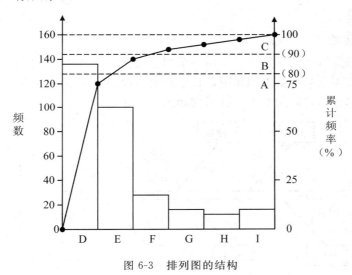

图6-3 排列图的结构

2. 排列图作图步骤

(1)收集数据。一定时期的质量数据，并按存在问题的内容分类。

(2)作不合格品分项统计表。①将各分类项目出现的频数按其频数从大到小的顺序填入统计表。有些项目的不合格品数相对较少时，可合并为"其他"一项而排在最后；②计算频数累积数，累积百分比[频数百分比，累积频数百分比]，填入统计表。

(3)绘制排列图。

3. 如何看排列图

通常：A类区：项目不合格次数的$75\%\sim80\%$。

B类区：项目占不合格次数的$20\%\sim25\%$。

C类区：项目占不合格次数的$0\sim20\%$。

以上划分不是绝对的，有时占$60\%\sim65\%$为主要因素，有时要看相邻直方间拉开的距离大小和考虑措施的难易，再确定主次因素，所以必须根据实际情况灵活运用。

4. 注意事项

(1)A类以$1\sim2$个为宜，总项目多时也不能超过3个。

（2）当项目较多时，可把频数少的项目合并成"其他"一项，排在最后。

（3）各项频数相差很小，主次问题不突出时，应更改项目，重新画图。

（4）主要问题可考虑进一步分层做排列图。在采取措施后，过一段时间还要做一张排列图进行比较。

（5）注意检查图形是否完整。

（四）因果分析图法

因果分析图法是利用因果分析图来系统整理分析某个质量问题（结果）与其产生原因之间关系的有效工具。因果分析图也称特性要因图，又因其形状常被称为树枝图或鱼刺图。

为了寻找产生某质量问题的原因，采用因果分析图的方式，集思广益，列出影响质量的因素，有系统地分出不同层次，形象地描述出它们的因果关系。探讨一个质量问题产生的原因要从大到小，从粗到细，层层深挖，直至能具体采取措施为止，如图6-4所示。

（五）直方图法

1．什么是直方图法

直方图是频数直方图的简称。它是用一系列宽度相等、高度不等的长方形表示数据的图。长方形的宽度表示数据范围的间隔，长方形的高度表示在给定间隔内的数据频数。一般正常情况下都是中间多，两端少，其形式如图6-5所示。

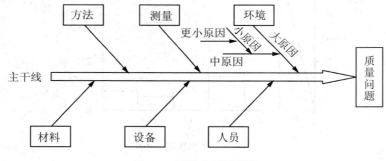

图6-4　因果分析图结构

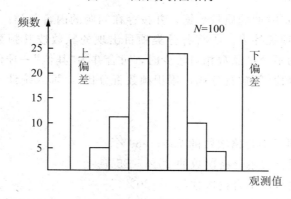

图6-5　直方图

2．直方图的作用

（1）显示质量波动的状态

（2）较直观地传递有关过程质量状况的信息

（3）通过研究质量波动状况之后，就能掌握过程的状况，从而确定在什么地方集中力量进行质量改进工作

（4）调查工序能力和设备能力

3. 直方图的作图步骤

（1）收集同一类数据（要求收集的数据 $n \geqslant 50$）。

（2）找出所有数据中的最大值和最小值，并算出它们的差 $R = X_{\max} - X_{\min}$。

（3）决定组数和组距。

设定组数 K：$K = 1 + 3.23 \lg N$

数据总数	50～100	100～250	250 以上
总数	6～10	7～12	10～20

（4）确定各组界限。

（5）编制频数分布表。

（6）画频数分布直方图。

4. 直方图的观察分析

画直方图的目的，是通过观察分析其形状和位置来判断生产过程是否稳定和预测生产过程的不良品率。在分析时要从两个方面进行：一方面是直方图的形状分析，如图 6-6 所示，正常的直方图一般符合正态分布规律，除此之外的形状均为异常。如锯齿型、孤岛型、偏向型、陡壁型、双峰型和平顶型等。另一方面是将直方图的位置与质量标准对比分析，注意分析直方图的平均值与公差中心的重合程度和 6S（标准差）与公差大小相比较，如图 6-7 所示。

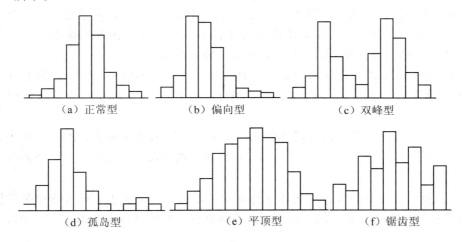

（a）正常型　（b）偏向型　（c）双峰型

（d）孤岛型　（e）平顶型　（f）锯齿型

图 6-6 几种常见的异常型频数直方图

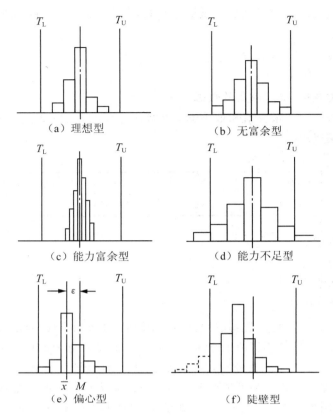

图 6-7　直方图和公差限

（1）偏向型：偏向型也称偏峰型。即直方的高峰偏向一边。这常常是由于某些加工习惯造成的。如加工孔时，有意识地使孔的尺寸偏下限，其直方图的峰则偏左；当加工孔时，有意识地使轴的尺寸偏上限，其直方图的峰则偏右。

（2）双峰型：直方图出现了两个高峰。这往往是由于将不同加工者、不同机床、不同操作方法等加工的产品混在一起造成的。因此，必须先对数据进行分层，再作频数直方图。

（3）孤岛型：在直方图旁边有孤立的小岛出现。其原因是在加工和测量过程中有异常情况出现。如原材料的突然变化，刀具的严重磨损，测量仪器的系统偏差，不熟练工人的临时替班等。

（4）平顶型：平顶型即直方图的峰顶过宽过平。这往往是由于生产过程中某种因素在缓慢的起作用造成的。如刀具的磨损、操作者逐渐疲劳使质量特性数据的中心值缓慢的移动造成的。

（5）锯齿型：测量误差太大或分组组数不当都会使直方图出现凸凹不平的折齿形状。

（6）陡壁型：直方图在某一侧出现了高山上陡壁的形状。这往往是在生产中通过检查，剔除了不合格品后的数据作出的直方图形状。

(六)控制图

1. 什么是控制图法

控制图法也称质量管理图法，是根据数理统计原理分析和判断工序是否处于稳定状态所使用的，它是带有控制界限的一种质量管理图表。

如图 6-8 所示，横坐标为子样组号或取样时间，纵坐标为测得的质量特性值。图上有与横坐标平行的三条线(注：不包括公差线)，中间一条叫中心线，用实线表示，上面一条虚线叫上控制线，下面一条虚线叫下控制线。

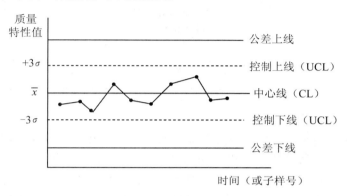

图 6-8　控制图一般形式

2. 控制图的类型

控制图有多种多样，比较常用的有七种，见表 6-1。

表 6-1　控制图种类及适用场合

类别	名称	管理图符号	特　点	适用场合
计量值控制图	均值—极差控制图	$\overline{X}-R$	最常用，判断工序是否异常的效果好，但计算工作量大	适用于产品批量较大而且稳定正常的工序
	中位数—极差控制图	$\widetilde{X}-R$	计算简便，但效果较差些，便于现场使用	
	两极控制图	$L-S$	一张图可同时控制均值和方差，计算简单，使用方便	
	单值—移动极差控制图	$X-R_s$	简便省事，并能及时判断工序是否处于稳定状态。缺点是不易发现工序分布中心的变化	因各种原因(时间费用等)每次只能得到一个数据或希望尽快发现并消除异常原因

续表

类别	名称	管理图符号	特　点	适用场合
计数值控制图	不合格品数控制图	P_n	较常用，计算简单，操作工人易于理解	样本容量相等
	不合格品率控制图	p	计算量大，管理界限凹凸不平	样本容量可以不等
	缺陷数控制图	C	较常用，计算简单，操作工人易于理解，使用简便	样本容量（面积或长度）相等
	单位缺陷数控制图	U	计算量大，管理界限凹凸不平	样本容量（面积或长度）不等

3. 控制图的观察分析

在生产过程中，定期地抽样，测定各样本的某一特性值，将测得的数据用"点"描在图上，如果"点"落在控制线内或35个"点"中仅有一个点出界或连续100个"点"中，不多于2个点出界，且"点"的排列是随机的，则表明生产过程正常，不会产生废品。如果"点"越出控制线或"点"虽未跳出控制线，但"点"的排列不是随机的，则表明生产条件发生了较大的变化，过程出现异常（并不意味着产品质量一定不合格），应采取措施，使生产过程恢复正常。

控制界线内的点子排列异常主要指出现以下几种情况：

模式1：点子屡屡接近控制界限，见图6-9。

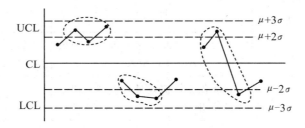

图6-9　连续3点有2点接近控制界限

模式2：在控制图中心线一侧连续出现的点称为链，其点子数目称作链长，见图6-10。

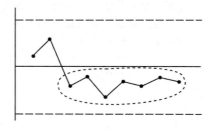

图6-10　长为7（也有选择9点）的链

模式3：点子逐渐上升或下降的状态称为倾向。连续6个以上的点全部偏离中心线上方或下方，这时应查看生产条件是否出现了变化，见图 6-11。

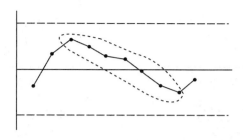

图 6-11　7 点连续向下倾斜

模式 4：连续 14 点中相邻点上下交替。

模式 5：点子集中在中心线附近指点子距离中心线在 1σ 以内，见图 6-12。

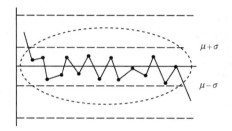

图 6-12　点子距离中心线在 1σ 以内

模式 5 可采用下列准则：若连续 15 点集中在中心线附近判异。

模式 6：连续 5 点中有 4 点落中中心线同一侧的 C 区以外。

模式 7：连续 8 点在中心线两侧，但无一在 C 区。

点的排列状态呈周期性变化，这时可对作业时间进行层次处理，重新制作控制图，以便找出问题的原因。点子周期性变化可能由于操作人员疲劳、原材料的发送有问题、某些化工过程热积累或某些机械设备应用过程中的应力积累等。

（七）相关图

1. 什么是相关图法

相关图又称散布图，是通过分析研究两种因素的数据的关系，来控制影响产品质量的相关因素的一种有效方法。相关图由一个纵坐标，一个横坐标，很多散布的点组成。

相关关系一般可为：原因与结果的关系；结果与结果的关系；原因与原因的关系。相关关系比较简便的方法是作相关图。用相关图法，可以应用相关系数、回归分析等进行定量的分析处理，确定各种因素对产品质量影响程度的大小。如果两个数据之间的相关度很大，那么可以通过对一个变量的控制来间接控制另外一个变量。相关图的分析，可以帮助我们肯定或者是否定关于两个变量之间可能关系的假设。

2. 两个变量的相关类型

在相关图中，成对的数据形成点子云，研究点子云的分布状态，便可推断成对数据之间的相关成度。一般情况下，两个变量之间的相关类型主要有六种：强正相关、弱正相关、不相关、强负相关、弱负相关以及非线性相关，如图 6-13 所示。

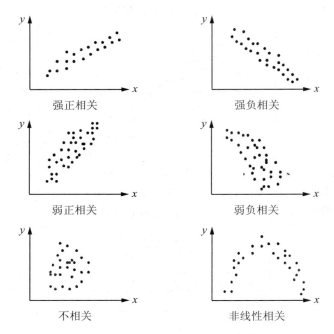

图 6-13　相关图的几种基本形式

3．作图步骤

(1)确定研究对象。研究对象的选定，可以是质量特性值与因素之间的关系，也可以是质量特性值之间的关系，或因素与因素之间的关系。这里，通过分析研究合成纤维的强度 y 与拉伸倍数 x 的关系来研究散布图的做法。

(2)收集数据。一般需要收集成对的数据 30 组以上，同时要记录收集数据的日期、取样方法、测定方法等有关事项。

(3)画出横坐标 x 与纵坐标 y，添上特性值标度。一般横坐标表示原因特性，纵坐标表示结果特性。进行坐标轴的标度时，应先求出数据 x 与 y 的各自最大值与最小值。划分间距的原则是：应使 x 最小值至最大值的距离，大致等于 y 最小值至最大值的距离。其目的是为了避免因散布图作法不合适而导致判断的错误。

(4)根据数据画出坐标点。按 x 与 y 的数据分别在横、纵坐标上取对应值，然后分别引出平行于 y 轴与 x 轴的平行线，其交点即为所求的坐标点。

4．注意事项

(1)做散布图时，要注意对数据进行正确的分层，否则可能作出错误的判断。

(2)对明显偏离群体的点子，要查明原因。对被确定为异常的点子要剔除。

(3)当收集的数据较多时，难免出现重复数据。在作图时为了表示这种情况，在点的右上方标明重复次数。

(4)由相关分析所得的结论，仅适用于试验的取值范围内，不能随意加大适用范围。在取值范围不同时，再作相应的试验与分析。

【案例】

精益聚焦 | QC 工具系列——层别法的使用
品质管理活动中，更是要层层深挖，直到挖掘出本质为止

公司的表面处理车间异常频发，质量部门成立专案小组进行品质改善，改善小组首先利用"检查表进行相关数据收集"然后根据层别法的思路对其进行层层分析。

表面处理车间不良情况检查表

日期	热镀锌	镀锡	镀银	电镀锌	油漆	合计
4月2日	9	2	1	3	1	16
4月3日	4	1	3	1		9
4月4日	5	2		1	1	9
4月5日	4		3	1	1	9
4月6日	7	1	1	1		10
合计	29	6	8	7	3	53

根据上表数据分析得到：

表面处理工艺别数据分析表

序号	工艺	不良数（件）	总不良数（件）	所占百分比（%）	累积百分比（%）
1	热镀锌	29		54.7	55
2	镀银	8		15.1	70
3	电镀锌	7	53	13.2	83
4	镀锡	6		11.3	94
5	油漆	3		5.7	100

根上表数据绘制得到

表面处理工艺别柏拉图

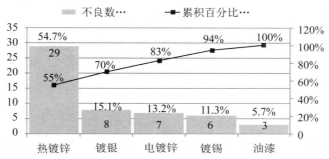

根据柏拉图得出如下结论：锌瘤、锌渣、厚度不良累计达到 76.7% 根据柏拉图的原则，确定为主要不良项目，并作进一步分析。

公司有 5 条镀锌生产线针对锌瘤、锌渣、厚度不良设计检查表并进行数据收集如下：

热镀锌不良项目生产线别情况调查表

日期	1号线	2号线	3号线	4号线	5号线	合计
5月14日	9	2	2	3	2	18
5月15日	4	1	2	1	9	17
5月16日	7	1	0	3	11	22
5月17日	4	1	0	0	7	12
5月18日	4	0	0	1	6	11
合计	28	5	4	8	35	80

根据上表数据分析得到：

热镀锌不良项目生产线别数据分析表

序号	生产线	不良数（件）	总不良数（件）	所占百分比（%）	累积百分比（%）
1	5号线	35		43.8	44
2	1号线	28		35.0	79
3	4号线	8	80	10.0	89
4	2号线	5		6.3	95
5	3号线	4		5.0	100

根上表数据绘制得到

热镀锌不良项目生产线别柏拉图

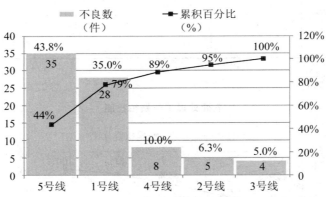

观察柏拉图发现5号、1号、4号累计不良率为82%，考虑到5号比例最大决定改善5号。

总结：

经过工艺别、不良别、生产别这三个层次的分析，我们决定改进一号线。至于1号线为什么会产生这样的问题请借助于"特性要因图"工具此案例层别分析思路见下：

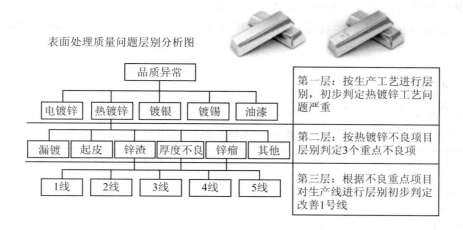

表面处理质量问题层别分析图

品质异常

| 电镀锌 | 热镀锌 | 镀银 | 镀锡 | 油漆 |

第一层：按生产工艺进行层别，初步判定热镀锌工艺问题严重

| 漏镀 | 起皮 | 锌渣 | 厚度不良 | 锌瘤 | 其他 |

第二层：按热镀锌不良项目层别判定3个重点不良项

| 1线 | 2线 | 3线 | 4线 | 5线 |

第三层：根据不良重点项目对生产线进行层别初步判定改善1号线

第四节　质量检验

随着生产的发展与分工的专业化，质量检验的作用越来越大。首先，质量检验可以起到对质量问题的预防和把关的职能。在检验过程中，如发现原材料、元器件、半成品不符合要求时，做出相应的标示，同时严禁不合格品投入下一个环节。其次，质量检验可以起到鉴别的职能。质量检验的结果可以作为产品验证和确认的依据。再者，质量检验质量检验还可以起到质量信息的反馈作用。通过检验，把产品质量形成过程中存在的问题反映给相应的管理部门，管理部门通过对信息的管理，在设计、生产、管理等过程中采取相应措施，不断改进产品质量。

一、质量检验的概念和过程

(一)质量检验的概念

在质量管理过程中，除了对生产过程进行有效控制，还要对过程的结果进行严格的检验。质量检验的目的，一是决定已经生产出来的产品是否合格，二是了解相关过程是否稳定。对实体的一种或多种质量特性进行诸如测量、检查、度量、试验等，并将结果与规定的质量要求进行比较，以确定各个质量特性的符合性的活动称为质量检验。

(二)质量检验的一般过程

根据质量检验的定义，可以将质量检验过程分解为一系列的检验活动，具体如下：

(1)定标：明确检验的依据，确定检验的手段和方法。

(2)抽样：采用科学合理的抽样方案，使样本能够充分代表总体(全数检验外)

(3)度量：采用试验、测量、测试、化验、分析以及感官检测方法，度量产品的质量特性。

(4)比较：将测量的结果与有效的质量标准进行比较。

(5)判定：根据比较得出的结论，判定被检验项是否符合质量标准。

(6)处理：根据相关标准规定对不合格做出相应处理，涉及重要的不合格品管理工作。

例如，某单件产品是否合格可以流入下道工序，或者某产品（或某批产品）是否准予出厂，以及对某批产品决定接受或拒绝，或决定重检和筛选等。

（7）记录：记录有价值的数据，做出分析报告，为企业自我评价和不断改进提供信息和依据。

二、质量检验的分类

质量检验的方式可以按不同的标志进行分类，如表 6-2 所示。

表 6-2　质量检验的分类

标志	分类
按检验产品的数量	全数检验、抽样检验
质量特性值	计数检验、计量检验
检验技术方法	理化检验、感官检验、生物检验
验后对产品损害程度	破坏性检验、非破坏性检验
检验的地点	固定检验、流动检验
检验目的	生产检验、验收检验、监督检验、验证检验、仲裁检验
供需关系	第一方检验、第二方检验、第三方检验
检验阶段	进货检验、工序检验、完工检验

其中按检验阶段的分类是比较常用的分类方法。

三、质量检验的依据

质量检验的重要功能之一是将测试结果同质量标志进行比较，以便做出合格与否的判断。因此，质量标准是质量检验的主要判据。不同水平的质量标准对同一批产品可能做出不同的判断。因此离开质量标准而言的质量检验是没有实际意义的。从这一点出发，质量检验的过程就是质量标准执行的过程。

质量检验主要依据的标准有以下几类：

（一）技术标准

技术标准是指对标准化领域中需要协调统一的技术事项所制定的标准。包括基础标准、产品标准、工艺标准、检测试验方法标准，及安全、卫生、环保标准等。

1. 产品标准

产品标准是指对产品结构、规格、质量和检验方法所做的技术规定，称为产品标准。产品标准按其适用范围，分别由国家、部门和企业制定；它是一定时期和一定范围内具有约束力的产品技术准则，是产品生产、质量检验、选购验收、使用维护和洽谈贸易的技术依据。

2. 基础标准

基础标准是指在一定范围内作为其他标准的基础并具有广泛指导意义的标准。包括：标准化工作导则，如 GB/T 20001.4—2001《标准编写规则》；通用技术语言标准；量和单位标准；数值与数据标准，如 GB/T 8170—2008《数值修约规则与极限数值的表示和判定》等。

3. 方法标准

方法标准是指产品性能、质量方面的检测、试验方法为对象而制定的标准。其内容包括检测或试验的类别、检测规则、抽样、取样测定、操作、精度要求等方面的规定，还包括所用仪器、设备、检测和试验条件、方法，步骤、数据分析、结果计算、评定、合格标准、复验规则等。

4. 安全、卫生与环境保护标准

这类标准是以保护人和物的安全、保护人类的健康、保护环境为目的而制定的标准。这类标准一般都要强制贯彻执行的。

（二）管理标准

管理标准是指企业为了保证和提高产品质量和工作质量，完成质量计划和达到质量目标，全体员工共同遵守的准则。例如，质量手册和检验人员工作手册，检验工作流程中的规则和制度，检验设备和工具的使用、维护制度，工序控制的管理制度和管理标准，不合品的管理制度，质量检验的信息管理制度。

四、抽样检验方案设计

（一）抽样方案

1. OC 曲线（抽检特性曲线）

抽样特性是指抽样方案对产品质量的分辨力。对于抽样方案，表示接收概率 $L(p)$ 与批实际不合格品率 p 的函数关系曲线称为抽样方案的抽检特性曲线。

在实际应用过程中，可行的抽样方案应考虑供需双方的基础上所确定。其基本思想是设定一个质量水平 P_0，当批质量从差的方向改善到这一水平时，以高概率 $(1-\alpha)$ 接受该批产品；同时设定另一个质量水平 P_1，当批质量从好的方向下降到这一水平时，以低概率 β 接受。其中 α 表示一批合格产品被拒收的概率，$\alpha = 1 - L(P_0)$。β 表示一批不合格产品被接收的概率，$\beta = L(P_1)$。按照国际惯例，一般 α 取值为 1%、5%，β 取值为 5%、10%。它们之间的关系如图 6-14 α、β 之间的关系图。

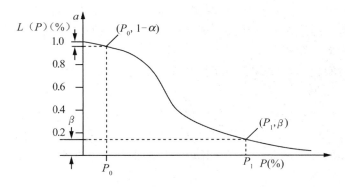

图 6-14　抽检特性曲线模型

2．抽样方案

抽样方案是指为实施抽样检验而确定的样本容量 n 和一组有关接收与否的准则，通常用 $(n，A_c)$ 或 $(n，A_c，R_c)$ 表示。在实际操作过程中，用样本的不合格数 d 与规定的合格判定数 A_c 和不合格判定数 R_c 比较，如果 $d \leqslant A_c$，则认为该批产品符合要求；若 $d \geqslant A_c$，则认为该批产品不符合要求。

(二)计数标准型抽样检验方案设计

标准型抽样检验就是严格控制生产者与使用者风险，按供需双方共同制定的抽样特性曲线所确定的抽样抽样检验方案进行检验，也就是使特性曲线通过 $(P_0，1-\alpha)$ 和 $(P_1，\beta)$ 两点。在实际操作中，只要确定 P_0 和 P_1 的值，就可以从我国国家标准《不合格品率的计数标准型一次抽样表》中查出样本量和可接受数 $c(A_c)$，从而确定抽样检验的方案。如果从该表中查得的样本量大于批量，则应进行全数检验，但保证可接收数 $c(A_c)$ 不变。

(三)计数调整型抽样检验方案

计数调整型抽样检验是目前使用最广泛的一种抽样检验方法。调整型抽样检验方案是对具有一定要求的交验批，不是固定采用一种检验方案，而是根据交验产品质量的实际情况，采用正常、加严、放宽 3 个严格程度不同的方案，并用一套检验规则把它们联系起来，即当供应方提供的产品批质量好时，可以放宽检验；如果供应方提供的产品批质量下降，则加严检验。目前，ISO 2859 是国际公认的计数调整型抽样标准。我国以 ISO 2859 为准，加以修改，颁布了 GB 2828—81 和 GB 2829—81 两个国家标准。

调整型抽样检验的特点是：①对于一个特定的交验批，该方案不是一个固定的方案，而是采用一组方案，根据具体情况动态转换。②因为是动态调整，所有可以充分刺激生产方提高产品质量。③适用于连续多批的产品检验。

五、质量检验的具体实施

(一)进货检验

所谓进货检验，主要是指企业购进的原材料、外购配套件和外协件入厂时的检验，这是保证生产正常进行和确保产品质量的重要措施。为了确保外购物料的质量，入厂时的验收检查应配备专门的质检人员，按照规定的检查内容、检查方法及检验数量进行严格认真的检验。从原则上说，供应厂所供应的物料应该是"件件合格、台台合格、批批合格"。在进货检验时，如果不适宜全检，在使用抽样检验时，必须通过双方协商等方式预先规定有科学可靠的抽检方案和验收制度。

通常，进货检验包括首件(批)样品检验和成批进货检验两种。

1．首件(批)样品检验

首件(批)样品检验是指企业对供货单位、协作单位(供方)首次提供的单件或一批样品进行的检验。首件(批)样品检验的目的，主要是为对供应单位所提供的产品质量水平进行评价，并建立具体的衡量标准。所以首件(批)检验的样品，必须对产品有代表性，以便作为以后进货的比较基准。

首件(批)样品检验工作要求严格，内容多，其一般程序为：

(1)核对对供货协议或检验委托书；

（2）理解采购质量文件要求与验收判定标准；

（3）核对到货提供的质量证明文件（包括合格凭证、检验数据记录及有关检验试验方法的说明资料等）；

（4）按有关制度规定邀集参加检验活动的有关部门和人员；

（5）实施测量或试验，整理记录，比较判定，做出判断结论；

（6）与供方提供的质量证明文件进行比较，指出不一致的事项与差异，进行分析，形成资料；

（7）撰写首件（批）样品检验报告。

2. 批量进货检验

批量进货检验，是指企业对有完善的质量管理体系保证产品质量的稳定性、一致性及提供首检的供方以后提供的批产品进行的相应检验，是为了防止不合标准的原材料、外购件、外协件进入企业的生产过程。批量进货检验主要是查看供方的质量证明文件，并进行核实性的检查。

批量多数采用抽样检验，企业与供方商定相应的检验水平与抽样检验方案。进货检验，可按不同情况进行 A、B、C 分类，A 类对应的产品是主要的，必须进行严格的全面检验；B 类对应的产品是次要的，检验时进行必要的质量特性的检验；C 类对应的产品是更次要的，可以以相应的质量证明文件为准。

批量进货检验既可在供应商一方所在地进行，也可在需方所在地进行，但为保证检验的工作质量，防止漏检和错检，一般应制定"入库检验指导书"或"入库检验细则"，其形式和内容可根据具体情况设计或规定。

对于原材料、辅材料的入厂检验，往往要进行理化检验，如分析化学成份、机械性能试验、金相组织鉴定等工作，验收时要着重材质、规格、炉批号等是否符合规定。

（二）过程检验（工序检验）

过程检验是指在过程控制中对关键元器件、材料，半成品，成品的规定参数进行的检测和验收。过程检验的目的是为了防止连续出现大批不合格品，避免不合格品流入下道工序去继续进行加工。因此，过程检验不仅要检验产品，还要检定影响产品质量的主要工序要素（如 5MIE）。过程检验可起到两种作用：一是根据检测结果对产品做出判定，即产品质量是否符合规格和标准的要求；二是根据检测结果对工序做出判定，即过程各个要素是否处于正常的稳定状态，从而决定工序是否应该继续进行生产。为了达到这一目的，过程检验中常常与使用控制图相结合。

过程检验的方式：首件检验、巡回检验和末件检验。

（1）首件检验也称为"首检制"，是指在生产开始时或工序因素调整后，对制造的第一或前几件产品进行的检验，即在设备或制造工序发生任何变化，以及每个工作班次开始加工前，都要严格进行首件检验。首件检验一般采用"三检制"的办法，即操作工人实行自检，班组长或质量员进行复检，检验员进行专检。首件检验后是否合格，最后应得到专职检验人员的认可，检验员对检验合格的首件产品，应做好应用的质量记录，并在检验合格的产品上打上规定的标记。

（2）巡回检验：就是检验人员按一定的时间间隔和路线，依次到生产现场，用抽查的形式,检查刚加工出来的产品是否符合图纸、工艺或检验指导书中所规定的要求。在大批大量生产时,巡回检验一般与工序控制图相结合,是对生产过程发生异常状态实行报警,防止成批出现废品的重要措施。

(3)末件检验:对本班次生产线或生产设备的末件进行检验,确保生产结束后产品质量仍在合格状态,同时对下一个班次的首件生产进行保证。

(三)成品检验

成品检验是完工后的产品入库前或发到用户手中之前进行的一次全面检验。其目的是防止不合格品流到用户手中,避免对社会、用户产生危害,也是为了保护企业的信誉。

对于制成成品后立即出厂的产品,成品检验也就是出厂检验,对于制成成品后不立即出厂,而需要入库贮存的产品,在出库发货以前,尚需再进行一次"出厂检查"。

(四)不合格品的管理

不合格品管理是质量检验以致质量管理过程中的重要环节。不合格即未满足要求(ISO 9000:2015 质量管理体系　基础和术语的 3.6.9),意为产品一项或多项质量特性未满足要求。为了区别不合格品和废品是完全不同的两个概念,人们常把不合格品管理称为不良品管理。

不合格品管理的目的当然是为了对不合格品做出及时的处置,如返工、返修、降级或报废,但更重要的是为了及时了解制造过程中产生不合格品的系统因素,对症下药,使制造过程恢复受控状态。

在不合格品管理中,需要做好以下几项工作:

1. **"三不放过"的原则**

(1)不查清不合格的原因不放过。因为不查清原因,就无法进行预防和纠正,不能防止再现或重复发生。

(2)不查清责任者不放过。这样做,不只是为了惩罚,而主要是为了预防,提醒责任者提高全面素质,改善工作方法和态度,以保证产品质量。

(3)不落实改进的措施不放过。不管是查清不合格的原因,还是查清责任者,其目的都是为了落实改进的措施。

"三不放过"原则,是质量检验工作中的重要指导思想,坚持这种指导思想,才能真正发挥检验工作的把关和预防的职能。

2. **不合格品的处理方式**

根据 GB/T 19000—2008 的规定,对不合格品的处置有三种方式:

(1)纠正——"为消除已发现的不合格所采取的措施"。其中主要包括:①返工——"为使不合格产品符合要求而对其所采取的措施";②返修——"为使不合格产品满足预期用途而对其所采取的措施";③降级——"为使不合格产品符合不同于原有的要求而对其等级的改变"。

(2)报废——"为避免不合格产品原有的预期用途而对其采取的措施"。不合格品经确认无法返工和让步接收,或虽可返工但返工费用过大、不经济的均按废品处理。

(3)让步——"对使用或放行不符合规定要求的产品的许可"。

让步接收是指产品不合格,但其不符合的项目和指标对产品的性能、寿命、安全性、可靠性、互换性及产品正常使用均无实质性的影响，也不会引起顾客提出申诉、索赔而准予放行的不合格品。让步接收实际上就是对一定数量不符合规定要求的材料、产品准予放行的书面认可。

3. 对于不合格品可以有以下处理方法

（1）报废，对于不能使用如影响人身财产安全或经济上产生严重损失的不合格品，应予报废处理。

（2）返工，返工是一个程序，它可以完全消除不合格，并使质量特性完全符合要求，通常返工决定是相当简单的，检验人员就可以决定，而不必提交"不合格品审理委员会"审查。

（3）返修，返修与返工的区别在于返修不能完全消除不合格品，而只能减轻不合格品的程度，使不合格品尚能达到基本满足使用要求而被接收的目的。

（4）原样使用，原样使用也称为直接回用，就是不加返工和返修。直接交给用户。这种情况必须有严格的申请和审批制度，特别是要把情况告诉用户，得到用户的认可。

4. 不合格品的现场管理

不合格品的现场管理主要做好以下两项工作：

（1）不合格品的标记。凡经检验为不合格品的产品、半成品或零部件，应当根据不合格品的类别，分别涂以不同的颜色或做出特殊的标志。例如，有的企业在废品的致废部位涂上红漆，在返修品上涂以黄漆，在回用品上打上"回用"的印章等办法，以示区别。

（2）不合格品的隔离。对各种不合格品在涂上（或打上）标记后应立即分区进行隔离存放，避免在生产中发生混乱。废品在填写废品单后，应及时放于废品箱或废品库，严加保管和监视，任何人不准乱拿和错用。一旦发现动用废品，以假充真，检验人员有权制止、追查或上报。隔离区的废品应及时清除和处理，在检验人员参与下及时送废品库，由专人负责保管，定期处理消毁。

总之，对不合格品要严加管理和控制，关键在于：对已完工的产品，严格检查，严格把关，防止漏检和错检；对查出的不合格品，严加管理，及时处理，以防乱用和错用；对不合格的原因，应及时分析和查清，防止重复发生。

【案例】

食药监总局抽检月饼 10 批次不合格

2016 年 9 月，食药监总局组织的专项抽检中，专项抽检月饼 379 批次，抽样检验项目合格样品 369 批次，不合格样品 10 批次，不合格项目主要涉及霉菌计数、菌落总数、酸价超标，样品检验合格率为 97.4%。

从不合格名单发现，厦门安德鲁森食品有限公司斗西路分店销售的标称福建安德鲁森大卫食品有限公司（委托商：厦门安德鲁森食品有限公司）生产的粒粒红豆（广式月饼），霉菌计数检出值为 320CFU/g。比标准规定（不超过 100CFU/g）高 2.2 倍。

哈尔滨市香坊区裕昌食品延福店销售的标称哈尔滨裕昌食品有限公司生产的裕昌月饼（五仁），菌落总数检出值为 4900CFU/g。比标准规定（不超过 1500CFU/g）高出 2.3 倍。

济南市天桥区多乐多超市销售的标称夏津县佳兴斋食品厂生产的蜂蜜软月饼，酸价检出值为 16mg/g。比标准规定（不超过 5mg/g）高出 2.2 倍。

食药监总局表示，对上述抽检中发现的不合格产品，生产企业所在地广西、天津、黑龙江、辽宁、安徽、山东、福建等省（区、市）食品药品监管部门已责令企业查清产品流向，召回不合格产品，并分析原因进行整改；经营单位所在地广西、天津、黑龙江、辽宁、安徽、山东、福建等省（区、市）食品药品监管部门已要求有关单位立即采取下架等措施，控制风险，并依法予以查处。

随后，食药监总局特别制作了动画视频，发布了中秋节月饼的消费提示。

食药监总局提示，吃月饼庆团圆，健康是关键。首先建议广大消费者去超市、食品商店等正规销售渠道购买，并留存好发票、收据，购买时注意查看包装是否完整，散装月饼的盛放容器是否清洁，不要购买颜色或味道异常，过保质期、无保质期或来源不明的月饼；其次，请按产品包装上标示的保存方法进行保存，不要超过产品保质期，吃之前要看看月饼外观是否正常，有无异味、霉变，一旦发现异常，就千万不要再食用；最后，有高血糖、高血脂的消费者需要注意，大部分月饼的糖分、油脂含量较高，建议适量食用，并保持均衡饮食。老人、儿童及肠胃不适者更要注意。

另外，食药监总局从未批准过保健类月饼，如果有月饼声称有保健功能甚至能治病，千万不要上当。

思考： 对抽检不合格的产品，抽检主管部门一般采取哪些管理措施？

第七章
营销管理

【案例导入】

安踏体育的成功

安踏体育用品有限公司(港交所:2020),简称安踏体育、安踏,是中国领先的体育用品企业,主要从事设计、开发、制造和行销安踏品牌的体育用品,包括运动鞋、服装及配饰。1991年,在福建晋江的一家制鞋作坊门口第一次挂上了安踏的标志,经过二十几年的发展,安踏体育用品有限公司现已成为国内最大的综合体育用品品牌公司。安踏的成功和企业成熟的市场营销管理能力密不可分。

1999年,安踏签约著名运动员孔令辉作为形象代言人,推出"我选择我喜欢"的品牌口号,并在国内率先开创了"体育明星+央视"的营销模式。品牌的提升拉动销售的强劲增长,营业额迅速从2千多万元突破了2亿元。从那以后,安踏完成了从生产到品牌批发的构建,并着重在二三线城市渗透。

安踏还积极运用相关体育事件的影响进行营销。体育事件营销基于固定的体育资源结构。安踏高层介绍,体育事件营销的最上层为奥林匹克运动会以及区域奥林匹克形式的综合性运动会,例如2014年仁川亚运会和2014年索契冬奥会;中间层为各国际单项联合会组织,它们为单项运动项目制定规则与条例,例如足球世界杯联赛;最下层为各国体育运动管理机构开展的相关赛事,例如美国职业篮球联赛、中国职业篮球联赛等。体育事件营销大都在这三个主要框架之下展开,安踏于2008年成为中国奥委会的合作伙伴,并在2013年成功续约,由此享有在全球范围内被授权使用奥运五环标志的权利。2014年8月4日,在国家体育总局体操馆内,安踏成为了体操运动管理中心的合作伙伴。随后安踏又接替匹克体育成为NBA官方市场合作伙伴以及NBA授权商。在2014年,安踏实现品牌与各专项运动密切结合,给留下消费者更直接的印象。

思考:浅谈安踏如何成功运用营销管理手段。

第一节 市场与市场营销

现在,越来越多的企业开始研究如何以市场需求为导向,指导企业的生产和经营活动,组织有系统的市场营销活动。通用汽车公司、西尔斯公司、美国无线电报电话公司和IBM公司先后对其经营战略和策略进行了调整,创造出各自适用的一整套营销的策略和技术。海尔公司、联想集团、宝钢集团亦在市场营销方面创造了骄人的业绩。可以这样说，市场营销在帮助这些企业取得竞争优势上起着关键性的作用。

一、市场营销管理的基本概念

(一)市场的定义

关于"市场"的定义有很多，其差异在于观察市场的立场、角度与方法的不同。例如：

市场是社会供求关系的总和，是交换关系的总和，是买卖关系的总和。

市场不仅仅是一群顾客，更重要的还在于市场是一种现实的社会需求。市场不仅仅是一种抽象的需求，还是与社会生产条件相适应的现实需求。市场发展水平与状况不仅取决于社会需求发展水平与状况，而且取决于社会供应发展水平与状况。

市场是一种互动、互适的关系。市场关系反映了社会生产与社会消费之间的关系，反映了人与自然、人与社会、人与人之间的种种联系。市场关系具有多重性、多变性。把握市场关系是把握市场本质的关键所在。

从狭义上讲：市场是商品交换的场所。

从广义上讲：市场是指一定时间、一定地点条件下商品交换关系的总和。

从营销角度上讲：市场＝人口＋购买力＋购买动机。

(二)市场营销的定义

关于"市场营销"的定义也有很多，例如：

市场营销是企业以盈利的方式将其产品出售给其顾客而采取的所有的方法。

市场营销是一个组织为了在与其相关的公众中推动有利于实现其自身目标的行为而运用的所有手段和方法。

营销是计划和执行关于商品、服务和创意的观念、定价、促销和分销活动，以创造符合个人和组织目标的一种交换过程。

营销是个人和集体通过创造活动，提供可出售的产品或服务，并同别人自由交换产品和价值，以获得其所需所欲之物的一种社会和管理过程。

"Marketing"（市场营销）就是"做"市场——了解市场、分析市场、创造市场、开拓市场、沟通市场、适应市场、满足市场、发展市场。

菲利普·科特勒(Philip Kotler, 1983)：营销，是指个人和群体通过创造、出售其产品和价值，并同他人进行交换以获得所需(需要)所欲(欲望)的一种社会及管理过程。

美国市场营销协会(AMA)于 1985 年对市场营销下了更完整和全面的定义：市场营销"是对思想、产品及劳务进行设计、定价、促销及分销的计划和实施的过程，从而产生满足个人和组织目标的交换行为。"

市场营销：市场营销是企业诱发和满足消费者和社会公众的需求，从而促进企业生存和发展的一系列活动的总称。

(三)市场营销管理的含义

市场营销管理就是为了实现企业的目标，企业创造、建立和保持与其目标市场之间的互利交换关系，而对其所设计的营销方案进行分析、计划、执行和控制。市场营销管理是一个过程，包括分析、规划、执行和控制四方面。其管理的对象包含理念、产品和服务。

市场营销管理的基础是市场交换，目的是满足市场主体各方的需要。

二、市场营销管理的任务

市场营销管理的主要任务是刺激消费者对产品的需求，但不能仅局限于此。市场营销管理还帮助公司在实现其营销目标的过程中，影响消费需求水平、需求时间和需求构成。因此，市场营销管理的任务是刺激、创造、适应及影响消费者的需求。从此意义上来说，企业开展市场营销管理活动在实质上是进行需求管理。市场上的需求状态是不断变化的，具有 8 种典型的需求状态。而市场营销管理的任务就是为促进企业目标实现并调节消费需求水平、时机和性质(见表 7-1)。

表 7-1　市场需求状态与营销管理

市场需求状态	营销类型	应改变的状态
负需求	改变营销	正需求
无需求	刺激营销	有需求
潜在(隐)需求	开发营销	实际需求
下降需求	再营销	恢复需求
不规则需求	同步营销	适应需求
充分需求	保持营销	维持需求
溢余需求	减少营销	降低需求
有害需求	反营销	消灭需求

(一)负需求(改变市场营销)

负需求是指市场上众多顾客不喜欢某种产品或服务。就是指大多数人对某种产品已产生厌恶感，甚至愿意出钱回避它的一种需求状况。比如许多老年人为预防老年疾病禁食甜品和肥肉，又如某些顾客害怕危险而不敢乘坐飞机等。市场营销管理的任务就是分析人们为什么不喜欢某种产品或者服务，并针对目标顾客的需求重新设计产品、进行定价，并做更积极的促销，或改变顾客对某些产品或服务的信念，比如宣传老年人适当吃甜食可以促进脑血液循环；乘坐飞机出事的概率比较小等。把负需求转变为正需求，称之为改变市场营销。

(二)无需求(刺激市场营销)

无需求是指目标市场顾客对某种产品从来不感兴趣或漠不关心的一种需求状态。如某些非洲国家和地区的居民不穿鞋子，对鞋子并无需求。一般来说，市场对下列产品多无需求：①人们一般认为无价值的废旧物品；②人们一般认为有价值，但在特定市场无价值的东西；如船在无水地区就没有大用处；③新产品或消费者平常不熟悉的物品。在无市场需求的情况下，市场营销管理的首要任务是刺激市场营销，通过大力促销及其他市场营销措施，努力将产品所能提供的利益与价值同人的自然需要和兴趣相联系起来，才能使无需求变成有需求。

(三)潜在需求(开发市场营销)

潜在需求是指多数消费者对现有市场还不存在的产品或服务有强烈需求的状况。例如，老年人需要高植物蛋白、低胆固醇的保健食品，美丽大方的服饰，更方便的医疗保健服务等，但现在的企业尚未充分重视老年市场的需求，这块市场还存在很多空白之处。在潜在需求情况下，市场营销管理的任务是开发市场营销，准确地衡量潜在市场需求，开发有效的产品和服务，努力将潜在需求转变为现实需求。

(四)下降需求(创造性再营销)

下降需求是指目标市场顾客对某些产品或服务的需求出现了下降趋势的一种需求状况，如近年来城市居民对电风扇的需求已饱和，需求相对减少。在下降需求情况下，市场营销者要了解顾客需求下降的原因，或通过改变产品的特色，采用更有效的沟通方法再刺激新需求，即创造性的再营销，或通过寻求新的目标市场，以扭转消费需求下降的格局。

(五)不规则需求(同步营销)

不规则需求是指市场对某些产品的需求在不同时期、不同季节，上下波动较大的一种需求状态。许多企业常常面临因季节、时令对产品或服务需求产生变化的情况，从而造成对生产能力和产品的闲置或过度使用。如旅游产品在旅游旺季和淡季时需求相差很大；在公共交通工具方面，运输高峰时不够用，在非高峰期则闲置不用；再如在节假日或周末时，百货商店内顾客众多，在平时则顾客稀少。在不规则需求情况下，市场营销管理的任务是通过灵活的定价、促销及其他激励因素来改变消费者的需求时间模式，使物品或服务的市场供给与消费需求在时间上协调一致，这称作同步营销。

(六)充分需求(维持营销)

充分需求是指某种产品或服务目前所处的需求水平和消费时间等于消费者所期望的需求，这是企业最理想的一种需求状况。但是，在动态的市场上，消费者的需求会不断变化，市场竞争日益加剧。因此，在充分市场需求情况下，企业市场营销的任务是改进产品质量及不断估计消费者的被满足程度，通过降低成本来保持产品及服务的合理价格，并激励推销人员和经销商大力推销力度，千方百计维持目前消费者的需求水平，维持现时市场需求，这称为维持营销。

(七)溢余需求(减少营销)

溢余需求也称过度需求，是指市场上顾客对某种产品的需求超过了企业供应能力或所愿意供给的水平，造成产品供不应求的一种需求状况。比如，由于人口过多或物质短缺而引起的交通、能源、住房及医疗等产品供不应求的状况。在过度需求的情况下，企业市场营销管理的任务是减少营销活动，可以通过提高产品价格、减少促销和服务活动等方式暂时或永久地降低市场需求水平，或者设法降低来自盈利较少或服务需求不大市场的需求水平。企业最好选择那些利润较少、要求提供服务的数量不多的目标顾客作为减缓营销的对象。减少营销的目的不是破坏需求，而只是暂缓提升市场需求水平。

(八)有害需求(反营销)

有害需求是指市场对某些有害物品或服务的需求。对于有害需求，市场营销管理的任务是反市场营销，即劝说喜欢有害产品或服务的消费者放弃这种爱好和需求，加大力度宣传有害产品或服务的严重危害性，大幅度提高价格以及停止生产供应等。

降低市场营销与反市场营销的区别在于：前者是采取措施减少需求，后者则是采取措施消灭需求。

三、市场营销观念

市场营销观念是企业从事市场营销活动的指导思想。

(一)生产观念

生产观念产生于 19 世纪末 20 世纪初，也称为"生产中心论"。当时，由于社会生产力水平还比较低，商品供不应求，市场呈现卖方市场状态。企业的经营重点是努力提高生产效率，增加产量，降低成本，生产出让消费者买得到和买得起的产品。这表现为企业生产什么产品，市场上就销售什么产品。

生产观念是在卖方市场条件下产生的。在资本主义工业化初期以及第二次世界大战末期和战后的一段时期内存在。

例如，美国皮尔斯堡面粉公司，从 1869 年至 20 世纪 20 年代，一直运用生产观念指导企业的经营活动，当时这家公司提出的口号是"本公司旨在制造面粉"。美国汽车大王亨利·福特曾傲慢地宣称："不管顾客需要什么颜色的汽车，我只有一种黑色的。"

(二)产品观念

产品观念认为，产品销售情况不好是因为产品不好，消费者喜欢质量优、性能好和有特色的产品。

它产生于产品供不应求的"卖方市场"形势下。最容易滋生产品观念的场合莫过于当企业发明了一项新产品时。此时，企业最容易产生"市场营销近视"，即不适当地把注意力只放在产品开发上，而不是放在市场需求满足上，在市场营销管理中缺乏远见，只看到自己的产品质量好，却看不到市场需求在变化，致使企业经营陷入困境。

(三)推销观念

推销观念产生于 20 世纪 20 年代末至 50 年代前，这种营销观念是"我们会做什么，就努力去推销什么"。

推销观念产生于资本主义国家由"卖方市场"向"买方市场"过渡的阶段。在 1920—1945 年，由于科学技术的进步，科学管理和大规模生产的推广，产品产量迅速增加，逐渐出现了市场产品供过于求，卖主之间竞争激烈的新局面。尤其是在 1929—1933 年的特大经济危机期间，企业大量产品销售不出去，而迫使企业重视采用广告技术与推销技术去推销产品。第二次世界大战后，资本主义工业化大发展，社会产品日益增多，市场上许多商品开始出现供过于求的局面。企业为了在竞争中立于不败之地，纷纷重视和加强了推销工作，如组建推销组织、培训推销人员、研究推销技术、大力进行广告宣传等，以诱导消费者购买企业产品。

(四)市场营销观念

市场营销观念是产生在买方市场条件下以消费者为中心的营销观念。这种观念认为：实现企业目标的关键是切实掌握目标消费者的需求和愿望，并以消费者需求为中心集中企业的一切资源和力量，设计、生产适销对路的产品，安排适当的市场营销组合，采取比竞争者更有效的策略，满足消费者的需求，取得适当利润。

与推销观念不同。市场营销观念以现有产品为中心，以推销和销售促进为手段，刺激销售，从而达到扩大销售、取得利润的目的。市场营销观念是以企业的目标顾客（即买主）及其需求为中心，以集中企业的一切资源和力量、适当安排市场营销组合为手段，从而达到满足目标顾客的需求、扩大销售、实现企业目标的目的。

（五）社会营销观念

在 20 世纪 70 年代西方资本主义国家出现能源短缺、通货膨胀、失业增加、环境污染严重、消费者保护运动盛行等情况。这个时候社会营销观念产生了。

社会营销观念认为，企业提供产品不仅要符合消费者的需求与欲望，而且要符合消费者和社会的长远利益，企业要关心与增进社会福利，强调要将企业利润、消费需求、社会利益三个方面统一起来。社会营销观念是对市场营销观念的重要补充和完善（见表 7-2）。

表 7-2　营销观念的不同

项目	营销观念演变	市场特征	出发点	手段	策略	目标
旧观念	生产观念	供不应求	生产	提高产量 降低成本	以产定销	增加生产 取得利润
	产品观念	供不应求	产品	提高产量 增加功能	经高质取胜	提高质量 获得利润
	推销观念	生产能力过剩	销售	推销与促销	以多销取胜	扩大销售 获得利润
新观念	市场营销观念	买方市场	顾客需求	整体市场营销	以比竞争者更有效地满足顾客需求取胜	满足需求 获得利润
	社会营销观念	买方市场	顾客需求 社会利益	整体市场营销	以满足顾客需求和社会利益取胜	满足顾客需求；增进社会利益 获得利润

四、市场营销组合

市场营销的主要目的是满足消费者的需求，而消费者的需求很多，要满足消费者需求所应采取的措施也很多。因此，企业在开展市场营销活动时，须把握住那些能采取的基本性措施，合理组合，并充分发挥出这些措施的整体优势和效果。

市场营销组合（Marketing Mix）这一概念是由美国哈佛大学教授尼尔·博登（N. H. Borden）于 1964 年在美国市场营销协会的一次演讲中创造的。他指出市场营销组合是"市场营销人员根据其营销目标和营销战略，综合运用并优化组合多种可控因素，以实现其营销目标活动的总称。"并确定了营销组合的 12 个要素：产品计划、价格、品牌、分销渠道、人员销售、广告、促销、包装、产品陈列、服务、产品实体处理、发现和分析事实。

　　20 世纪 60 年代是市场营销学的兴旺发达时期，突出标志是市场态势和企业经营观念的变化，即市场态势完成了从卖方市场向买方市场的转变，企业经营观念实现了由传统经营观念向新型经营观念的转变。

　　1960 年，美国市场营销专家麦肯锡(E. J. Macarthy)教授在人们营销实践的基础上，提出了著名的 4P 营销策略组合理论，即产品(Product)、定价(Price)、地点(Place)、促销(Promotion)。"4Ps"是对营销策略组合经典理论的简称，奠定了营销策略组合在市场营销理论中的重要地位，它为企业实现营销目标提供了更优手段，开展更佳的综合性营销活动，也称整体市场营销。

　　麦肯锡认为，企业从事市场营销活动，一方面要考虑企业所处的各种外部环境；另一方面要制订市场营销组合策略，通过组合策略的实施，适应内外环境，满足目标市场的需求，从而实现企业的目标。

第二节　营销战略

　　在对市场需求进行测量和预测的基础上，企业实行市场细分化(Segmenting)、目标化(Targeting)和定位(Positioning)，即实行"STP"营销，成为企业营销战略的核心，是决定营销成败的关键。

一、市场细分战略

　　市场细分是 20 世纪 50 年代才出现的概念。20 世纪 50 年代以前，企业往往把消费者看作具有同样需求的一个整体市场，所以大量生产单一品种的产品，用普遍广泛的分销方式和同样的广告宣传方式进行销售。但是，由于消费者的需求是有差异的，这样的销售方式使他们不满。20 世纪 50 年代，美国宝洁公司发现消费者洗涤不同的纤维织物时的需要不同，不满足于使用单一品种的肥皂，于是生产了三种不同性能、不同牌子的洗衣肥皂：一种是洗涤软性纺织品的碱性小肥皂；一种是洗涤较脏衣服的强碱肥皂；一种是多用途的全能肥皂。由于这些肥皂满足了不同消费者的需求，使其在肥皂市场上获得更大的市场份额。营销专家总结了这一实践经验，提出了市场细分这一概念。

　　进入 21 世纪，市场细分理论又有了很大的发展，"细分到个人""一对一营销""定制营销"等为一些企业所采用，大大充实了市场营销的理论和实践。

(一)市场细分的含义

　　市场细分(market segmentation)是指营销者通过市场调研，依据消费者的消费需求和欲望、购买行为和购买习惯等方面的差异，把某一产品的市场整体划分为若干消费者群的市场分类过程。每一个消费者群就是一个细分市场，每一个细分市场都是具有类似需求倾向的消费者构成的群体。

　　市场由购买者组成，而购买者在消费需求、购买习惯等方面各不相同，因为他们对商品的品种、数量、价格、式样、规格、色彩、购买时间、购买地点等都会体现出一定的差异性。这些差异性的存在，为市场细分提供了基础，消费需求差异越大，消费者越是追求差异化，市场细分也越有必要。

　　应该指出的是，理解市场细分这一含义，应把握以下问题：

（1）市场细分的实质是辨别不同的消费群体并加以分类的过程，而不是通过产品分类来细分市场的。这是因为商品是用来进行交换的劳动产品，它只有在满足人们一定需要时才会被人们所接受。只有抓住消费需求的差异性，才能把握住市场细分的规律。

（2）市场细分的目的是为了挖掘市场机会而不是为了细分而细分。有的市场消费需求即使客观上存在差异，甚至很小的差异也会被消费者所重视，这样的市场细分越细越好，人们称之为"微细分"。有的需求差异意义并不大，市场分得太细，使产品设计、投产到销售中的活动都趋于复杂化，产品生产成本和销售成本都会增加，导致企业收入减少，甚至可能超过市场细分所增加的收益。因而出现"反细分化策略"，即将若干个过于狭小的细分市场集合起来，以提供较低价格产品来吸引消费者。这贯彻了市场营销细分化策略的有效性原则。

（3）市场细分后的市场应该是可以衡量的，否则细分工作就不具有可操作性。"可衡量"包括几层含义：首先，市场细分的标准必须清楚明确，容易辨别，如对每个细分市场应该包括什么，不应包括什么，要划分清楚。其次，对细分后的市场规模、市场容量等要能够计量和测算，因为细分市场不仅要有质的规定，还要有量的可衡性。量的可衡性可以用绝对数（如消费者数量和购买力）来表示，也可用相对数（如占消费者总数和占购买力总和的比例）表示。如果对这些情况不易识别或找不到这些资料来衡量，就不宜对这种市场进行细分。

（二）市场细分标准

市场细分标准指的是消费者所具有的明显不同的特征以及进行市场分类的依据。要正确地进行市场细分，首先需要合理地确定细分市场的标准。由于消费品市场和工业品市场的购买者各有不同的动机和目的，因而市场细分的标准也就有所不同。

1. 消费品市场细分的标准

消费品市场的细分标准因企业不同而各具特色，但是有一些标准是共同的，即地理环境、人口状态、消费心理及行为因素四个方面，当然，每个方面又包括一系列的细分因素。

2. 工业品市场细分的标准

许多用来细分消费品市场的标准，同样可以用来细分产业市场，如地理环境和行业因素中的一些变量（购买习惯、寻找利益点、使用数量和频率等）都是有效的细分标准。同时，由于工业品市场有其不同的特点，所以工业品市场细分标准同消费品市场细分标准不完全一致。其中常用的变量有：用户的要求、用户规模、用户的地理位置等。

二、市场选择战略

企业一切营销活动都是围绕目标市场进行的。选择和确定目标市场，明确企业具体服务对象，是企业制定营销策略的首要内容和基本出发点。

所谓目标市场（target market），就是企业在市场细分的基础上，根据市场潜力、竞争对手状况、企业自身特点所选定和进入的市场。

（一）目标市场的评估

进行市场细分以后，并不是每一个细分市场都值得企业进入，企业必须对其进行评估。企业选择目标市场，应注意考虑以下问题：

1. 细分市场的潜力

细分市场潜力是指在一定时期内，在消费者愿意支付的价格水平下，企业经过相应的市场营销努力，其产品在该细分市场可能达到的销售规模。

对细分市场潜力分析的评估十分重要。如果市场狭小，没有发掘潜力，企业进入后则没有发展前途。当然，这一潜力不仅指现实的消费需求，也包括潜在需求。从长远利益看，消费者的潜在需求对企业更具吸引力。细分市场只有存在着尚未被满足的需求，才需要企业提供产品，企业也才能有利可图。

2. 细分市场的竞争状况

企业要进入某个细分市场，必须考虑能否通过产品开发等营销策略组合，在市场上站稳脚跟或居于优势地位。所以，企业应尽量选择那些竞争者较少，竞争者实力较弱的细分市场作为自己的目标市场。那些竞争十分激烈、竞争对手实力雄厚的市场，企业一旦进入后可能要付出昂贵的代价则应慎选。当然，对于竞争者已经被完全控制的市场，如果企业有条件超过竞争对手，也可设法挤进这一市场。

3. 细分市场具有的特征是否与企业优势相吻合

企业所选择的目标市场应该是企业力所能及的和能充分发挥企业自身优势的。企业能力表现在技术水平、资金实力、经营规模、地理位置、管理能力等方面。所谓优势是指企业上述各方面能力较竞争者略胜一筹。如果企业进入的是自身不能发挥优势的细分市场，那就无法在市场上站稳脚跟。

(二)目标市场选择策略

企业在决定目标市场的选择和经营策略时，可根据具体条件考虑三种不同策略。

1. 无差异市场策略

无差异市场营销策略是把整个市场作为一个目标市场，着眼于消费需求的共同性，企业推出单一产品和单一营销手段加以满足。

无差异营销策略的优点是可以降低企业成本。这是因为：①由于产品单一，企业可实行机械化、自动化、标准化大生产，从而降低产品成本，提高产品质量。②无差异的广告宣传和单一的销售程序降低了企业销售费用。③节省了市场细分所需的调研费用、多种产品开发设计费用，使企业能以物美价廉的产品满足消费者需求。

无差异营销策略也有其不足：①不能满足不同消费者的需求和爱好。用一种产品、一种市场营销策略去吸引和满足所有消费者几乎是不可能的。即使一时被承认，也不会被长期接受。②容易受到竞争对手的冲击。当企业采取无差异营销策略时，竞争对手会从这一整体市场的细微差别入手，参与竞争，争夺市场份额。

2. 差异性市场策略

差异性市场策略是充分肯定消费者需求的异质性，在市场细分的基础上选择若干个细分子市场作为目标市场，分别设计不同的营销策略组合方案，以满足不同细分子市场的需求。

差异性市场策略是目前较普遍采用的策略，这是科技发展和消费需求多样化的结果，也是企业之间竞争的结果。不少企业实行多品种、多规格、多款式、多价格、多种分销渠道、多种广告形式等多种营销策略的组合，用来满足不同细分市场的需求。

差异性市场策略的优点是：①由于企业面对多个细分子市场，某一细分子市场即使发生剧变，也不会使企业全盘陷入困境，大大减少了经营风险；②由于能较好地满足不同消费者的需求，争取到更多的消费者，从而扩大了市场销售量，企业获得更大的利润；③企业可以通过多种营销策略组合来增强企业的竞争力，有时企业还会因在某个细分子市场上取得了优势、树立了品牌形象而带动其他子市场的发展，形成连带优势。

差异性市场策略的不足之处在于：由于目标市场众多，产品经营品种多，因而渠道开拓、促销费用、生产研制费用等成本高。同时，企业经营管理难度加大，要求企业有较强的综合实力以及众多综合素质较高的经营管理人员。

3. 密集性市场策略

密集性市场策略是企业集中设计生产一种或一类产品，采用一种营销策略组合，为一个细分市场服务。

密集性市场策略与无差异性市场策略的区别是，后者追求以整个市场作为目标市场，前者则以整个市场中某个小市场为目标市场。这一策略不是在一个大市场中占有小份额，而是追求在一个小市场上占有大份额。其立足点是与其在总体上占劣势，不如在小市场上占优势。

密集性市场策略优点很明显：①由于市场集中，便于企业深入挖掘消费者的需求，能及时得到市场的反馈意见，使企业能制定正确的市场营销策略；②生产专业化程度高，企业可有针对性地采取营销策略组合，以节约成本和费用；③目标市场较小，可以使企业的特点和市场特征尽可能达成一致，从而有利于充分发挥企业自身的优势；④在细分市场上占据一定优势后，企业可以集聚力量，与竞争者相抗衡；⑤能有效地树立企业品牌形象，如老庙黄金、全聚德烤鸭、张小泉剪刀等品牌几乎家喻户晓。

当然，密集性策略也有缺点：①由于市场较小，空间有限，企业发展受到一定限制；②如果有强大对手进入，风险很大，很可能使企业陷入困境，缺少回旋余地。

三、市场定位策略

企业进行市场细分和选择目标市场后，一个重要的问题就是必须回答如何进入目标市场？以怎样的姿态和形象占领目标市场？这就是市场定位问题。

(一)市场定位的含义

市场定位(Market positioning)就是勾画企业产品在目标市场即目标客户心中的形象，使企业所提供的产品具有一定的特色，适应一定客户的需求和消费偏好，并与竞争者的产品有所区别，从而确立该产品在市场上的竞争地位。

如何理解市场定位呢？

(1)市场定位就是根据企业所选定的目标市场上竞争者的产品所处的位置和企业自身条件，从各方面为企业和其产品创造一定的特色，塑造并树立一定的企业市场形象，以求在目标顾客心目中形成对该企业产品的一种特殊的偏爱。企业的这种特色和市场形象可以通过产品实体方面体现出来，如形状、构造、成分等；也可以从消费者心理上反映出来，如舒服、典雅、豪华、朴素、时髦等，或者由两个方面共同作用而表现出来，如价廉、优质、服务周到、技术先进等。

（2）市场定位，实际上是在已有市场细分和目标市场选择的基础上进行深一层次的细分和选择，即从企业产品特征角度出发对目标市场进行进一步细分，进而在按消费者需求确定的目标市场内再选择企业要进入的目标市场。

（3）市场定位主要指本企业产品在目标市场中的地位，研究的是企业以怎样的姿态进入目标市场，所以又叫产品定位。同时，市场定位就是要设法建立一种竞争优势，所以，市场定位又叫竞争定位。

（4）定位有两维定位和多维定位。两维定位就是在定位时选择两个变量或两个因素，每个变量又选择两种状态，再分析由这两种状态组合而得到的四种不同结果，它又叫作平面定位。

（二）市场定位战略

市场定位对一个企业来说是十分重要的。它是"纲"，定位准确才能"纲举目张"，才能有效地组合各类营销策略手段；它是"杠杆"，能以较小的"投入"撬动更大的"产出"。

1. 填补定位战略

填补定位战略是指企业力图避免与实力更强的或较强的其他企业直接发生市场竞争而将自己的产品定位于另一市场区域内，以使自己的产品在某些特征或属性方面与更强或较强的对手有比较显著的区别。企业多是将产品定位在目标市场的空白部分或是"空隙"部分。

填补定位战略的优点是：①该策略能够使企业较快速地在市场上站稳脚跟，并能在消费者或用户心目中树立起一种新的形象；②市场风险较小，成功率较高。但采用该策略也往往意味着企业必须放弃某个更佳的市场位置，这很可能使企业处于更差的市场位置。

2. 并列定位战略

并列定位战略是指企业将产品定位在现有竞争者的产品附近，服务于相近的客户群，与同类、同质产品一起满足同一个目标市场部分。

如果本企业能力和实力有限，并且竞争对手在这个市场上的力量也很有限，那么采用并列定位战略则有利于小企业取得成功。

3. 对抗定位战略

对抗定位战略是指企业要从市场上强大的竞争对手手中抢夺市场份额，改变消费者原有的认知，挤占对手原有的市场位置并取而代之。

对抗定位战略的优点是由于竞争对手是更强大的，故竞争过程往往相当惹人注目、甚至产生所谓轰动效应，企业及其产品可以较快地为消费者或用户所了解，从而达到树立市场形象的目的。但是对抗定位、战略可能引发激烈的市场竞争，因此具有较大的市场风险性。

4. 重新定位战略

孙武说："水因地而制流，兵因敌而制胜。敌兵无常势，水无常形。能因敌变化而取胜者，谓之神"。其意是打仗要根据敌我双方力量的消长变化而采取应变策略，就像流水没有固定不变的形态一样，用兵也没有固定不变的方法，能以变应变而取胜者，可称为用兵如神。市场与战场一样风云变幻，因而企业市场定位也应因市场变化而重新定位。

【案例】

可口可乐的产品口味虽百年不变，但其市场定位却不断地因地因时而变化。刚问世时，可口可乐是以"提神、解乏、令人爽快"为定位的。20 世纪 30 年代，可口可乐产品所向无敌，只强调产品能使人精神爽朗，其广告改为"喝新鲜饮料，干新鲜事"。第二次世界大战后，百事可乐崛起并与之进行竞争，可口可乐的市场定位改为竞争性定位，如"可口可乐，一个全球性的符号"。

第三节　营销组合策略

一、产品策略

市场营销以满足市场需求为中心，而市场需求的满足只能通过提供某种产品或服务来实现。因此，产品是市场营销的基础，其他的各种市场营销策略，如价格策略、分销策略、促销策略、权力营销策略、公共关系策略等，都是以产品策略为核心展开的。

产品的生产不仅仅是个生产过程更是一个经营过程。在现代市场经济条件下，企业都应致力于进行产品整体概念的开发和产品组合结构的优化，并随着产品生命周期的演化，及时开发新产品，以更好地满足市场需要，提高产品竞争力，取得更好的经济效益。

(一)产品整体概念与产品组合

1. 产品整体概念

人们通常理解的产品是指具有某种特定物质形状和用途的物品，是看得见、摸得着的东西。这是一种狭义的定义。而市场营销学认为，广义的产品是指人们通过购买而获得的能够满足某种需求和欲望的物品总和，它既包括具有物质形态的产品实体又包括非物质形态的利益，这就是"产品整体概念"。

产品的整体概念有"三个层次"和"五个层次"的说法。三个层次包括核心产品、形式产品和附加产品层次；五个层次包括核心产品、形式产品、附加产品、期望产品和潜在产品层次。

2. 产品组合

产品好比人一样，都有其由成长到衰退的过程。因此，企业不能仅经营某一单一形式的产品，世界上很多企业经营的产品往往种类繁多，如美国光学公司生产的产品就超过 3 万种，美国通用电气公司经营的产品多达 25 万种。当然，并不是企业经营的产品越多越好，企业应该生产和经营哪些产品才是有利的？这些产品之间应该有些什么配合关系？这就是产品组合问题。

产品组合(Product Mix)是指一个企业生产或经营的全部产品线、产品项目的组合方式。产品线(Product Line)是指具有相同的使用功能，但其型号规格由不同一组类似的产品项目组合而成，又称产品大类。产品项目(Product Item)是指在同一产品线或产品系列下不同型号、规格、款式、质地、颜色或品牌的产品。

产品组合包括四个变量：产品组合的宽度、产品组合的长度、产品组合的深度和产品组合的一致性。产品组合可以用宽度、长度、深度和一致性四个变量来表示。宽度是指企业拥有几条不同的产品线；长度是指企业产品组合里的产品项目总数；深度是指该企业产品线上的每个产品项目可供顾客选择的种类；一致性也称相关性是指不同产品线在用途、生产技术、销售渠道和其他方面相似的程度。

(二)产品生命周期

产品生命周期理论是美国哈佛大学教授雷蒙德·弗农（Raymond Vernon）1966年在其《产品周期中的国际投资与国际贸易》一文中首次提出的。费农认为：产品生命周期是指市场上的营销生命，产品和人的生命一样，要经历形成、成长、成熟、衰退这样一个完整的周期。

产品生命周期（Product Life Cycle，PLC），是产品的市场寿命，即一种新产品从开始进入市场到被市场淘汰的整个过程。产品生命周期一般以产品销量和利润率的变化为标志分为四个阶段：导入期、成长期、成熟期、衰退期（见图7-1）。

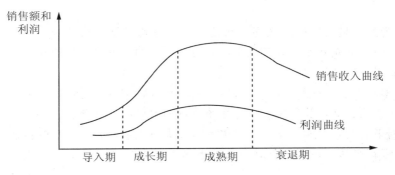

图7-1 产品生命周期曲线

导入期也称投入期，一般是指新产品试制成功到进入市场试销的阶段。消费者对商品十分陌生，企业销售量小且销售额增长缓慢，企业利润很低甚至亏损，这个阶段一般有快速掠取策略、缓慢掠取策略、快速渗透策略和缓慢渗透策略四种策略可以选择。成长期是指新产品试销取得成功以后，转入成批生产和扩大市场销售额的阶段。成熟期是指商品进入大批量生产，且在市场上处于竞争最激烈的阶段。通常这一阶段比前两个阶段持续的时间更长，大多数商品均处在该阶段，因此管理层也大多数是在处理产品成熟期的问题。衰退期指商品逐渐老化，转入商品更新换代的时期。这个时期产品需求量、销售量明显下降，产品利润也在锐减，甚至出现亏损。产品出现积压，仿制品充斥市场时，企业一般或立即退出市场或缓慢地退出市场。

(三)品牌、商标与包装策略

品牌（Brand）是指由文字、标记、符号、图案和颜色等要素或这些要素构成的组合，用以识别某个销售者或某群销售者的产品或服务，并使之与竞争对手的产品或服务区别开来的商业名称及其标志。

品牌内容包括品牌名称和品牌标志。品牌名称（Brand Name）是指品牌中可以用语言称呼的部分。例如，可口可乐、雪佛兰、雅芳等，都是美国著名的品牌名称。品牌标志（brand mark），是指品牌中可以被认出、易于记忆但不能用言语称谓的部分——包括符号、图案或明显的色彩或字体，又称"品标"。

商标（Trademark）实质上是一种法律名词，是指已获得专用权并受法律保护的一个品牌或一个品牌的一部分。当商标使用时，要用"R"或"注"明示，意指注册商标。

按照品牌运营的主要作业环节，品牌决策主要包括以下六种：

（1）品牌化决策。（是否品牌化）

（2）品牌归宿决策。（品牌归谁所有和由谁负责）

（3）品牌统分决策。（在哪些产品上品牌化）

（4）品牌延伸决策。（成功品牌延伸到新产品）

（5）多品牌决策。（相同产品类别中引进多个品牌）

（6）品牌重新定位决策。（调整或改变原有品牌定位）

（四）新产品的概念及种类

市场营销学中的新产品概念不是从纯技术角度理解的，产品只要在功能或形态上得到改进，与原有产品产生差异，并为顾客带来新的利益，即被视为新产品。新产品可以分为以下几类。

（1）全新产品。是指应用新原理、新技术、新材料，具有新结构、新功能的产品。该新产品在市场中为首先开发，能开创全新的市场。例如，电灯、计算机、电视机等产品最初上市时都属于新产品。

（2）改进型新产品。这种新产品是指在原有老产品的基础上进行改进，使产品在结构、功能、品质、花色、款式及包装上具有新的特点和取得新的突破。这种新产品与老产品十分接近，有利于消费者迅速接受，开发也不需要大量资金，开发失败的可能性相对较小。

（3）模仿型新产品。是指企业对国内外市场上已有的产品进行模仿生产，作为本企业的新产品。

（4）形成系列型新产品。是指在原有的产品大类中开发出新的品种、花色、规格等，从而与企业原产品形成系列，扩大产品的目标市场。如系列化妆品等，这种新产品与原有产品的差别不多，所需开发投资不多，技术革新程度也不高。

（5）降低成本型新产品。以较低的成本提供同样性能的新产品，主要是指企业利用新材料，改进生产工艺或是提高生产效率，削减原有产品的成本，但保持原有功能不变的新产品。

（6）重新定位型新产品。是指企业的老产品进入新的市场而被称为该市场的新产品。

二、定价策略

产品定价策略是企业营销组合策略的一个重要内容，也是不断开拓市场的重要手段。产品价格的合理与否，很大程度决定了购买者是否接受这个产品，直接影响产品和企业的形象，影响企业在市场竞争中的地位。因此，从营销角度出发，企业要尽可能合理地制定价格，并随着环境的变化，及时对价格进行修订和调整。

（一）影响定价的因素

企业为了科学地进行产品定价，必须研究分析影响定价的基本因素，产品价格实际上是各因素综合影响的结果。影响企业产品定价的主要因素有以下四种。

1. 竞争环境

竞争环境是影响企业产品定价不可忽视的因素。不同的市场环境存在着不同的竞争强度，企业应该认真分析自己所处的市场环境并考察竞争者提供给市场的产品质量和价格，从而制定出对自己更为有利的价格。

2. 产品成本

产品成本是指产品在生产过程和流通过程中所花费的物质消耗及支付的劳动报酬的总和。

一般来说，产品成本是构成价格的主体部分且同商品价格水平成同方向运动。产品成本是企业实现再生产的起码条件，因此企业在制定价格时必须保证其生产成本能够收回。随着产量增加以及生产经验的积累，产品的成本不断发生变化，这便意味着产品价格也应随之发生变化。

3. 供求关系

供求规律是商品经济的内在规律，产品价格受供求关系的影响，围绕产品价值发生上下波动。

4. 定价目标

企业产品定价还受到企业定价目标的影响，不同的定价目标会导致企业不同的定价方法和策略，从而定出不同的价格。企业的定价目标包括获取理想利润目标、适当投资利润率目标、维持和提高市场占有率目标、稳定市场价格目标和应付竞争目标等。

(二)定价的一般方法

企业的定价方法很多，根据与定价有关的基本因素，可以总结出三种基本的定价方法：成本导向定价法、需求导向定价法和竞争导向定价法。不同企业所采用的定价方法是不同的，就是在同一种定价方法中，不同企业选择的价格计算方法也有所不同，企业应根据自身的具体情况灵活选择，综合运用。

1. 成本导向定价法

成本导向定价法是以成本为基础制定商品价格的方法。

由于产品的成本形态不同以及在成本基础上核算利润的方法不同，成本导向定价法可分为以下几种具体形式。

(1)成本加成定价法。这种定价方法就是在单位产品成本的基础上，加上预期的利润额作为产品的销售价格。售价与成本之间的差额即利润称为"加成"。其计算公式为：

$$价格 = 平均成本 + 预期利润$$

(2)边际贡献定价法。这种定价方法也称边际成本定价法，即仅计算可变成本，不计算固定成本，在变动成本的基础上加上预期的边际贡献。边际贡献是指企业每增加一个产品的销售，所获得的收入减去边际成本的数目，即：

$$边际贡献 = 价格 - 单位可变成本$$

从上式可以推出单位产品价格的计算公式：

$$价格 = 单位可变成本 + 边际贡献$$

(3)收支平衡定价法。这是以盈亏平衡即企业总成本与销售收入保持平衡为原则制定价格的一种方法。其计算公式为：

$$价格 = \frac{总成本}{预期销售量} = \frac{固定成本 + 单位变动成本 \times 预期销售量}{预期销售量}$$

（4）投资回收定价法。这是根据企业的总成本和预计的总销售量加上按投资收益率制订的目标利润额，作为定价基础的方法。计算公式是：

$$价格 = \frac{总成本 + 投资总额 \times 投资收益率}{销售量}$$

2. 需求导向定价法

由于影响消费者需求的因素很多，如消费习惯、收入水平和产品的价格弹性等，就形成了不同的需求导向定价方法。

（1）习惯定价法。这是企业依据长期被消费者接受和承认的并已成为习惯的价格对产品进行定价。某些产品在长期经营过程中，消费者已经接受了其产品属性和价格水平，符合这种标准的产品容易被消费者接受，反之则可能会引起消费者的排斥。经营此类产品的企业不能轻易改变价格，减价会引起消费者对产品质量的怀疑，涨价会影响产品的销路。

（2）可销价格倒推法。这是以消费者对商品价值的感受及理解程度为基础确定其可接受价格的定价方法。一般在两种情况下企业可采用这种定价方法：一是为了满足在价格方面与现有类似产品竞争的需要；二是对新产品推出先确定可销售价格，然后反向推算出各环节的可销价格。

（3）需求差异定价法。这是根据需求的差异，对同种产品制定不同价格的方法。它主要包括以下几种形式：对不同的顾客采取不同的价格，如同种产品对购买量大和购买量小的采取不同价格；航空票价对国内、国外乘客分别定价；电影院对老年人、学生和普通观众按不同票价收费等。根据产品的样式和外观的差别制定不同的价格，例如一些名著往往有平装本和精装本之分，其内容完全相同，只是包装形式不同而已，但价格就有较大差别。相同的产品在不同的地区销售其价格可以不同。例如，同样的产品在沿海和内地的价格是有差异的。相同的产品在不同时间销售其价格可以不同。如需求旺季的价格要明显地高出需求淡季的价格，电视广告在黄金时段收费特别高。

（4）理解定价法。这是企业根据消费者对产品价值的感觉而不是根据卖方的成本制定价格的办法。

3. 竞争导向定价法

竞争导向定价法是以同类产品的市场供应竞争状态为依据，根据竞争状况确定本企业产品价格水平的方法。

（1）通行价格定价法。通行价格定价法也叫现行市价法，即依据本行业通行的价格水平或平均价格水平制定价格的方法。它要求企业制定的产品价格与同类产品的平均价格保持一致。

（2）竞争价格定价法。竞争价格定价法与通行价格定价法相反，它是一种主动定价方法，一般为实力雄厚或独具特色的企业所采用。企业定价时首先将市场上竞争产品的价格与本企业估算的价格进行比较，分为高于、低于和一致三个层次。其次将产品的性能、质量、成本、式样、产量与竞争企业进行比较，分析造成产品价格差异的原因。再次根据以上综合指标确定本企业产品的特色、优势及市场定位。在此基础上，按定价所要达到的目标确定产品价格。

（3）投标定价法。一般是指在商品和劳务的交易中，采用投标招标方式，由一个买主对多个卖主的出价择优成交的一种定价方法。在国际上，建筑包工和政府采购中，往往采用这种方法。

（三）定价的基本战术

制定价格不仅是一门科学，而且需要一套策略和技巧。定价方法侧重于产品的基础价格，产品定价技巧和策略侧重于根据市场的具体情况，从定价目标出发，运用价格手段，使其适应市场的不同情况，实现企业的营销目标。

1. 新产品价格策略

一种新产品初次上市，能否在市场上打开销路并给企业带来预期的收益，价格因素起着重要的作用。常见的新产品定价技巧和策略有三种：撇脂定价策略、渗透定价策略和满意定价策略。

（1）撇脂定价策略即在新产品上市初期，把价格定得高出成本很多，以便企业在短期内获得最大利润。这种策略如同把牛奶上面的那层奶油撇出来一样，故称之为撇脂定价策略。

（2）渗透定价策略和撇脂定价策略相反，它是以低价为特征的。企业把新产品的价格定得较低，使新产品在短期内最大限度地渗入市场，打开销路。就像倒入泥土的水一样，很快地从缝隙里渗透到底。

（3）满意定价策略。这是介于上面两种策略之间的一种新产品定价策略，即将产品的价格定在一种比较合理的水平，使顾客比较满意，企业又能获得适当利润。这是一种普遍使用、简便易行的定价策略，以其兼顾生产者、中间商、消费者等多方面利益而广受欢迎。

2. 折扣定价策略

长期以来，折扣一直被企业作为增加销售量的主要方法之一，是企业常用的定价策略。一般有下列几种折扣方式。

（1）现金折扣策略。这是企业给那些当场付清货款的客户的一种奖励。采用这一策略，可以促使客户提前付款，从而加速企业资金周转。这种折扣的大小一般根据客户提前付款期间的利息和企业利用资金所能创造的效益来确定。

（2）数量折扣策略。这种折扣策略是企业给那些大量购买产品顾客的一种减价方式，以鼓励客户购买更多的产品。数量折扣策略有两种：一种是累计数量折扣，即规定在一定时间内，购买总数超过一定数额时，按所购总量给予一定的折扣；另一种是非累计数量折扣，规定客户每次购买达到一定购买数量或金额时给予一定的价格折扣。

（3）业务折扣策略。也称中间商折扣策略，即生产者根据各类中间商在市场营销中所担负的不同业务职能和风险的大小，给予不同的价格折扣。其目的是促使他们愿意经营销售本企业的产品。

（4）季节折扣策略。这种折扣策略是企业给那些购买过季商品或服务的客户的价格优惠，以鼓励消费者反季节消费，使企业的生产和销售在一年四季保持相对稳定。这样有利于减轻企业储存的压力，从而加速商品销售，使淡季也能均衡生产，旺季不必加班加点，有利于充分发挥企业的生产能力。

3. 心理定价策略

（1）声望定价策略。所谓声望定价策略，是指企业利用消费者仰慕名牌商品或名牌商店的声望所产生的某种倚重心理来制定商品的价格，故意把价格定成高价。

（2）尾数定价策略。又称奇数定价策略，即根据消费者习惯上容易接受尾数为非整数的价格的心理定势，而制定尾数为非整数的价格。如某空调机的价格定为3999元，而非4000元。虽然只是1元的差别，但给消费者的心理感受是不同的。

（3）招徕定价策略。企业利用顾客求廉的心理，特意将某几种商品的价格定得较低以吸引消费者，并带动其选购其他正常价格的商品。

三、分销策略

（一）分销渠道的概念与类型

分销渠道：也叫销售渠道、流通管道、通道、分配路线等，是指产品由生产者向消费者转移的过程中，由一系列机构所组成的途径和通道网络。理解分销渠道的含义要把握以下要点。

1. 分销渠道是一个网络

企业的分销渠道往往不是由单一渠道所构成而是由若干条相互补充、相互配合的渠道所共同形成的系统，即企业针对多个细分市场和地域市场的不同要求和特点，根据批量、等待时间、空间的便利性、商品多样性、服务支持等的需要，从点的布局、线的连接、面的广度上形成一个分销网络。

2. 分销渠道由一系列成员构成

分销渠道可以按不同的标准进行划分。

（1）直接分销渠道和间接分销渠道。生产者在与消费者联系的过程中，按是否有中间商参与，可将分销渠道分为直接分销渠道和间接分销渠道。直接分销渠道是指制造商直接把商品销售给消费者而不通过任何中间环节的销售渠道。间接分销渠道是指生产者通过中间商来销售商品。绝大部分生活消费品和部分生产资料都是采取这种分销渠道的。

（2）长分销渠道和短分销渠道。按生产者生产的商品通过多少环节销售出去，可将分销渠道分为长分销渠道和短分销渠道。长分销渠道是指生产者在产品销售过程中利用两个或两个以上的中间商分销商品。短分销渠道是指生产者仅利用一个中间商或自己销售产品。

（3）宽分销渠道和窄分销渠道。当企业将产品销往一个目标市场时，按使用中间商的多少，可将分销渠道划分为宽分销渠道和窄分销渠道。分销渠道的宽度是指分销渠道的每个环节或层次中使用相对类型的中间商的数量，同一层次或环节使用的中间商越多，渠道就越宽；反之，渠道就越窄。

（二）分销渠道的设计与选择

根据分销渠道宽窄的不同选择，可以形成以下三个策略。

1. 密集分销策略

密集分销策略是指尽可能通过较多的中间商来分销商品以扩大市场覆盖面或快速进入一个新市场，使更多的消费者可以买到这些产品。但是，这一策略生产者付出的销售成本较高，中间商积极性较低。

2. 独家分销策略

独家分销策略是指企业在一定时间、一定地区只选择一家中间商分销商品。生产者采取这一策略可以得到中间商最大限度地支持，如价格控制、广告宣传、信息反馈、库存等。其不足之处是市场覆盖面有限，而且当生产者过分信赖中间商时，就会加大中间商的议价能力。

3. 选择分销策略

选择分销策略是指企业在一个目标市场上依据一定的标准选择少数中间商销售其产品。选择分销策略可以兼有密集分销策略和独家分销策略的优点，避开两个策略的缺点。

(三) 批发商与零售商

分销渠道里面两类很重要的中间商是批发商和零售商。美国著名营销大师菲利普·科特勒在其《市场营销管理》一书中对批发作了如下定义性表述："批发包含一切将货物或服务销售给为了转卖或者商业用途而进行购买的人的活动。"

批发是指不以向大量的终端消费者直接销售产品为主要目的的商业组织，相反它们主要是向其他商业组织销售产品，如零售商、贸易商、承包商、工业用户、机构用户和商业用户。在欧美发达国家，批发业大约要占其国民经济产出的10%。在我国，批发市场的发展使一大批中小企业特别是乡镇企业获得生机。

零售(Retail)是指向终端消费者个人或社会集团出售生活消费品及相关服务，以供其最终消费之用的全部经营活动。

(四) 物流策略

产品从生产商到达消费者手上，还需要实体分配公司的帮忙。物流也称商品实体分配，是指为了符合顾客需求，将原材料、半成品、成品以及生产地到销售地的物质、服务、信息从发生地向消费地流动的过程，以及为使保管能有效、低成本地进行而从事的计划实施和控制行为。

物流的主要目标是：如何处理订货单、商品储存地点应该设在何处、应该有多少储备商品、如何运送商品等。

在规划和管理物流系统时，企业常常要在几种不同的方案中进行选择。一般来说，企业的物流策略通常有以下几种：

(1)单一工厂，单一市场。

(2)单一工厂，多个市场。包括直接运送产品至顾客、大批整车运送到靠近市场的仓库、将零件运到靠近市场的装配厂和建立地区性制造厂。

(3)多个工厂，多个市场。

四、促销策略

现代市场营销不仅要求企业开发适销对路的产品，塑造良好的企业形象，制定吸引人的产品价格，使目标顾客易于取得他们所需要的产品，还要通过各种方式和目标市场之间双向传递有关信息，进行必要的促销活动。

(一) 促销与促销组合

促销是指企业通过各种方式和目标市场之间双向传递信息，以启发、推动和创造对企业产品的需求并引起购买欲望和购买行为的综合性活动。促销策略是指各种促销方式和手段在不断变化的市场环境中灵活运用和系统谋划。促销组合是企业根据促销的需要，对广告人员推销、销售促进和公共关系等各种促销方式进行适当选择和综合编配。

促销策略组合研究的是对种各促销手段的选择及在组合中侧重使用某种促销手段。一般有以下三种倾向。

1. 推式策略

推式策略是指利用推销人员与中间商促销，将产品推入渠道的策略。这一策略需利用大量的推销人员推销产品。

2. 拉式策略

拉式策略是企业针对最终消费者展开广告攻势，把产品信息介绍给目标市场的消费者，使人产生强烈的购买欲望，形成急切的市场需求，然后"拉引"中间商纷纷要求经销这种产品。

3. 推拉结合策略

在通常情况下，企业也可以把上述两种策略配合起来运用，在向中间商进行大力促销的同时，通过广告刺激市场需求。

(二)人员推销策略

人员推销策略是一种传统的促销方式，可在现代企业市场营销活动中仍起着十分重要的作用。国内外许多企业在人员推销方面的费用支出要远远大于在其他促销方面的费用支出。实践表明，人员销售与其他促销手段相比具有不可替代的作用。

1. 人员推销策略的含义

人员推销策略是指企业派出推销人员直接与客户接触、洽谈、宣传商品，以达到促进销售目的的活动过程。人员推销不仅存在于工商企业中，而且存在于各种非营利组织及各种活动中。西方营销专家认为，今天的世界是一个需要推销的世界，大家都在以不同形式进行推销，人人都是推销人员。科研单位在推销技术，医生在推销医术，教师在推销知识。可见推销无时不在，无处不在。

企业可以采取几种形式开展人员推销。

(1)可以建立自己的销售队伍，使用本企业的销售人员来推销产品。推销队伍中的成员又被称为推销员、销售代表、业务经理、销售工程师。他们又可分为两类：一类是内部销售人员；另一类是外勤推销人员。

(2)可以使用合同销售人员，按其销售额付给佣金。

2. 推销模式

推销模式是指根据推销活动的特点及对顾客购买活动各阶段的心理演变所应采取的策略，归纳出一套程序化的标准推销方式。这使推销有了可以依据的理论、步骤与法则，促进了推销效率的提高。推销模式来自于推销实践，具有很强的可操作性，是现代推销理论的重要组成部分。

(1)爱达(AIDA)模式。爱达模式是世界著名的推销专家海因兹·姆·戈德曼在《推销技巧——怎样赢得顾客》一书中首次总结出来的推销公式，它被认为是在国际上成功的一种推销公式。

爱达 AIDA 是四个英文单词的首字母。A 为 Attention，即引起注意；I 为 Interest，即诱发兴趣；D 为 Desire，即刺激欲望；最后一个字母 A 为 Action，即促成购买。具体含义是指一个成功的推销员必须把顾客的注意力吸引或转变到产品上，使顾客对推销人员所推销的产品产生兴趣，这样顾客欲望也就随之产生，尔后再促使顾客采取购买行为，最后达成交易。

比较适用于店堂的推销，如柜台推销、展销会推销；适用于一些易于携带的生活用品与办公用品的上门推销；同样也适用于新推销人员以及首次接触顾客的推销。

（3）迪伯达（DIPADA）模式。迪伯达模式是海因兹·姆·戈德曼根据自身推销经验总结出来的新公式，被认为是一种创造性的推销方法。迪伯达 DIPADA 包括 Definition（准确的界定客户的需求）、Identification（将客户需求与产品结合起来）、Proof（证实推销的产品符合顾客的需要和愿望）、Acceptance（促使客户接受产品）、Desire（刺激客户的购买欲望）、Action（促使客户作出购买行为）。它们表达了迪伯达公式的六个推销步骤。迪伯达推销模式认为，在推销过程中，推销人员必须先准确地发现顾客的需要和愿望，然后把它们与自己推销的商品联系起来。推销人员应向顾客证明，他所推销的商品符合顾客的需要和愿望，顾客确实需要该商品，并促使顾客接受。

此模式适用于对老客户及熟悉客户的销售，适用于保险、技术服务、咨询服务、信息产品等无形产品的销售，适用于客户属于有组织购买即单位购买者的销售。因为此模式比 AIDA 模式复杂、层次多、步骤繁，但其销售效果较好，因而受到销售界的重视。

（三）广告策略

广告是指企业或个人以付费的形式，通过一定的媒体，公开传播企业及其产品的种类信息，以达到促进销售、增加赢利目的的一种自我宣传方式。

企业的广告策略包括确定广告目标、广告预算，选择广告媒体，进行广告效果评价等内容。对每一块组成内容的管理，都必须将其置于企业广告策略总系统中去把握。

1. 广告目标

一个企业要实施广告决策，首先要确定广告活动的具体目标。没有具体有效的广告目标，企业就不可能对广告活动进行有效的决策、指导和监督，也无法对广告活动效果进行评价。企业的广告目标包括告知信息、诱导购买和提醒使用。

2. 广告预算

明确广告目标之后，紧接着应进行广告资金预算决策。广告资金预算是对完成广告目标所需的相关活动的预先估算。在进行资金预算时，考虑的因素很多，如产品生命周期、市场份额和消费者基础、竞争情况、广告投放频率、产品可替代性等。还要注意广告宣传所取得的经济效益要大于广告费用的支出。

一般来讲，企业确定广告预算的方法主要有销售百分比法、量力而行法、目标任务法和竞争对比法四种。

3. 设计广告信息

包括确定广告信息内容、设计广告表达结构、设计广告表达形式和选择广告信息发送者。

4. 选择广告媒体

广告媒体的作用在于把产品的信息有效地传递到目标市场。广告的效用不仅与广告信息有关，也与广告主所选用的广告媒体有关。

企业在选择媒体时要考虑如下因素：目标顾客的媒体使用习惯、媒体特点、产品特性和媒体费用。企业会选择的广告媒体包括视听广告（广播广告、电视广告等）、印刷广告（报纸广告、杂志广告和直接邮寄广告 DM 等）、户外广告（路牌广告、招贴广告、交通工具上的广告等）、POP 广告（橱窗广告、招牌广告、墙面广告、柜台广告、货架广告等）、网络广告（网站广告、电子邮件广告等）。

5. 进行广告效果评价

进行广告效果评价是运用科学的方法来鉴定广告的效益。广告效果主要包括三个方面，即传播效果、促销效果和心理效果。

（四）营业推广策略

1. 营业推广的含义

营业推广也称销售促进（Sales Promotion，SP）或者销售推广，是指企业在某一段时期内采用特殊的手段，对消费者和中间商实行强烈刺激，以促进企业销售迅速增长的非常规、非经常性使用的促销行为。

2. 营业推广的类型

随着市场竞争的日益激烈，销售促进的使用越来越受到企业的重视。在市场上，营业推广一般可分为三类：直接对消费者或用户的营业推广；直接对中间商的营业推广；鼓励市场推销人员的营销推广方式。

（1）对消费者销售促进。对消费者的销售促进是为了鼓励消费者更多地使用企业产品，促使其大量购买。其主要方式有赠送样品、有奖销售、现场示范、廉价包装和折价券等。

（2）对中间商的销售促进。对中间商的销售促进，目的是吸引他们经营本企业产品，维持较高水平的存货，抵制竞争对手的促销影响，获得他们更多的合作和支持。其主要销售促进方式有销售津贴、列名广告、赠品、销售竞赛、业务会议和展销会等。

（3）对推销人员的营业推广。对推销人员的营业推广，可以鼓励推销人员积极推销新产品或处理某些老产品，努力开拓市场。其方式主要有销售提成、销售竞赛和销售培训等。

（五）公共关系策略

公共关系策略（Public Relation，PR），中文简称公关，是指社会组织运用沟通手段使自己与公众相互了解和相互适应，以争取公众的理解、支持和协作的一系列管理活动。

自从营销学大师菲利普·科特勒提出了"大营销"概念以来，营销人员日益理解了企业的生存发展受到"生态环境"的制约这个道理。企业认识到必须致力于建设一种"内部团结，外部和谐"的社会生存环境，必须重视建立与市场和民众的良好公共关系。

公共关系可以作为一种重要的促销手段，发挥间接的但却是持久的促销作用。与其他方法相比，公共关系具有自己的特点。从公共关系的目标考察来看，公共关系注重长期效应。从公共关系的对象看，公共关系注重双向沟通。从公共关系的手段看，公共关系注重间接促销。

企业开展的公共关系活动的形式有以下几种。

1. 发现和创造新闻

企业公关人员要善于发现和创造对组织及其产品有利的新闻，以吸引新闻界和公众的注意，增加新闻报道的频率，扩大企业及其产品的影响力和知名度。

2. 介绍情况、回答问题和发表演讲

企业营销人员要利用各种场合和机会，介绍企业和产品或发表演讲、回答问题，以提高企业知名度。

3. 参与社会活动

企业积极参与赞助活动、捐赠活动、救灾扶贫活动，树立企业关心社会公益事业、承担社会责任和义务的良好形象。

4. 策划专门性公关活动

企业通过新闻发布会、研讨会、展览会、庆典活动等，主动与公众沟通信息、交流感情。

5. 导入 CIS

企业综合运用现代设计和企业管理的理论和方法，将企业的经营理念、行为方式及其个性特征等信息加以系统化、规范化和视觉化，以塑造具体的可感受的企业形象。

6. 散发宣传材料

企业制作各种宣传资料广为散发和传播，向公众传递有关企业及产品的信息。

7. 危机事件处理

企业处理危及企业形象的各种突发事件。

【案例】

可口可乐在"灭顶之灾"中的危机公关

1999 年 6 月初，比利时和法国的一些中小学生饮用美国饮料可口可乐后发生了中毒。一周后，比利时政府颁布禁令，禁止本国销售可口可乐公司生产的各种品牌的饮料。

已经拥有 113 年历史的可口可乐公司，遭受了历史上鲜见的重大危机。

一、代价与信任

1999 年 6 月 17 日，可口可乐公司首席执行官依维斯特专程从美国赶到比利时首都布鲁塞尔，举行记者招待会。当日，会场上的每个座位上都摆放着一瓶可口可乐。在回答记者的提问时，依维斯特反复强调，可口可乐公司尽管出现了眼下事件，但仍然是世界上一流的公司，它还要为消费者生产一流的饮料。有趣的是，绝大多数记者没有饮用那瓶赠送的可乐。

记者招待会的第二天，依维斯特便在各家报纸上出现——由他签名的致消费者的公开信中，仔细解释了事故的原因，还做出了种种保证，并提出要向比利时每户家庭赠送一瓶可乐，以表示可口可乐公司的歉意。与此同时，公司宣布将比利时同期上市的可乐全部收回，尽快宣布调查化验结果，说明事故的影响范围，并向消费者退赔。公司还表示要为所有中毒的顾客报销医疗费。可口可乐其他地区的主管，如中国公司也宣布其产品与比利时事件无关，市场销售正常，控制了危机的蔓延。

此外，可口可乐公司还设立了专线电话，并在因特网上为比利时的消费者开设了专门网页，回答消费者的问题。整个事件的过程，可口可乐公司都牢牢地把握住信息的发布源，防止危机信息的错误扩散，将对企业品牌的损失降低到最小的限度。

随着公关宣传的深入和扩展，公司的形象开始恢复。不久，比利时的一些居民收到了可口可乐公司的赠券，上面写着："我们非常高兴地通知您，可口可乐又回到了市场。"孩子们拿着赠券，高兴地从商场里领回免费的可乐："我又可以喝可乐了。"商场里也可以看到人们一箱箱地购买。

中毒事件平息下来，可口可乐重新出现在比利时和法国商店的货架上。从第一例事件发生到禁令的发布，仅10天时间，可口可乐公司的股票价格下跌了6％。初步估计，公司共收回了1.4亿瓶可乐，中毒事件造成的直接经济损失高达6000多万美元。但赢得了消费者的信任。

可口可乐公司度过了艰难的危机时刻，但这次事件远未消除影响。后来，可口可乐的主要竞争对手百事可乐欧洲总公司的总裁迈洛克斯给所有的职工发出一封电子信件。说："……，我们不应该将此次可口可乐事件视为一个可以利用的机会，我们必须引以为鉴，珍视企业与消费者之间的纽带。"

企业管理专家汤姆金认为，一般企业处理类似事件正确的做法大体分为三步：一是收回有问题的产品；二是向消费者及时讲明事态发展的情况；三是尽快地进行道歉。可以看出可口可乐公司都做了，但却迟了一个星期，而且是在比利时政府做出停售可口可乐的决定之后。连比利时的卫生部长也抱怨说，可口可乐这样全球享有盛誉的大公司，面对危机的反应如此之慢，实在令人难以理解。

二、危机公关：企业必须面对

经营管理不善、市场信息不灵、同行竞争、甚至遭遇恶意破坏等，使得大大小小的企业危机四伏。作为一种公共事件，任何组织在危机中采取的行动都会受到公众的审视。

如果按照管理专家们的划分，危机管理大体可分为危机预防和危机处理两类，前者企业都比较重视，但对于后者，企业往往心理准备和措施准备都远远不足。于是有专家警告，危机处理是现代企业的一个薄弱环节。

尽管可口可乐公司的危机公关处理遭到了专家们的并非赞扬的评价，但公司表现出的处理危机的方法仍有不少可以借鉴之处。比如它并没有因为自己是全球最大的饮料公司就凌驾于消费者之上，而是一直以一种富有人情味的态度来对待消费者，以积极主动的道歉而不是推脱责任的辩解和说明体现了企业勇于承担责任，对消费者负责的企业文化精神，获得了消费者的同情。

思考：1. 可口可乐公司应用了哪些营销手段来对付这次危机事件？

2. 现代企业应如何正确对待危机公关？

第八章
企业管理创新

【案例导入】

格兰仕的管理制度

知名家电企业格兰仕原本采用传统的垂直式科层管理制度，随着其生产规模的扩大和市场的多样化需求的产生及其快速变化，垂直式的科层管理与生产的协同制造、大规模定制之间不可避免地会存在着矛盾。早在几年前，格兰仕就进行了一场组织架构扁平化的内部管理变革，进行管理创新，砍掉了集团内部层层架构的设置，最终形成了决策、管理、执行三层结构制，由八位副总各分管八个领域，"把一个集团变成了一个工厂"，使整个企业的反应能力迅速提高。

思考：

1. 为什么扁平化管理相对于传统管理是重要的管理变革创新？

2. 扁平化管理是不是适合所有公司？为什么？

3. 格兰仕公司要进行扁平化管理必须做好哪些工作？

在企业管理系统中，维持职能与创新职能作为企业两项基本管理职能对企业的生存和发展都是非常重要的。越是竞争和开放的全球化环境，信息、交通、物流和通信水平越高，市场需求的变化越会呈现出复杂化、关联化、多样化、个性化和快速化等特征，企业管理只有及时、适时地进行创新才能适应市场竞争和捕捉到瞬息万变的市场机会，企业才能生存和发展，因此，企业管理创新是企业生存和发展的灵魂和核心。

第一节　企业管理创新概述

一、企业管理创新的概念

（一）创新

创新（Innovation）这词起源于古拉丁语，其原意有更新、创造或改变等含义。创新也是中华民族的优秀文化传统，例如成语"因地制宜"和《易经》中的"生生不息"的思想以及儒家"日日新"的命题等。在现代社会，创新就是通过运用个体或群体智慧对已存在的自然资源或信息资源等资源进行加工、组合或编辑等项工作，从而创造新事物、新资源或新信息的一种手段。在近代，创新理论可以追溯到美籍奥地利经济学家约瑟夫·熊彼特（Joseph

A. Schumperter，1883—1950)在其 1912 年发表的著作《经济发展理论》中首次提出的创新理论。熊彼特在该著作中认为"创新"是一种从内部改变经济的循环流转过程的变革性力量，其本质是"建立一种新的生产函数"，即实现生产要素和生产条件的一种新组合，包括以下 5 种情况：①引入或设计生产一种新的产品或者开发一种产品的新属性；②在制造环节或其他商务环节采用一种新的生产方法或生产工艺；③开辟一个未触及或未开发的新市场；④通过对原料、半成品和配件等的经营控制构建新的供给，不管这种供应来源以前是否存在；⑤建立企业新的经营形式或组织形式，实现任何一种产业的新的组织或运营模式，比如构建新的垄断地位或者打破传统垄断地位。

可见，创新一词在管理学或经济学的教科书中时常出现或时常被应用，其通常与设备的更新、产品的开发、技术的创新、工艺的改进或市场的开发等联系在一起，但这些方面绝不是创新的全部内容。当然随着科学技术的发展、社会的进步以及社会大众科学素质的提高，人们对创新的认识也是在持续变化、不断演进的，特别是信息社会和知识经济社会的到来，社会对创新内涵和模式的认识变化能力将进一步加强。

（二）管理创新

从管理的角度进行创新，美国著名管理学家彼得·F. 德鲁克认为，创新是使人力和物质资源拥有新的和更大的物质生产能力。创新首先是一种思想及在这种思想指导下的实践，是一种原则以及在这种原则指导下的具体活动，也可以说，创新是管理的一种基本职能。我国著名的管理学者芮明杰教授将管理创新定义为创造一种新的或更有效的资源整合范式，这种范式可以是新的有效整合资源以达到企业目标的全过程管理，也可是某方面的细节管理，至少可以包括以下 5 个方面情况：①提出一种新的经营思路并加以有效实施，如果经营思路可行就是一种管理创新；②设计一个新的组织机构并使之有效运作；③提出一种新的管理方式、方法，它能提高生产效率，协调人际关系或能更好地激励员工；④设计一种新的管理模式；⑤进行一项制度创新。

可见，管理创新是管理职能的提升，其理论源于美籍奥地利经济学家约瑟夫·熊彼特的《经济发展理论》，管理创新是指为了适应内外部环境变化，通过组织中的个体或群体以独特的方式积累或整合各种知识、综合各种思想或在各种知识、思想之间建立起独特的整合机制等来对组织的资源进行有效配置和利用，以达成组织既定目标的动态创造性过程，即管理创新是通过组织中的个体或群体所形成的创新思想理念等，并把这些创新思想理念通过组织管理机制系统地展现出来，形成各种新的管理方法、新的管理手段、新的管理模式等管理要素或要素组合，在企业管理系统中发挥作用，以便有效地实现组织目标的创新活动，形成创造性思想并将其转换为有用的产品、服务或作业方法的过程。富有创造力的企业能够不断地将创造性思想转变为某种有用的结果。如果要将组织变革成更富有创造性的，组织就必须激发创新。

二、企业管理创新的必要性

当今知识经济社会，科技突飞猛进，企业设备、工艺、产品及技术等不断更新换代，如果企业相应的管理体制、模式、方法和理念不变的话，就犹如穿新鞋走老路，不会有大的改观和发展前景，甚至阻碍企业生产技术先进效益的发挥；同样，在经济社会快速发展的时代，市场需求瞬息万变，企业如果不进行管理创新，就无法推动自身转型升级以不断地满足市场发展的需求。事实证明，企业管理不创新，不及时适时进行转型升级，很容易就陷入产品老化、产品雷同的状态，容易被市场淘汰。历史上的成功人士、成功企业，都有一个共同的特点，那就是具有创新精神、创新思想与创新行动，不断地进行企业管理创新。因此，企业进行管理创新有其必要性。

(一)企业管理创新是适应环境发展的需要

现代经济环境是知识经济时代，科技发展突飞猛进、日新月异，信息高速公路、工业机器人、数控机床、智能制造、程序式传输设备和监控仪器等先进设备构成现代企业全新的生产力体系。自动化生产线、计算机辅助设计、神经仿真系统、管理信息化和自动化在企业的应用日益普遍，并逐渐成为主流。自动柜员机、电子识别系统、现代通信、国际互联网络已成为日常工作生活的必要工具。家庭办公、视频会议、遥控医疗、电子商务已成为被讨论的热门话题。信息技术的日新月异，使人们的生产方式、生活方式和价值观念正发生着深刻的变革。现在发达国家已率先进入知识经济时代，这对包括我国在内的还未完成工业化的各发展中国家形成了巨大压力。但知识经济的发展"为世界上的穷国家和富国家都提供了全新的机会"。因此，只有适时做出管理变革和创新努力，我国的企业才能抓住机遇和迎接挑战，以适应不断变化和发展的科技和知识经济时代新形势的需要。

(二)企业管理创新是建设创新型国家的需要

"提高自主创新能力，建设创新型国家"的战略决策是我国各级政府努力奋斗的目标之一。增强自主创新能力，建设创新型国家，是事关社会主义现代化建设全局的重大战略决策，必将对我国综合国力的提升产生积极而深远的影响。建设创新型国家是一项系统工程，涉及社会的方方面面，而企业是社会的重要构成要素，是社会进步的重要推动力，负有推动国家和社会进步的责任。大力推进企业管理创新，努力形成具有中国特色的企业管理体系，是增强我国自主创新能力、建设创新型国家的重要保证。所以，加强和推动我国企业管理创新是建设创新型国家的需要。

(三)企业管理创新是企业自身生存发展和竞争的需要

自20世纪90年代以来，交通、信息、通信以及互联网技术等科技的快速发展使企业管理创新的重要性更加明显，"创新速度"决定了一切，企业只有不断地创新，才能维持自身的竞争力。进入21世纪，市场竞争更加激烈，企业在全球市场竞争的大潮中如逆水行舟，不进则退。经济全球化是当今世界发展的趋势和主旋律，各国企业通过商贸往来相互联系、相互依存、相互融合以及相互竞争。自加入WTO后我国也融入了世界经济发展的大潮中，我国企业的资源、技术、信息、人才和商品等要素也在全球范围内根据国际市场需求进行流动和配置，企业竞争日趋激烈化和全球化。市场竞争的法则是优胜劣汰，许多企业在全球化市场竞争中被淘汰了。企业要在国际市场竞争中占据优势地位，只有不断提升自身的管理水平，适时地根据全球市场的发展状况进行管理创新，适应市场竞争的要求，在竞争中求得生存和发展。可见创新不仅是一种理念，更是企业自身生存发展和适应市场竞争的内在要求。在新的全球化竞争环境下，科技发展迅猛，市场变化快速，企业只有通过创新管理，才能使自身的经营管理水平不断提高，运行机制更加规范合理，实现自身资源的优化和有效配置，激发出创造力，适应市场竞争需要，保证和促进自身的生存和发展。

三、企业管理创新的基本内容

企业管理创新的内容很多，体现在企业管理的各个方面，系统复杂，是多维度、多方面的立体创新。归纳起来，可以概括为以下几个方面。

（一）管理观念的创新

管理观念的创新也即管理思想的创新，是企业管理创新内容之首，是企业管理者从事经营管理活动的指导思想，体现为企业自身特有的思维方式，表现为企业的各种经营活动，是企业进行管理创新的思想灵魂。企业领导者是企业管理创新的决策者和组织者，其观念所影响的创新状况直接决定企业的生死存亡。成功的企业领导者要立足于市场的发展变化，从自身的角度认识企业管理职能发展的核心在于适当的创新。在当今快速发展的信息经济社会，企业要想在复杂多变的市场竞争中生存和发展，企业管理者应改变重维持、轻创新的观念，在管理活动中积极主动地追求创新，有选择地追求与众不同，追求制度规范与现存社会生活的最佳配合，适应不断发展的社会环境，这就要求企业管理者必须具备相应高度的洞察力和恰当的创新意识，打破现有的心智模式的束缚，在管理观念上不断地进行创新，而要更新观念，企业管理者必须有针对性地进行系统思维、逆向思维、渐变思维和突变思维以及进行开放式的发散思维方面的训练，并通过综合运用现有的知识、管理技术等，改进和突破原有的管理理论和方法，才能积极有效地组织企业的创新活动，并推动管理和技术创新活动的健康发展；企业领导者要从战略上、全局上，即从企业乃至国家的长远利益、整体利益出发，决策和规划企业创新的内容，更新观念，跟上或顺应时代发展潮流，确立"以顾客需求和市场发展为导向，以科技成果转化应用为重点，以产品创新或服务创新为龙头，以经济效益为核心，以制度创新为保障"的发展战略。在企业发展战略引导下，上至企业高层领导者，下至基层管理人员和普通员工都要注重及时更新观念，主动进行观念创新。

（二）战略目标的创新

树立战略目标是企业管理创新的方向、核心和灵魂，战略目标关乎企业发展方向的对错与成败。我国许多民营企业因缺乏战略目标而导致"死亡"的现象，也表明了企业战略目标管理的创新是当前企业管理创新的重中之重。面对经济全球化和世界经济一体化进程的加快、信息经济的飞速发展和知识经济的迅速崛起，企业要想在激烈的市场竞争中立于不败之地，必须直面、正视和适应企业外部环境深刻而巨大的快速变化，在战略目标的创新方面下功夫。企业的战略目标是在一定的经济环境中，基于特定环境的经营活动，按照预期的特定方式提供特定的产品，以满足市场长期需求的发展为契机而在企业发展的制高点上规划企业未来的经营活动。企业所依存的环境一旦发生变化，必然要求企业在战略上有所调整，这将引起企业生产方向、经营目标以及企业在生产过程中与其他社会经济组织的关系等方面的相应调整，有些调整必然深达企业的经营理念、价值取向、经营宗旨、经营哲学及经营范畴等层面，这就要求企业在战略目标上有所创新。在当今知识经济时代，科技发展迅猛，世界经济结构正处于深度调整和转型升级状态中，人们的需求也处在不断更新和快速变化的环境中，企业的战略目标创新首先是在企业战略目标的制订和实施中要立足现实环境的发展变化，着眼于全球竞争，必须站在全球化的角度，立足全球市场的发展趋势和企业的发展实力，综合考虑竞争和企业可能面对的风险等，进行战略目标的SWOT分析，培育能不断地适应企业外部环境因素变化的核心竞争力，特别是面对顾客价值、竞争者和替代品的不断变化，企业必须重新选择与核心竞争力相匹配的经营环境和业务领域，不断建立、培育和发展新的核心竞争力，通过不断地实现顾客价值、满足顾客需求和社会需要而创造顾客、获取利润和推动社会发展。至于企业在各个时期的具体经营战略目标，则需要适时地根据市场环境和消费需求特点及变化趋势加以整合，事实上，企业每一次调整都是一种程度不同的创新。

（三）技术的创新与生产要素及其组合的创新

技术创新是企业创新的重要内容，其过程涉及用户需求市场调查和技术竞争市场调查、产品创新构思的产生、研究的开发和新产品的投入试行及推广、技术管理与组织、生产管理与组织、工程设计与流程再造、用户参与及市场营销等一系列活动。在技术创新过程中，上述活动相互联系、相互依存，有时要循环交叉或并行操作或交叉并行兼而有之。因此，技术创新也绝非等同于纯技术因素或技术自身而达成的创新。在此过程中不仅伴随着技术变化，而且伴随着企业组织与制度创新、管理创新和营销方式的创新，包含着大量的管理要素，即管理要素大量地参与其中而推动企业实现各项创新。事实上，在绝大多数场合，企业管理创新是企业技术创新的前提和保障。可见，企业技术创新不仅只是包括几项技术创新成果，而且包括成果的推广、扩散、管理和应用的整体过程。在全国技术创新大会上发布的《中共中央、国务院关于加强技术创新，发展高科技，实现产业化的决定》中，技术创新被定义为：企业应用创新的知识和新技术、新工艺，采用新的生产方式和经营管理模式，提高产品质量，开发生产新的产品，提供新的服务，占据市场并实现市场价值。综合各种对技术创新的解释，其含义可概括为以下几点：①企业是技术创新的主体；②技术创新是以新的发明或引进新的技术为基础；③技术创新是一个系统的过程，既包含"硬件"创新，也包括"软件"创新；④技术创新的效果是增加效益或提高市场份额，这离不开相关管理的创新。

生产要素及其组合创新包括材料创新、设备创新和生产工艺创新三个方面，这些也都需要管理创新的参与。企业生产过程中，在技术的推进和管理的组织下各种要素组合的结果就形成企业向社会贡献的产品，要素创新和技术创新直接推进产品创新，该过程又是贯穿着计划、组织、领导、控制等管理职能的过程，企业是通过生产和提供符合社会消费需求的产品来求得社会认可和实现其价值，也是通过销售产品来满足消费者需求、补偿生产消耗、获取利润，实现其社会存在价值的。可以说，产品创新的过程包含着要素组合及其创新的过程，也是生产工艺、生产过程和信息转移所形成的时间、空间和信息流的三维综合过程，这个三维综合的过程离不开管理创新的组织和支持。技术创新与要素创新是相互关联着，相互促进，甚至融为一体。对此西安交通大学李垣教授认为技术创新是企业借助于技术上的发明与发现，通过对相关要素的组合及创新变革并使变革成果取得商业上成功的一切活动。分析要素组合创新与技术创新，脱开那些纯物质的或纯技术的因素来看，则大量地表现为管理要素及其活动和活动的结果，是企业把新的管理要素（如新的管理方法、新的管理手段、新的管理模式等）融入到要素创新或要素组合创新与技术创新中，引入企业管理系统以更有效地实现其创新的可能性，从而达到组织目标的创新活动。其中，深层次层面，有围绕支配要素组合和技术革新的价值观、思维理念及它们的整合、取舍、变革、创新；浅层次层面，则是紧密围绕技术本身、技术周围或技术内部诸要素的合理组织、演变；中间层面，则是适应市场、引导市场乃至创造市场的诸多经营管理举措的施展和综合运用。

毋庸置疑，技术创新与要素创新状况是反映企业经营实力和综合竞争力的一个重要标志，企业要想在激烈的市场竞争中处于主动地位，就必须在顺应甚至引导社会技术进步的方面，不断地进行技术创新。由于一定的创新技术都是人们通过一定的物质载体以及利用这些载体的方法来体现的，因此企业的技术创新，从表象上来看，主要表现为要素创新、要素组合方法的创新以及产品的创新。产品创新作为企业技术创新的核心内容，既受制于技术创新的其他方面的影响，也影响着其他技术创新效果的发挥。产品的创新主要包括品种和结构两方面的创新：①品种创新，需要企业根据市场需求的变化，根据消费者群体的消费偏好及其转移状况及时地调整企业的生产方向、生产结构和产品概念等，适时地开发出用户欢迎的适销对路的产品；②结构创新，企业根据市场竞争状况和消费者需求状况以及企业现有的生产状况等，在不改变原有品种的基本品质和性能的前提下，对现在生产的各种产品进行产品结构的改进、改良和优化，找出更加合理、优化的产品结构，从而降低生产成本、完善产品性能和品质，提升产品市场竞争力。总之，无论是新的产品还是产品新的结构，都需要企业利用新的机器设备、新的工艺方法和新的管理系统去生产；特别是新设备、新工艺的运用需要有新的管理系统、管理思维和管理模式，而这又为产品的创新提供了更优越的物质生产条件和管理保障。

(四)制度和体制的创新

要素组合的创新主要是从技术的视角来分析和研究机器设备、原料及工艺等的各种组合方式的改进和更新，而制度和体制的创新更多地从社会经济角度、组织原理角度和人本原理角度等多维度、多视角来分析企业各成员间的岗位职责、团队协作、个性发挥、知识传递和互促制约等关系的调整变革。制度是组织运行方式的原则规定和相关的成文要求，体制则是整个制度框架、组织管理框架和经营运行框架的综合。当基础的创新达到一定的程度和规模，产生质变，原有的管理体制已经不再适应新知识、新技术、新产品、新工艺和新流程的要求时，则需打破原有的旧体制，构建一套与之相匹配的管理体系，以此推进技术创新持续发展，成果持续进行市场转化，不断完成从生产车间到消费者手中的传递，持续获取市场利润。在这个过程中，企业所要创新的行为既包括企业内部的管理制度方面，也包括原有的市场经营的组织和执行方面，具体可归纳为这几个方面。

(1)产权制度。产权制度规定着企业资产所有者对企业的股份、权利、利益和责任等，它是决定企业其他制度的基础和核心，是企业的根本性制度。在不同时期，体现为企业资产的各种生产要素的相对重要性是不一样的。从主流经济学的视角看，生产资料是企业生产的首要因素，产权制度作为企业生产资料的所有制，其创新状况至关重要。目前存在私有制和公有制(或更准确地说是社会成员共同所有的"共有制")两大生产资料所有制，但这两种所有制在实践中都不是绝对纯粹的，相互之间存在不同程度的耦合和融合，产生多种所有制结构。企业产权制度的创新，应朝向寻求生产资料的社会成员"个人所有"与"共同所有"的最适度组合的方向发展。

(2)经营制度。这是对有关经营权的归属及其行使条件、范围、权利、责任和限制等方面的原则规定，从而确定企业的经营方式和经营者，确定企业生产资料的占有权、使用权和处置权的实施者和责任人，确定企业的生产方向、生产内容、生产形式以及保证企业的生产资料的完整性及其增值的实施者和责任人，确定谁来向企业生产资料的所有者负责以及负何种责任。经营制度的创新，主要应是不断寻求对企业生产资料的最有效的经营方式。

（3）管理制度。管理制度是企业在行使经营权过程中组织日常经营的各种规则的总称，包括对原料、材料、机器、设备、人员及资金等各种要素的取得和使用的规定。其中，分配制度是管理制度的重要内容之一，其涉及如何正确地衡量成员对组织的贡献及如何提供足以持续维持这种贡献的报酬。分配制度的创新在于不断地追求和实现报酬与贡献的更高层次上的匹配及其相互促进的动态平衡。

（五）组织结构的创新

单有制度创新就好比"穿新鞋走老路"，不会有大的改变和发展前景。因为产权制度、经营制度、管理制度等制度之间的关系是错综复杂的，有时存在不协调一致的发展状况；另外具体制度需要相关组织机构的有效执行。而体制创新就是从制度协调和组织管理构架上为方向的正确性和执行的协调性和有效性提供保证。企业系统的正常运行，既要求具有符合企业及其环境特点的运行制度，又要求具有与之相应的运行组织载体，即合理的组织形式。可见，组织结构的创新是体制创新的重要组成部分，企业制度创新必然要求相协调、相适应的组织结构的变革和发展。

从组织理论的角度来考虑，企业系统是由不同的成员担任的不同职务和岗位的结合体。这个结合体可以从结构和机构这两个不同层次去考察。所谓机构，是指企业在构建组织时，根据一定的标准，将那些类似的或为实现同一目标而有密切关系的职务或岗位归并到一起，形成不同的管理部门。它主要涉及管理劳动的横向分工问题，即把对企业生产经营业务的管理活动分配成不同部门的任务。所谓结构，则与各管理部门之间，特别是与不同层次的管理部门之间的关系有关，它主要涉及管理劳动的纵向分工问题，即所谓的集权和分权（管理权力的集中或分散）问题。不同的机构设置要求不同的结构形式；组织机构完全相同但机构之间的关系不一样，也会形成不同的结构形式。

由于机构设置和结构的形成要受到企业活动的内容、特点、规模、环境等因素的影响，因此，不同的企业有不同的组织形式；同一企业在不同的时期，随着经营活动的变化，也要求组织的机构和结构不断调整。组织创新的目的在于更合理地组织管理人员，提高管理劳动的效率。

（六）人力资源的创新

由于劳动者是企业诸要素的利用效率的决定性因素，因此，提供合理的报酬以激发劳动者的工作热情，对企业的经营就有着非常重要的意义。

随着市场经济、知识经济、信息知识时代的快速发展，管理工作应当在实行"以人为本"的管理过程中，逐步走向对人的知识、智力、技能和实践创新的管理。因此，在"以人为本"的管理过程中，正在逐步形成一种以人的知识、智力、技能和实践创新的能力为核心内容的"能级管理"。"能级管理"就是建立一种"各尽其能"的运作机制。它是通过采取有效的方法，最大限度地发挥人的能力，从而实现能力价值的最大化，把能力这种企业最重要的人力资源作为组织发展的推动力量，并实现组织发展的目标以及组织创新。

"能级管理"源于"人本管理",又高于"人本管理"。"能级管理"的理念是以人的能力为本,其总的目标和要求是:通过采取各种行之有效的方法,最大限度地发挥每个人的能力价值,从而实现能力价值的最大化,并把能力这种最重要的人力资源通过优化配置,形成推动企业和社会全面进步的巨大力量。

(七)市场的创新

市场创新是企业创新管理的又一重要内容。所谓市场创新,就是企业通过引入并实现各种新市场要素的商品化与市场化,以开辟新的市场,促进企业生存和发展的新的市场研究、开发、组织与管理的活动。它包括推出新技术、新产品、新品牌、新包装、新广告创意,提供新的市场服务、新的原材料,制定新的价格,采用新的市场营销途径和方式,开辟产品的新用途、新的市场领域、新的客户群等。不同的企业具有不同的创新能力和条件,因而各企业应该根据自身的具体情况开展不同程度和水平的市场创新,选择不同形式的市场创新,才能取得企业经营管理的成功。

市场创新,主要是指通过企业的活动去引导消费,创造需求。成功的企业经营不仅要适应消费者已经意识到的市场需求,而且要去开发和满足消费者自己可能还没有意识到的需求。新产品的开发往往被认为是企业创造市场需求的主要途径。其实,市场创新的更多内容是通过企业的营销活动来进行的,即在产品的材料、结构、性能不变的前提下,企业或通过地理市场的转移,或通过提示产品新的使用价值,来寻找新用户,再或通过广告宣传等促销工作,来赋予产品以一定的心理使用价值,影响人们对某种消费行为的社会评价,从而诱发和强化消费者的购买动机,增加产品的销售量。

(八)知识管理的创新

工业经济时代的管理重点是如何增加生产,加快流通和销售。而在知识经济时代,由于知识和劳动、资本和自然资源一起成为企业经营发展重要的资源,管理要对知识有效地识别、获取、开发、分解、使用、存储和共享。企业要运用智慧提高自身竞争力,重点是知识的有效开发、共享与培训。一言以蔽之,知识管理将成为推动知识经济时代前进的重要动力,提高知识的生产力和创新能力将成为企业管理的要点之一。

在知识经济时代,信息技术的发展使得组织创新能够促进知识在管理者及劳动者之间共享,企业组织等级结构已不再受到管理幅度的限制,造就了一种崭新的组织结构——扁平化的组织结构。在扁平化的组织结构中,具有不同知识的人分散在结构复杂的企业组织形式中,形成是能够减少管理层次、压缩职能机构、裁减冗员的紧凑而富有弹性的新型团体组织。它具有敏捷、灵活、快速、高效的优点,能够加速知识的全方位运转,此外,企业管理成本的降低和企业组织业绩的提升等都大大提高了企业对市场的反应速度和满足用户需求的能力。

(九)管理方式方法的创新

处在知识经济的变革时代,企业的管理方式方法必须从常规阶段进入创新阶段。公司改变发展的核心在于创新,企业要主动地去推进管理方式方法的变革,强调管理信息化系统的应用和电子商务以及虚拟平台建设等,注意管理方式方法的跳跃和变化必须与组织的变革和新技术的应用等一致,注重企业的管理方式方法创新的速度和反应能力须与市场竞争的发展相一致等,契合市场需求的发展和竞争的需要,在企业管理方式方法的创新过程中需注重主动与创业精神、远见与价值控制相结合，依靠信息共享、虚拟整合、企业间相互依存的聚集效应，不断推进管理方式方法创新，创造企业管理优势，为赢得未来市场竞争打下坚实的基础。

(十)企业流程的创新

企业业务流程管理的创新就是以简化和优化企业业务流程为依据，强调企业组织为流程而定，突破部门职能分工界限，按照企业特定的目标和任务，把全部业务流程当作整体，将有关部门管理职能进行集成和组合，强调全流程绩效表现取代个别部门或个别活动的绩效，实现全过程、连续性的管理和服务。这种管理方式弱化中间主管层次的领导作用，缩短过长的管理路线，建立管理中心下移的体制；实行业务流程的"顺序服从""优化组合""并行运行"等关系，讲求的是流程上下环节的优化组合及顺序服从衔接，流程内的成员互相合作和配合，流程各环节从对上级负责转换为追求下一流程环节的满意，组织单元之间的绝大多数工作衔接将按照确定的顺序及规则进行，不需要一个专门的控制、协调机构；注重流程过程时间的短和快，对流程内的各项活动进行合理、优化的定义和筛选，增强增值性活动设置和并行设置来消除流程瓶颈，提高企业管理效率。

(十一)企业文化的创新

企业文化是企业发展的灵魂，任何企业都会倡导自己所信奉的价值理念，而且要求自己所倡导的价值理念成为员工的价值理念，得到员工的认可并且在实践中认真实施，从而使自己所信奉的价值理念成为指导企业及其员工的灵魂。也就是说，企业文化实际上是指导企业及其员工的一种价值理念，这种价值理念体现在每个员工的意识中，并成为指导员工行为的一种思想，因而企业文化最终作为企业的灵魂存在。纵观世界成功企业的经营实践，人们往往可以看到，一个企业之所以能在激烈的市场竞争中脱颖而出，常胜不衰，归根到底是因为在其经营实践中形成和应用了优秀的、独具特色的企业文化。

(十二)环境的创新

环境是企业经营的土壤，同时也制约着企业的经营。企业与环境的关系，从终极层面来说，当然是适者生存。但就一个具体企业的具体经营状况来说，绝不能单纯地、完全被动地去适应，而是要在适应的大前提下去改造、去引导，甚至去创造。环境创新不是指企业为适应外界变化而调整内部结构或活动，而是指通过企业积极的创新活动去改造环境，引导环境朝着有利于企业经营的方向变化。例如，通过企业的公关活动，影响社区政府政策的制定；通过企业的技术创新，影响社会技术进步的方向，等等。就企业来说，环境创新的主要内容是市场创新、做好相关企业公关工作以及顺应和推动市场发展趋势等。

四、企业管理创新的分类

从不同的角度，企业管理创新存在不同的分类，不同的分类体现出企业管理创新的不同特点，具体如下：

(一)根据创新的程度，管理创新可分为渐变性创新和创造性创新

企业管理创新既包括对企业原有事物的改变，也包括创造和引入新事物等。对企业原有事物的改进与创造、引入新事物时，由于在创新过程中侧重面不同，就会形成两类不同层面的创新：是基于原有事物的成分多还是以新事物的成分居多。根据创新程度的不同，

前一类创新被称为是"渐变"性的，后一类创新被称为是"创造"性的。①渐变性创新。主要基于对原有事物的改进。例如，根据实践情况对现有的管理思想的实现方法加以改进或对运用范围加以拓展，应属于"渐变"性管理创新。②创造性创新。根据环境的新变化提出新的管理思想，并在此基础上形成新的管理模式或管理方法，应属于"创造"性管理创新。

(二)根据企业管理创新在内容和效益等的不同，管理创新还可分为三种类型

(1)重大创新。始于管理观念创新，从根本上改变原有管理思想或管理手段的创新。如企业再造理论，它的提出就是源自对传统的分工理论前提条件的否定。

(2)一般创新。管理基本思想改变不大，创新发生在管理手段和技巧上，而且与原方法相比变化不大，即主要是根据实际情况对现有管理思想的实现手段或运用领域、范围进行改进，管理技巧创新一般属于此类。另外，变化较小的管理手段创新如管理信息系统的进一步开发也属此类创新。

(3)综合创新。既有管理思想的改变，又有管理手段或管理技巧的改变，如股份合作制、员工持股制度等。

(三)根据原创性程度的不同，可分为原创性创新、改进性创新和模仿性创新

(1)原创性创新。原创性的创新是指在原理上和结果上有根本突破的创新，通常是首次推出并对经济和社会发展产生重大影响的全新的产品、技术、管理方法和理论。这类创新本身要求全新的技术、工艺以及全新的组织结构和管理方法。原创性创新还常常引起产业结构发生变化，从而彻底改变组织的竞争环境和基础。

(2)改进性创新。改进性创新是指在自己现有的特色管理或在别人先进的管理思想、方式、方法上进行顺应式或逆向式的进一步改进，现有的特色管理是自己所独有但尚未系统化或完全成型的管理方式。改进型创新就是在借鉴别人的先有的基础上进行大胆创新，探索出新的管理思路、方式、方法，简单地说，就是在别人已有的先进成果上进行有创意地提高。

(3)模仿性创新。模仿性创新是创新度最低的一种创新活动，其基本特征在于模仿性。在创新理论的创始人熊彼特看来，模仿不能算是创新，但是模仿是创新传播的重要方式，对于推动创新的扩散具有十分重要的意义，没有模仿的创新的传播可能十分缓慢，创新对社会经济发展和人类进步的影响也将大为减小。模仿可以分为创造性的模仿和简单性的模仿，创造性模仿就是我们上面介绍的模仿性创新，而简单性模仿就是模仿性创新。

【案例】

日本是一个采用改进型管理创新策略的典型国家。在第二次世界大战后，日本的企业管理水平相对于欧美国家是很落后的，20世纪50年代日本派了大批企业管理人员去美国学习企业管理技术，邀请许多美国的专家到日本讲学，并结合日本的传统文化和国民气质，创造出了全新的日本企业管理模式，最终使美国反过来向日本学习其某些管理方法。结合日本民族及企业特质分析日本企业为什么要采用改进性管理创新策略？

(四)根据创新的过程是量变还是质变，可分为渐进式创新和突变式创新

(1)渐进式创新。渐进式创新是指通过不断的、渐进的、连续的小创新，最后实现管理创新的目的。这种创新策略从小的方面入手，不至于猛烈打击既得利益者的利益，易于被这群人所接受。由于许多大创新需要与之相关的若干小创新的辅助才能发挥作用，而且小创新的渐进积累效应常常促进创新发生连锁反应，导致大创新的出现，所以，单个小创新虽然带来的变化是小的，但它的重要性不可低估。它说明企业的管理创新是从无数的小创新开始的，当大量的小创新不断地改善着企业的经营管理，并达到一定程度时就会产生导致质变的大创新。这种创新具有渐进性、模仿性，创新的周期一般较长，而创新的效果却不错。

（2）突变式管理创新。突变式管理创新是指企业的管理首先是在前次管理创新的基础上运行，经过一段时间，直到创新的条件成熟或企业运行到无法再适应新情况时，就打破现状，实现管理创新质的飞跃。它具有突变性，创新的周期相对较短，而创新的效果相对较好。这种突变式管理创新的实现通常由专业管理人员、企业家来实现。

【案例】

日本的企业多采用渐进式管理创新策略，日本政府在公务员改革过程中也采用了这种策略，通过有计划地每年逐渐减少公务员数量的办法，加以编制法定化的配套措施，使日本的公务员改革取得了成功。欧美的企业和政府的管理创新多采用突变式管理创新策略，如20世纪80年代初英国政府实现的"私有化运动"和20世纪90年代初由美国、英国、澳大利亚、新西兰等国实行的"重塑政府"行动，在短时间内，政府的管理理论和管理实践都发生了重大变化。

思考： 结合日本民族文化及社会特点以及英国、美国、澳大利亚等国社会特点分析他们采取不同的管理创新策略的原因何在？

（五）根据创新的独立程度，可以分为独立型创新、联合型创新和引进型创新

（1）独立型创新。独立型创新的特点是依靠自己的力量自行研制并组织生产，同时独立创新型的成果往往具有首创性。国外大型企业大多拥有自己的研究开发机构，因而其研究工作特别是涉及公司特色产品的核心技术，多以自身力量进行，这样可以做到技术保密，使自己处于行业竞争中的领先地位。其缺点是应用此策略的企业在投入了巨资且研究项目已经或将要取得成功时，有可能会发现同样的产品或发明已经被别人领先创新出来，不但失去了占领市场的先机，而且造成人力、物力、财力的巨大损失。

（2）联合型创新。联合型创新是若干组织相互合作进行的创新活动。联合型创新往往具有攻关性质，可以更好地发挥各方的优势。但是这种创新活动涉及面广，组织协调及管理控制工作比较复杂。然而，随着科学技术的发展、高新技术的兴起，许多重大的创新项目，无论从资金、技术力量以及该创新项目内容的复杂性而言，都并非一个企业或组织所能承担，因此，联合型创新就变得日益重要。联合不仅包括企业和企业之间的合作，还包括企业和科研机构以及与高校进行联合创新，甚至各国政府都开始采取联合创新的策略，并且这种企业和其他部门的合作以及政府的跨国的合作变得越来越普通。

（3）引进型创新。引进型创新策略是从事创新的组织从其他组织引进先进的技术、生产设备、管理方法等，并在此基础上进行创新。这种创新的开发周期相对较短，创新的组织实施过程有一定的参照系，风险性相应降低。但是这种创新策略需要对引进的技术进行认真地评估和消化。

五、企业管理创新的特点

相对于一般的创新，管理创新是来自于创新和管理两个方面的有机融合，有其自身特点。管理创新具有以下特点。

（一）创造性

以原有的管理思想、方法和理论为基础，充分结合实际工作环境与特点，积极地吸取外界的各种思想、知识和观念，在汲取合理内涵的同时，创造出新的管理思想、方法和理论。其重点在于突破原有的思维定式和框架，创造具有新属性的、能增值的东西。

（二）系统性

该特性源于企业的系统性，它是指在寻找企业管理创新的着力点以及评价管理创新的成果时要依据企业的系统性来进行。众所周知企业是一个复杂系统，系统内的各要素相互联系、相互作用。当系统内某个或某些要素处于不良状态时，必有其他要素受到影响，同时，企业系统从整体上看也会处于不良状态。进一步地看，企业系统是由人来运行的，也是为人服务的。当企业系统处于不良状态时，必有相关的人感到不满。反过来也可以这样讲，如果没有相关的人感到不满，企业系统就处于良性状态。企业的系统性为管理创新寻找着力点提供了可能，同时也为管理创新成果的评价提供了标准。

（三）全员性

企业管理创新的程度有大有小，创新程度不高的管理创新只是对现有管理工作一定程度上的改进，或者是对成熟管理技术的引进，其复杂程度不高。因此，可以认为企业所有员工都能成为管理创新的主体。依靠员工来解决问题已被认为是改变现代管理面貌的十二种创新方式之一。从根本上看，企业管理创新涉及企业中的每一个人，每一个人对管理系统是如何影响他本人以及从他的角度来看应该如何改进都是有发言权的，因此，企业中每一个都能够且应该成为管理创新的主体。

（四）变革性

该特性是指管理创新一般会涉及企业内权益关系的调整，因此，许多管理创新，尤其是程度大的管理创新实质上就是一场深刻的变革。从管理史上较为有名的管理创新成果来看，它们都具有变革性。比如，泰勒科学管理原理的应用需要劳资双方进行精神革命，协调利益关系；梅奥人际关系理论的应用也需要企业管理者改变管理方式，尊重员工。由于企业本身就是一个利益聚合体或者是一个经营实体，因此，需协调好现有权益关系。

（五）长期性

管理创新是一项长期的、持续的、动态性的工作过程。

（六）风险性

风险是无形的，对管理进行创新具有挑战性。管理创新并不总能获得成功。创新作为一种具有创造性的过程，包含着许多可变因素、不可知因素和不可控因素，这种不确定性使得创新必然存在着许多风险。这也是创新的代价之所在。但是存在风险并不意味着要一味地冒险，要理性地看待风险，充分认识不确定因素，尽可能地规避风险，使成本付出最小化、成功概率最大化。

（七）效益性

创新并不是为了创新而创新，而是为了更好地实现组织的目标，为取得效益和效率。企业通过技术创新提高产品技术含量，使其具有技术竞争优势，获取更高利润。企业通过管理创新，建立新的管理制度，形成新的组织模式，实现新的资源整合，从而建立起企业效益增长的长效机制。

（八）艰巨性

管理创新因其具有综合性、前瞻性和深层性而实现颇为艰巨。人们的观念、知识、经验等方面的因素及组织目标、组织结构、组织制度等，关系到人的意识、权力、地位、管理方式和资源的重新配置，这必然会牵涉各个层面的利益，使得管理创新在设计与实施中遇到诸多"麻烦"。

第二节　企业管理创新的过程、组织及方法

企业管理创新是一项突破传统管理且充满挑战性的企业管理活动。对于多数企业和管理人员来说，企业管理创新是一个充满风险、挑战、探索、艰难和需要智慧的过程。为了减少人们对企业管理创新的未知，增加对企业管理创新的了解，研究和了解企业管理创新过程及其规律，掌握企业管理创新过程的组织及其方法，显然是非常重要的。

一、企业管理创新的过程

美国企业的创新活动非常活跃，其中经营非常成功的 3M 公司的一位常务副总裁在演讲中这样总结："大家必须以一个坚定不移的信念作为出发点，这就是：创新是一个杂乱无章的过程。"创新是对旧事物的否定和对新事物的探索过程。对旧事物的否定，创新不可避免要突破原先的制度，破坏原先的秩序，不遵守原先的章程；对新事物的探索，创新者只能在不断地尝试中去寻找新的程序、新的方法，在最终的成果取得之前，可能要经历无数次反复，无数次失败，因此，它看上去可能是杂乱的。但这种"杂乱无章性"是相对于旧制度、旧秩序而言的，是相对于个别创新而言的，就创新的总体来说，它们依循一定的步骤、程序和规律。要有效地组织企业管理创新活动，就需要了解成功企业创新过程的一般规律。总结众多成功企业管理创新经验，其成功的创新过程归结如下。

（一）从企业利益相关者的不满和矛盾中去寻找发展契机，寻找创新改进的方向

企业利益相关者的不满和矛盾构成企业不协调现象的主要来源，企业创新活动正是从发现和利用旧秩序内部的这些不协调现象开始的，解决企业不协调现象为企业创新发展提供了契机和动力。企业利益相关者的不满主要表现在以下六个方面：①消费者对企业产品及服务的不满；②企业普通员工对企业薪酬制度、绩效考评制度及用人制度的不满；③企业所在社区对企业行为的不满，如环境污染等；④企业内部各部门之间出现的不满；⑤投资者对企业业绩的不满；⑥企业面临危机、挑战及运行中的问题时，会有许多利益相关者对现状感到不满。企业管理者要善于发现以上这六种不满现象。

企业原有运行秩序内部存在着或出现了这些不协调的现象，这在很大程度上限制了管理创新活动的开展。是否系统地解决这些不协调现象对企业的发展至关重要。企业运行旧

秩序中的不协调，既可存在于系统的内部，也可产生于对系统有影响的外部。①就企业系统的外部来说，有可能成为管理创新契机的变化主要有：技术的变化，从而可能影响企业资源的获取，生产设备和产品的技术水平；人口的变化，从而可能影响劳动力市场的供给和产品销售市场的需求；宏观经济环境的变化，如迅速增长的国民经济实力可能给企业带来不断扩大的市场，而整个国民经济的萧条则可能降低企业产品需求者的购买能力。宏观体制的变迁必然要求作为经济基本单位的企业的微观制度做出相应变革；文化与价值观念的转变，则可能改变消费者的消费偏好或劳动者对工作及其报酬的态度。②就企业系统的内部来说，引发管理创新的不协调现象主要有：a. 生产经营中的瓶颈可能影响了劳动生产率的提高或劳动积极性的发挥，从而困扰企业的管理人员，这种卡壳环节，既可能是某种材料的质地不够理想，且不易找到替代品，也可能是某种工艺加工方法的不完善，再或是某种分配政策的不合理等；b. 企业意外的成功和失败，例如，派生产品的销售额、利润额不声不响地、出人预料地超过了企业的主营产品；老产品经过精心整顿改进后，结构更加合理、性能更加完善、质量更加优异，但并未得到预期数量的订单，这些出乎预料的成功和失败，往往能够把企业从原先的思维模式中驱赶出来，从而可能成为企业创新的一个重要源泉；c. 其他主、客观因素导致的企业内部的不协调或与企业外部的种种不协调，当矛盾积累到一定的程度，必然要求企业的相应改革、创新。

（二）激励全方位、多角度的无拘束构想并进行技术论证

企业管理者在发现了不协调现象后就必须把这些现象分解为具体的问题，并透过现象探究其问题产生的原因，据此分析和预测问题的未来变化趋势，估计其可能带来的后果，在此基础上，努力解决问题，将问题转化为机会，进行管理创新。为此，企业管理者需激励全体员工进行全方位、多角度的无拘束构想，以便最大限度产生更多的解决方案，例如采用头脑风暴法、德尔菲法、畅谈会等方法提出多种解决问题、消除不协调、使系统在更高层次实现平衡的创新构想。进行创新构想不能拘泥于传统的思维，解放思想，进行全方位、多角度的无拘束构想是创新的前提。由于管理创新是技术创新的先导，因此，也可以认为消除上述不满的根本措施是管理创新。管理创新在技术上一般有三种选择：一是改革企业管理制度，例如改革企业薪酬制度、用人制度等；二是引入成熟的管理技术，如流程再造、平衡记分卡等；三是企业自行进行创新，提出新的管理模式及管理技术。在前两个方面，有着大量的成功范例可以借鉴。一般来说，企业管理创新在技术上也是以前两种为主。后一种是少数领先企业的行为，它的成功或者是偶然的，或者要经过长期的实践探索，因而不是多数企业努力的方向。因此，对大多数企业来说，企业管理创新一般无须另辟蹊径，主要是根据自身情况引入成熟的管理制度及技术，当然，这些成熟的管理制度及技术需要众多的创新构想来支持和优化，而众多的创新构想也需要契合企业的具体情况，需要进行具体操作的技术实践论证和市场论证。

（三）分析企业各方权益进行优化平衡，果断决策并执行

法约尔研究企业各方权益关系时发现企业中总是有一部分人想把自身利益凌驾于他人之上，要调整这些企业内部权益管理关系是困难的，甚至是痛苦的，而管理创新则必须调整这些关系，并做到优化平衡。先进的管理制度及技术之所以不能够在多数企业中得到很快应用，主要是受企业内部权益关系的限制。因此，企业管理创新难不仅在于技术，更在于企业权益关系的调整和优化平衡。因此，管理创新者在选择先消除、减轻何种不满或矛盾以及相应地引入何种管理制度及技术时应充分考虑企业内部的各方权益关系，争取理顺并使各方权益做到优化平衡。

在调整和优化平衡各方利益关系之后，企业必须迅速行动执行。提出的构想可能还不完善，甚至可能很不完善，但这种并非十全十美的构想必须立即付诸行动才有实践价值。"没有行动的思想会自生自灭"，这句话对于创新思想的实践成功尤为重要，一味追求完美，就可能坐失良机，把创新的机会白白地送给自己的竞争对手。因此，企业管理创新成功的秘诀在于迅速行动，及时捕捉市场机会。

【案例】

T. 彼得斯和 W. 奥斯汀在《志在成功》一书中介绍了这样一个例子：20 世纪 70 年代，施乐公司为了把产品搞得十全十美，在罗彻斯特建造了一座全由工商管理硕士（MBA）使用的 29 层高楼。这些 MBA 们，在大楼里对每一件可能开发的产品都设计了拥有数百个变量的模型，编写了一份又一份的市场调查报告……然而，当这些人还在继续不着边际地分析时，当他们的产品研制工作被搞得越来越复杂时，竞争者已把施乐公司的市场抢去了50％以上。创新的构想，只有在不断地尝试中才能逐渐完善，企业只有迅速地行动，才能有效地利用"不协调"提供的机会。

（四）通过完善的考核评价体系推动创新方案的执行、坚持、反馈和调适

管理创新方案的实施需要良好的执行力和不懈的坚持力，在实施过程中一般来说会遇到各种阻力和困难。在创新的成效没有充分显现出来之前，各个利益相关者的得失都不是很清晰的情况下，可能会有较多的人以各种借口对创新构想及其方案进行反对。因此，管理创新需要企业高层领导的支持，而外部力量的肯定及支持也会进一步推动管理创新方案的实施。管理创新构想只有经过尝试才能成熟，而尝试是有风险的，是不可能"一打就中"的，是可能失败的。创新的过程是不断尝试、不断失败、不断反馈、不断调适和提升的过程。因此，为确保创新能够顺利地推行，可以先选择影响范围较小且容易取得成果的项目进行创新，以尽早取得成效，赢得企业内部的肯定与支持。创新者在开始行动以后，为取得最终的成功，必须坚定不移地继续下去，决不能半途而废，否则便会前功尽弃。要在创新中坚持下去，创新者必须有足够的自信心，有较强的忍耐力，能正确对待尝试过程中出现的失败，同时要建立较完善的考核评价体系，要为减少失误或消除失误后的影响采取必要的预防或纠正措施，及时进行反馈和调适。对管理创新的评价应坚持利益相关者评价的原则，只有相关的不满得以消除或减轻才能确认创新成功。评价应注意实际问题，在创新的成效还没有充分显示出来之前就进行评价是不恰当的。比如，管理制度创新的效果一般要 2～3 年才能凸现出来。因此，完善管理创新效果的评价体系应注意管理实践的积累、总结和调查预测，注重实效和可行性。

二、企业管理创新活动的组织保障工作

企业管理创新过程需要相应的组织保障，企业的管理者不仅要根据创新的规律和特点的要求对自己的工作进行创新，更主要的是组织下属的创新。组织创新不仅仅是去计划和安排某个成员在某个时间去从事某种创新活动，虽然这在某些时候也是必要的，但作为企

业管理者必须清醒地认识到，组织创新更为重要的是为部属的创新提供条件、创造环境，从而达到有效地组织企业系统总体创新的目的。

(一)正确理解和扮演组织中"管理者"的角色，定期对利益相关者的满意度进行调查

管理人员往往是保守的。他们往往以为组织或上司雇用自己的目的，是维持组织的运行，因此自己的职责首先是保证预先制定的规则的执行和计划的实现。"系统的活动不偏离计划的要求"便是优秀管理者的象征。因此，他们往往自觉或不自觉地扮演现有规章制度的守护神的角色。为了减少系统运行中的风险，防止大祸临头，他们往往对创新尝试中的失败吹毛求疵，随意惩罚在创新尝试中遭到失败的人或轻易地奖励那些从不创新、从不冒险的人。因此，管理人员必须自觉地带头创新，并努力为组织成员提供和创造一个有利于创新的环境，积极鼓励、支持、引导组织成员进行创新。

企业应该形成制度定期(例如每年一次)对主要利益相关者进行满意度调查，以发现及确认他们的不满，尤其要重视消费者满意度调查及员工满意度调查。就发现及确认消费者不满而言，仅仅依靠销售员的反馈以及消费者的投诉是不够的，因为这两个渠道所涉及的消费者的面不够广，因而所涉及的问题也很可能不够全面、深入。通过定期对消费者满意度进行大范围的调查，企业可以对平时所收集到的信息进行鉴别，可以较为全面地分析消费者对企业的产品及服务存在哪些不满，进而可以明确在管理上有哪些问题需要改进。就发现及确认员工不满而言，尽管管理人员平时与员工接触也了解到了不少信息，但系统的、全面的调查还是必需的，这样才能做到科学、客观，避免一些模糊的、似是而非的观点存在。就发现及确认其他利益相关者的不满而言，也应采取必要的措施，不可随意而为。

(二)创造促进创新的组织氛围，推行管理人员的竞争上岗制度

促进创新的最好方法是大张旗鼓地宣传创新，激发创新，树立"无功便是有过"的新观念，使每一个人都奋发向上、努力进取、大胆尝试。要造成一种人人谈创新、时时想创新、无处不创新的组织氛围，使那些无创新欲望或有创新欲望却无创造行动、从而无所作为者自己感觉到在组织中无立身之处。使每个人都认识到，组织聘用自己的目的，不是要自己简单地用既定的方式重复那也许重复了许多次的操作，而是希望自己去探索新的方法，找出新的程序，只有不断地去探索、去尝试，才有继续留在组织中的资格，才有得到升迁的可能。

从现实的情况来看，企业管理创新主要是靠外部市场竞争来推动的。这一点可以从泰勒科学原理的应用过程得到验证。泰勒科学管理原理在应用过程中曾遭到工人的强烈抵制，随后资方也失去了对它的热情。因为资方在卖方市场条件下依然可以通过传统的管理方式(延长劳动时间、加大劳动强度)来获取利润，而无须劳心费神地去刻意改进管理。泰勒科学管理原理最终得到广泛的认同及应用是在买方市场出现以后，此时，资方不进行管理创新，就会在市场竞争中失利，甚至倒闭。由于市场竞争在多数行业是不完全的，因此，外部市场竞争对企业管理创新的推动是有限的，有着难以克服的技术障碍及上限。因此，必须另辟蹊径来寻找对策。一条可行的路径是实行管理人员的竞争上岗，通过企业内部的竞争来推动管理创新。企业管理人员竞争上岗在现实中已有较多的实践，其效果也是较好的。

(三)制订有弹性的计划，改革组织中管理人员的考评方式

创新意味着打破旧的规则，意味着时间和资源的计划外占用，因此，创新要求组织的计划必须具有弹性。创新需要思考，思考需要时间。把每个人的每个工作日都安排得非常紧凑，对每个人在每时每刻都实行"满负荷工作制"，则创新的许多机遇便不可能发现，创新的构想也无条件产生。美籍犹太人宫凯尔博士对日本人的高节奏工作制度就不以为然，他说：一个人"成天在街上奔走，或整天忙于做某一件事……没有一点清闲的时间可供他去思考，怎么会有新的创见?"他认为，每个人"每天除了必须的工作时间外，必须抽出一定时间去供思考用"。美国成功的企业，也往往让职工自由地利用部分工作时间去探索新的设想，据《创新者与企业革命》一书介绍，IBM、3M、奥尔一艾达公司以及杜邦公司等，都允许职工利用 5%～15% 的工作时间来开发他们的兴趣和设想。同时，创新需要尝试，而尝试需要物质条件和试验的场所，如要求每个部门在任何时间都严格地制定和执行严密的计划，则创新会失去基地，而永无尝试机会的新构想就只能停留在人们的脑子里或图纸上，不可能给组织带来任何实际的效果。

为了有效地开展管理创新活动，企业的用人制度及奖励制度应具有导向作用。如果管理人员对上级的忠诚在管理人员的提拔及奖酬上起重要作用，管理创新活动就很难有效展开。提拔及奖励管理人员，考核是基础。由于管理人员的工作是做决策，决策是他们的产品，普通员工则是其决策的直接"消费者"。根据消费者评价产品质量的一般市场逻辑，作为管理人员决策的"消费者"的普通员工也应该有权力评价管理人员的决策。这一评价方式与目前的通常做法有很大的不同。后者强调业绩，对管理决策本身很少关注。由于管理人员决策的影响是他们对企业或部门绩效的真实贡献，因此应该根据管理人员的决策质量及影响来评价管理人员，普通员工作为管理人员决策直接的"消费者"应该有权参与评价。如果企业提拔及奖励持续改进管理工作的管理人员，并鼓励普通员工参与评价，管理创新活动的障碍就会极大地消除，企业管理创新活动的效率也会极大地提高。

(四)正确地对待组织中的管理创新尝试失败

企业创新的过程是一个充满着失败的过程。创新者应该认识到这一点，创新的组织者更应该认识到这一点。只有认识到失败是正常的，甚至是必需的，管理人员才可能允许失败，支持失败，甚至鼓励失败。当然，支持尝试，允许失败，并不意味着鼓励组织成员去马马虎虎地工作，而是希望创新者在失败中取得有用的教训，学到一点东西，变得更加明白，从而使下次失败到创新成功的路程缩短。美国一家成功的计算机设备公司，在它那只有五六条的企业哲学中甚至这样写道："我们要求公司的人每天至少要犯 10 次错误，如果谁做不到这一条，就说明谁的工作不够努力。"

(五)建立合理的奖酬制度，有效进行组织中管理人员的技能开发活动

要激发每个人的创新热情，还必须建立合理的评价和奖惩制度。创新的原始动机也许是个人的成就感、自我实现的需要，但是如果创新的努力不能得到组织或社会的承认，不能得到公正的评价和合理的奖酬，则继续创新的动力会渐渐失去。

(1)注意物质奖励与精神奖励的结合。奖励不一定是金钱上的，精神上的奖励也许比物质报酬更能满足驱动人们创新的心理需要。而且，金钱的边际效用是递减的，如此，则为了激发或保持同等程度的创新积极性，组织就不得不支付越来越多的奖金。

（2）奖励不能视作"不犯错误的报酬"，而应是对特殊贡献、甚至是对希望作出特殊贡献的努力的报酬。奖励的对象不仅包括成功以后的创新者，而且应当包括那些成功以前、甚至是没有获得成功的努力者。

（3）奖励制度要既能促进内部的竞争，又能保证成员间的合作。内部的竞争与合作对创新都是重要的。竞争能激发每个人的创新欲望，从而有利于创新机会的发现、创新构想的产生；协作能综合各种不同的知识和能力，从而可以使每个创新构想都更加完善。

企业管理创新活动需要管理人员不断提高管理技能，企业应该有效地开展管理技能开发活动。对管理人员的技能开发不可过多地注重理论学习，可采用 Mini MBA 及行动学习相结合的形式。Mini MBA 课程可以帮助管理人员形成管理思维的基本框架。行动学习是强调真实的人于真实的时间在真实的问题中进行学习的一种管理技能开发方法，在国外流行甚广。行动学习项目的选择应与企业管理创新联系起来。企业内部管理一般存在着许多需要创新的地方。如果企业制订了管理创新计划，可以从中选择一个项目作为行动学习的项目。这样，行动学习就与管理创新活动直接联系起来，行动学习将直接促进企业管理创新活动的开展，并提高企业管理创新活动的效率。

三、管理创新的方法

（一）头脑风暴法

头脑风暴法是美国创造工程学家 A．F．奥斯本在 1939 年发明的一种创新方法。这种创新方法是通过一种别开生面的小组畅谈会，在较短的时间内充分发挥群体的创造力，从而获得较多的创新设想。当一个与会者提出一个新的设想时，这种设想就会激发小组内其他成员的联想。当人们卷入"头脑风暴"的洪流之后，各种各样的构想就像燃放鞭炮一样，点燃一个，引爆一串。这种方法的规则有以下几个方面：

（1）不允许对别人的意见进行批评和反驳，任何人不做判断性结论。

（2）鼓励每个人独立思考，广开思路，提出的改进设想越多越好，越新越好。允许相互之间的矛盾。

（3）集中注意力，针对目标，不私下交谈，不干扰别人的思维活动。

（4）可以补充和发表相同的意见，使某种意见更具说服力。

（5）参加会议的人员不分上下级，平等相待。

（6）不允许以集体意见来阻碍个人的创造性意见。

（7）参加会议的人数不超过 10 人，时间限制在 20 分钟到 1 小时。

这种方法的目的在于创造一种自由奔放的思考环境，诱发创造性思维的共振和连锁反应，产生更多的创造性思维。讨论 1 小时能产生数十个乃至几百个创造性设想，适用于问题比较单纯，目标较明确的决策。这种方法在应用中又发展出"反头脑风暴法"，做法与"头脑风暴法"一样，对一种方案不提肯定意见，而是专门挑毛病、找矛盾。它与"头脑风暴法"一反一正可以相互补充。

（二）综摄法

综摄法是由美国麻省理工学院教授戈登在 1952 年发明的一种开发潜在创造力的方法。它是以已知的东西为媒介，把毫不相关、互不相同的知识要素结合起来创造出新的设想，也就是吸取各种产品和知识精华，综合在一起创造出新产品或新知识，叫作综摄法。这样可以帮助人们发挥潜在的创造力，打开未知世界的窗口。综摄法有两个基本原则。

（1）异质同化，即"变陌生为熟悉"。这实际上是综摄法的准备阶段，是指对待不熟悉的事物要用熟悉的事物、方法、原理和已有的知识去分析对待它，从而提出新设想。

（2）同质异化，即"变熟悉为陌生"。这是综摄法的核心，是对熟悉的事物、方法、原理和知识去观察分析，从而启发出新的创造性设想。

（三）逆向思维法

逆向思维是顺向思维的对立面。逆向思维是一种反常规、反传统的思维。顺向思维的常规性、传统性，往往导致人们形成思维定式，是一种从众心理的反映，因而往往使人形成一种思维"框框"，阻碍人们创造力的发挥。这时如果转换一下思路，用逆向思维来考虑，就可能突破这些"框框"，取得令人出乎意料的成功。逆向思维法由于是反常规、反传统的，因而它具有与一般思维方法不同的特点。

（1）突破性。这种方法的成果往往冲破传统观念和常规限制，常带有质变或部分质变的性质，因而往往能取得突破性的成就。

（2）新奇性。由于思维的逆向性，改革的幅度较大，因而必然是新奇、新颖的。

（3）普遍性。逆向思维法适用的范围很广，几乎适用于一切领域。

（四）检核表法

检核表法几乎适用于任何类型与场合的创造活动，因此又被称为"创造方法之母"。它是用一张一览表对需要解决的问题逐项进行核对，从各个角度诱发多种创造性设想，以促进创造发明、革新或解决工作中的问题。实践证明，这是一种能够大量开发创造性设想的方法。检核表法是一种多渠道的思考方法，包括以下一些创造技法：迁移法、引入法、改变法、添加法、替代法、缩减法、扩大法、组合法和颠倒法。它启发人们缜密地、多渠道地思考和解决问题，并广泛运用于创造、发明、革新和企业管理上。它的要害是一个"变"字，而不把视线凝聚在某一点或某一方向上。

（五）信息交合法

信息交合法是通过若干类信息在一定方向上的扩展和交合，来激发创造性思维，从而提出创新性设想。信息是思维的原材料，大脑是信息的加工厂。通过不同信息的撞击、重组、叠加、综合、扩散、转换，可以诱发创新性设想。要正确运用信息交合法，必须注意抓好以下三个方面：

（1）搜集信息。不少企业已设立专门机构来搜集信息。网络化已成为当今企业搜集信息的发展趋势。如日本三菱公司，在全世界设置了115个海外办事处，约900名日本人和2000多名当地职员从事信息搜集工作。搜集信息的重点放在搜集新的信息，只有新的信息才能反映科技、经济活动中的最新动态、最新成果，这些往往对企业有着直接的利害关系。

（2）拣选信息。包含着核对信息、整理信息、积累信息等内容。

（3）运用信息。搜集、整理信息的目的都是为了运用信息。

运用信息，一要快，快才能抓住时机；二要交汇，即这个信息与那个信息进行交汇，这个领域的信息与那个领域的信息进行交汇，把信息和企业所要实现的目标联系起来进行思考，以创造性地实现目标。信息交汇可以通过本体交汇、功能拓展、杂交、立体动态四个方式进行。总之，信息交汇法就像一个"魔方"，通过各种信息的引入和各个层次的交换会引出许多系列的新信息组合，为创新对象提供了千万种的可能性。

(六)模仿创新法

人类的发明创造大多是由模仿开始的，然后再进入独创。勤于思考就能通过模仿做出创造发明，当今有许多物品模仿了生物的一些特征，以致形成了仿生学。模仿不仅被用于工程技术、艺术，也被应用于管理方面。

第三节　管理创新实践

一、企业管理创新的实践要领

有人把现代企业管理的创新归纳为四个方面：即人本复归、产权管理、风险规避、企业文化。我们应该站在最新发展阶段的至高点学习一切新的东西，既不回避泰勒的科学管理理论的运用，也不摒弃人际关系学派以及行为科学的理论和方法，可以把它们运用到不同环境，不同层次的管理工作中去，不断加以总结和提高。

当外部环境发生重大变化时，企业必须首先从内部进行适应性改革才能处理好与企业外部的各种关系。这意味着在新型、开放、非正式和破除等级观念的管理中主动放权，意味着提高企业组织的反应速度和灵活性，意味着增加组织的思考能力。

(一)战略谋划是管理创新的灵魂

战略谋划是企业的灵魂，关乎企业的发展方向。思想观念的陈旧和落后是企业管理创新的最大障碍。许多企业领导还没有形成现代企业管理的理念，没有认识到现代管理模式对企业效益的巨大作用。企业领导要切实认识到管理创新在当前经济竞争形势下的重要性和紧迫性，树立"科学管理——兴国之道"的思想。

今后企业的竞争主要是围绕培育和形成核心竞争力来展开。面对世界经济一体化进程的加快、信息技术的迅速发展和知识经济兴起所带来的外部环境深刻而巨大的变化，企业管理者要想企业在激烈的市场竞争中立于不败之地，必须在战略创新方面下功夫。企业战略谋划首先要求企业战略的制订和实施要着眼于全球竞争。今后企业的竞争态势将是国内竞争国际化和国际竞争国内化，一方面，任何企业的战略都必须放眼全球；另一方面，企业战略的制订和实施要在捕捉外部环境机遇的基础上，更多地立足于企业核心竞争力的形成。核心竞争力也叫核心专长，就是拥有别人所没有的优势资源。培育和形成核心竞争力必须适应企业外部的环境因素，如顾客价值、竞争者和替代品的变化。

(二)用好人才是管理创新的关键

创新经济学的鼻祖熊彼特指出，创新的主体是企业家。

企业家是最具有创新能力和影响力的人，他们不墨守成规常有创造性的创见及行动改变。目前企业管理创新效率不佳与企业家缺乏不无关系。因此，要推动企业管理创新，必须注重企业家队伍建设，培育和造就一个主导管理创新前沿和领导市场竞争潮流的"企业家阶层"。

(1)在责、权、利一致的原则下，完善经营者激励约束机制，建立一套科学、公正的考核、晋升体系，使经营者的个人利益与企业的经济效益挂钩。

(2)引进竞争机制，建立经营者人才市场，使企业家这种生产要素通过市场机制合理配置。

(3)建立企业家人才交流市场、资格认定系统、继续教育培训机制等，以促进我国企业经营者职业化。

(4)调整组织机构的目标，通过破除传统的自上而下垂直多层的结构，减少管理层次，压缩职能机构，增加管理幅度，建立一种紧缩的横向组织，加快信息传递和反馈的速度，以提高管理效率。

(5)通过建立临时性组织来摆脱原有组织形式束缚，实现灵活性与多样性的统一，以增强企业适应内外环境变化的能力。

面对知识经济时代，企业管理的关键不是仅获得知识和信息，更重要的是它高度重视建立职业化的企业家队伍，使企业管理成为企业家们衷心共有的目标、价值观和经营使命。

(三)控制好成本是管理创新的重要因素

追求利润最大化是企业的目标，市场价格企业不能左右，控制成本的主动权却在企业自身。没有一个成功的企业是管不好成本的。相反，管不好成本的企业，没有一个是成功的。提高核心竞争力，人才、技术、设备固然重要，但关键还是企业的成本，成本往往是决定企业兴衰存亡的关键。

要多渠道、多方式控制企业成本。企业要依据市场导向，建立"市场开发、生产运行、财务管理"等"三位一体"的动态成本控制体系，切实把成本、费用控制的责任和指标落实到单位、岗位、人头，形成全员、全过程、全方位降低成本、降低费用机制，不断扩大降低成本的广度和深度，实行"成本一票否决"制。

(四)构建"文化"氛围是管理创新的要素

企业要实现管理创新，需要靠文化渗透，需要建立一种健康向上、同心同德、生生不息的企业文化。知识经济的竞争必然改变传统的"以物为本"的企业文化，建立"以人为本"的企业文化。建立人本文化，首先要注重情感管理，即理解人、尊重人、关心人，通过塑造良好的人际关系，充分发挥人的主动性、积极性。

重视人力资源的开发和利用，即重视培养人，提高员工的知识和技能素质；重视激励人，运用物质手段和精神手段相结合的方式，激发人的积极性和创造性；重视使用人，给员工提供发展的机会和创新的舞台，使员工个人的才华能够得到充分施展。

为此，企业要培育其自身强烈而持久的创新价值观，形成强烈的创新认同感；构建企业管理创新的软环境，形成良好的创新氛围；设计创新文化礼仪以及创新文化网络，宣传创新的价值观念并以此感染员工。

(五)思路与制度创新是管理创新的促进因素

企业曾推广和创造了许多成功的管理方式、方法，其中不少仍然需要我们坚持。

但新时期和新阶段，管理的内涵和实质发生了变化，必须与时俱进，勇于创新。

(1)转变观念是实施有效管理的前提。一是从靠工作量、增加投资来完成生产任务切实转变到以效益为中心，以效益求发展上来；二是从事后算账转变到事前预测和加强过程控制上来；三是资金筹措上，要从眼睛向上转变到多渠道、多方式筹措；四是在资产管理上，要从强调账面资产管理转变到实物资产管理上来，"坐失"和"流失"同样可怕。

（2）集中财权是实施有效管理的重要手段。集中财权才能使企业资金不出现混乱和失控现象，使有限的资金用在刀刃上。要实行资金统一管理，做到收入进"一个门"，支出走"一个口"，审批要"一支笔"，以提高资金使用效益，控制资金外流，确保收入及时回收，使生产经营处于良性循环状态。

（3）加强投资管理是实施有效管理的重要内容。加强投资项目的前期管理，保证投资方向的正确性和投资收益。建立切实可行的激励和约束机制，谁投资、谁负责、谁收益、谁承担风险，责、权、利相统一，确保投资行为在合理、合法、有序的轨道进行。

（4）加强资产管理是实施有效管理的重要途径。一是对固定资产实行有偿使用，对闲置不用、利用率低、淘汰报废的设备进行调剂，或者按程序进行拍卖、租赁，盘活存量资产。流动是资产本质的特征，资产在运动中扩大规模、体现价值、实现利润。二是建立资产经营责任制，确保资产保值增值。三是严格控制购置新的资产，不断优化资产结构，不断提高资产的利用率。

（5）加强数据管理是实施有效管理的基本保证。企业进行精细化管理很重要的一点就是加强数据管理。数据管理很重要，是企业的信息资源、决策的依据。要建立数字化企业，就必须把数据管理纳入企业管理的轨道。

管理创新是解决企业内部资源如何组合，使之尽可能多地产出的问题，也就是建立起面向市场的内部组织框架，形成产品开发活力、行为激励体系及高效运作的机制。通过思路与制度创新使企业成为富有活力的、能自主经营、自负盈亏、自我积累、自我发展的社会经济细胞，为推进企业管理创新提供良好的基础，增加发展推动力。

二、企业管理创新实践中存在的思维弊端

作为组织尤其一些大组织的通病就是机构繁杂，过于官僚化，这促使组织的思想上墨守成规，难以创新。一些公司的领导者往往无意中扮演了一种扼杀公司职员们创新思维潜能的角色，他们犯了一种封杀员工创新思维的错。

建设创新型企业需要有创新型企业管理者，特别是作为企业的高层主管人员，一定要重视创新。管理者在日常管理行为中要避免以下几种弊端。

（一）不懂得记下"一闪念"

此弊端确实是个大问题。其实公司职员们曾有过许许多多构思、想法和主意，但有百分之九十以上的构思既未被采用又未能被记录下来。这实际是一种浪费智力和财富的错误做法，因为即便是在当时某种主意暂时派不上用场，但也决不意味着它今后将一直无用。在创新领域谁拥有的五花八门的构思、想法越多，谁就越具有主动性，工作就可能做得越有成效。

如果你能保持时时刻刻将自己的各种"一闪念"及时记录下来的习惯，那么日积月累积攒下来就意味着给你所从事的创造性工作平添了成倍的"点子"素材。正如俗语所说："好记性不如烂笔头，"各种五花八门的主意和构思积攒得多了，有时会发挥出意想不到的奇妙创新效果。

(二)不喜欢修订"老构思"

许多构思对人们的裨益作用也会渐渐老化，但若能对其不断"刷新"修正，则能使老构思的"含金量"重新"焕发光彩"。

当然，作为一个企业或社团来说，实际上存在着许许多多阻碍人们适时修订"老构思"的人为阻力，如企业执行官员不愿意翻旧账而使自己过去已制定的一些决策重新被拎出来受人们评论或质疑，诸如此类的因素实际上对老构思的新修订会起着阻碍作用。这些人为因素要想消除难度颇大，在此情况下，员工如能从自身做起，先修订自己的那些老构思，或许就会带来创新。如果人人都行动起来，或许公司的转机随之也将会发生。

(三)不愿意将心中的构思表达出来

在现实中因种种原因很少有人会将心中的各种主意、构思表露给他人，原因是多方面的，但这样做实际上可能会"埋葬"许多初萌的创新"闪光点"。

为此，请你善用这些杂草式自我构思，要将它们表达出来，进行自我表达或表述给你的上司、同事们，做到物尽其用，最起码可能对他人的创新思维提供些许参考。

(四)不习惯用新思维思考问题

如果你一直沿用老一套思维方式去思考问题，那你很可能会跳不出"思维暗箱"。为此，可尝试换种思维方式做些尝试，或许会尝到创新甜头。

比如"形象化思维"即是一种好的思维方式，它有可能会把你带进一个意想不到的新境界并使你获取大量创造性的动力。

(五)缺乏希望热情，满足现状

如果你仅仅满足于目前现状而无进一步希望，那你可能也就不会有创新性激情。

发明家在其他方面都类同常人，但有一点例外，即他们总是充满希望和热情，不太安于现状，如当他们系自己的鞋带时，希望能不必亲自动手去系，因而他们就会去考虑使用鞋扣、按扣、松紧带、磁扣等解决鞋的束紧问题……所有这些发明都是因有热情而使然。创新也同样需要充满希望与热情。

(六)不试着去当发明创新者

许多人常认为自己不具备创新实力而不试着去当发明创新者，这恰是使你身上所具有的创造性潜能迅速丧失掉的不良习惯。

为此需力转错误观念，认清这样一种事实：如果你的思维方式多些创意，那你就可能成为一名发明创造者，成功离你不会太远等。

(七)不坚持到底

可以这样说，每个人激发出一些创新的构思相对而言是较容易的事情，而真正利用这些构思做出卓有成效的实际创造性工作则相对较难。

如果你是一名初起步者，建议你不要为开始时的失败而沮丧，在实施创新过程中要保持坚定的信念，保持孜孜不倦的精神坚持创意性思维，完成一种突破性的创新可能只用几分钟时间但也有可能要耗费你长达数百小时的执着努力，正所谓"成功需付出 99% 的汗水"。

(八)沿用常规管理模式束缚员工

当人们进行创造性思维工作时，行为举止可能有些神秘古怪。如果你是公司主管又想从创造性思维中获益的话，那就最好要耐住性子对员工的古怪行为多容忍一些、宽待三分，否则你就很难受益于这些创造者。

公司主管如果不改变原先固有的那些常规管理模式的话，实际上是很难促进公司创新普及活动发展的。通过算细账可知，创新构思是笔无形的智力财富，不充分利用它、促激它的长足发展无异于浪费公司财富。为此，若你作为一名公司主管的话，你将如何对待这个问题呢？是按常规管理模式要求员工们兢兢业业埋头完成本职工作，还是鼓励他们并为之创造必要条件，促激其产生各式各样的构思、想法、合理化建议等创造性思维呢？能否让企业充满活力，很重要的一点，取决于企业管理者如何拍板操持。

三、管理创新中的四类"陷阱"及其纠错对策和经验教训

(一)管理创新中的四类"陷阱"

在过去 25 年里，全球至少出现过 4 次大规模的创新浪潮，每一次浪潮都带来新的理念变化。当然，创新也覆盖了一系列范围广阔的领域，包括技术、产品、流程以及整个企业运营，每个领域都有各自的创新需求。然而，尽管环境在不断变迁，创新的类型也千差万别，但是每一轮热情高涨的创新浪潮却遭遇了类似的困境。企业在创新方面最有可能犯下 4 类共性错误：战略错误、流程错误、结构错误和技能错误。

1. 犯下目标太高、视野太窄的战略错误

溢价和高额利润诱使公司高管们纷纷追求一鸣惊人的创新——像 iPod 播放器、万艾可(Viagra)或丰田生产体系(Toyota Production System)之类的东西。在这条追寻轰动性创新的路上，他们投入了巨大资源，但罕有巨大的成果问世。与此同时，管理者还有可能会否决那些乍看不起眼的商机，而未能参与大项目的人也会感觉到自己被边缘化了。

还有一种误区是认为只有产品才算数，而实际上变革的新创意可能会来自各种职能部门，比如说财务和营销部门。当一家公司对产品过度关注，而且太急于获得收入时，它就可能遇到另一个问题：组织的创新精力可能会被消耗在大量微不足道、模仿性的项目上。这些项目只顾追求眼前的利益，但最终却会导致成本的长期上升。尽管企业不鼓励小项目可能会错失良机，但过多琐碎的项目就像是播撒在石头地里的种子——它们也许能发芽，但不会深深扎根，也就长不成有用之材。如果新点子不是特色鲜明的创新而只是平庸的产品改动，那么由此而导致的产品种类大量增多反而会弱化品牌，给客户造成困惑，并且加剧内部的复杂性。

2. 犯下控制过严的流程错误

第二种典型性错误，确切地说，就是对创新严加控制的冲动——将用于现有业务的那套规划、预算和评估方法照搬于创新流程。创新流程中不可避免地存在着不确定性，难免会走些弯路或改变方向。本土行业新秀优鲜沛公司之所以能从美国果汁巨头那里把新型利乐纸瓶的机会抢到手，就是因为大公司本年度的资金早已分配妥当，而如果要给自己的产品更换包装的话，大公司必须先做一番研究，这就让优鲜沛公司有机会在市场中先行一步。

绩效评估以及与之相关的衡量指标是创新的另一个危险地带。老牌公司不仅习惯于制订计划，还要求经理们严格遵循这些计划。他们常常奖励那些兑现了承诺的人，却不赞成他们根据情况随机应变。这导致大家都倾向于只做保守性承诺，结果，员工失去了更上一层楼的追求和动力，创新也被拒之门外。

3. 犯下联系过松、分拆过急的结构错误

让羽翼未丰的新企业遵循成熟业务的流程是危险的，同时，公司还要谨慎安排创新业务和成熟业务两个实体之间的结构关系，尽可能平衡两者之间的冲突，避免文化冲突或业务重心相互抵触。否则，由于成熟组织的管理者往往对新创意的本质可能不甚了解，而且还感到它对自己构成了威胁，就会扼杀创新。

当创新部门关起门来自行其是的时候，公司从整体上往往会错失创新的大好时机。改变游戏规则的创新往往就是突破现有的渠道或是以全新方式将几种已有的能力组合起来。当创新涉及其他行业的专长或不同领域的技术知识时，公司也更有可能错过或扼杀创新。20 世纪 90 年代中期，著名的美国电话电报公司（AT&T）下属的因特网接入企业 AT&T Worldnet 就陷入了这种困境之中，由于没有得到足够的资源进行因特网接入和 IP 电话技术的开发，该公司错失了成为该领域开路先锋的良机。

即使新企业是在现有业务中成立的，文化冲突也会很激烈，尤其是公司中存在两类公民——一类能享受创业的乐趣，而另一类却要负责赚取现金流的时候，文化冲突就可能会演变为企业内部斗争。无论被指定的创新者是一支研发团队还是一个新的业务单元，都会被认为是未来的缔造者。他们不受既有原则或收入要求的限制，而且还可以拿尚未成功的创意做试验。而他们的一些同事却是后一类公民——既要遵守规则、完成工作，又要为公司赚钱，他们感觉自己像是在做苦力，而且有时还被告知他们的业务模式很快就可能会过时。

4. 犯下领导力太弱、沟通太差的技能错误

企业有时对创新中人的重要性估值过低，投入太少，这是另一个常见错误。高层管理者常常任命本企业最优秀的技术人员做主管，而不是最优秀的领导人才做主管。这些技术导向的经理往往忽视了对外沟通，或许他们重视任务胜过人际关系，因此不能增进团队内部的融洽气氛——而为了将不成熟的理念转变为有用的创新成果，这种融洽气氛是不可或缺的。

新组建的团队如果不注意人际关系技能，就会发现可能难以追求共同目标，也很难利用不同成员的长处或通过充分的沟通来分享隐性知识——这些知识尚未成形，而且此时很难被记录在案（因为某项创新正在进行中）。要在团队成员之间建立相互信赖、默契合作的关系，从而激发出绝妙的创意，这需要一段磨合时间。

假如公司喜欢给员工频繁调动工作，团队的构成就会经常变化，这导致新企业在应对艰难挑战时倍感吃力，结果可能就会随便找一些快捷、简单的传统型解决方案来敷衍了事。而当团队的外部沟通和对外关系被忽视的时候，创新也将会停滞不前。

要想让自己的理念得到认可，创新者就不能孤军奋战。他们必须建立盟友团，让自己的支持者为创新项目提供外部动力，在他们不能参加的会议上替他们说好话，或者在创新由萌芽期向推广期和使用期发展时提供支持。为了打好基础，让某项创新能顺利被接受，创新团队在表达激进观点时，必须以通俗易懂的方式让大家了解它的内容；在推出颠覆性

创新时，创新者必须向大家保证创新的巨大冲击力是可以控制的，以缓解人们的心理压力。如果技术专家对自己的听众，不能把谜团解释清楚，他们就可能得不到人们的支持——况且，说"不"总是比说"是"要容易些。那些暗自埋头苦干，等到创意完全成熟时再向大家展示的团队有时会遇到始料不及的反对，这种反对有时会导致项目被毙掉。

(二)管理创新中"陷阱"的纠错对策和经验教训

1.创新"陷阱"的纠错对策

在进行创新时，对突破性创意、产品和服务的探索可能会在上述任何一个方面或所有的方面步入歧途。然而幸运的是，历史也向我们展示了创新如何取得成功。下面介绍的是四种与"陷阱"对应的纠错措施。

(1)战略纠错：扩大搜寻范围，拓宽眼界。企业可以制定在三个层面上奏效的创新战略，我们将这三个层面称为"创新金字塔"：顶层是一些重大决策，他们指明未来的方向，并得到大部分的投资；中间层是一些前景光明的中等级别的创意，由指定的团队对这些创意进行开发和测试；而宽大的底座则是一些尚处于早期的创意或需要持续改进的渐进式创新。金字塔顶的影响力是自上而下施加的，因为重大决策会促进那些与其同一个方向的小创新取得成功；但影响力也会自下而上，因为大的创新有时就是从不经意的小发明开始的——3M公司偶然之中发明了报事贴便条(Post-Notes)就是一个著名的例子。

以金字塔的方式来思考创新为公司高管提供了一种工具——采用这种工具，高管们就可以评估当前的工作，对创意进行调整(当创意证明了自身价值并需要进一步支持时)，并确保创新活动在所有层面上展开。而且由于每个人都能参与其中，企业创新的文化也得到形成。在专业化团队投入大型创新项目、临时团队开发中等创意的同时，企业也欢迎每位员工献计献策。每位员工都有可能成为创意搜寻者和项目发起人，IBM就是这样做的。实际上，如果一家企业拥有一只宽口的"大漏斗"，不计其数的小创意都可以放入其中，那么该企业就有更多机会获得重大创意。创新成功率较高的企业只不过比别人做了更多的尝试，这就是它们成功的秘诀之一。

如果一项创新战略中包含了渐进式创新和持续改进的创新，那么就有助于全企业员工解放思想，让大家更容易接受变化，继而接受突破性变革。

(2)流程纠错：提高规划和控制系统的灵活性。企业保留一部分资金、为一些意料之外的商机建立特别基金也是一种鼓励创新的方式，这种创新是在公司常规的规划周期之外蓬勃发展的。这样一来，前景广阔的创意就无须等待下一个预算周期的到来，而创新者也不必再向主流业务流程的管理者(这些人是根据目前的收入和利润而被评估的)讨要资金。

除了不同的融资模式和合作关系之外，创新流程还需要摆脱某些企业规定的限制；毕竟，成熟业务和新业务之间的区别颇多。给予灵活机动、因地制宜的处理，是公司对待创新活动的关键。

(3)结构纠错：加强创新者和主流业务之间的联系。除了放宽可能扼杀创新的政策规定，公司也要在创新人员和其他业务人员之间加强联系。创新者和主流业务经理之间的建设性对话应该定期开展。创新团队应该将外部沟通作为自己职责的一部分，同时企业高层领导人也要召集对话，鼓励大家互敬互重，加强各任务部门间的联系。对话的目的是相互学习，以便最大限度地减少"窝里斗"的现象，并尽最大可能对成为新业务的创新成果进行有效地整合。除了正式的会议之外，企业还可以推动非正式的对话或找出那些跨业务单元的人际网络的非正式意见领袖，鼓励他们为促进各方交流而努力。

企业可以在一开始时就告诉创新团队，它们有义务为主流业务服务，也有责任寻求更重大的创新来开辟新业务。这一点可以写入企业的章程，并通过与主流业务之间的相互渗透关系加以强化——从主流业务中选派代表在创新团队中轮流任职或成立咨询委员会对创新活动予以监督。

灵活的组织结构能够使跨职能或跨学科的团队围绕解决方案组建起来，从而有效地促进成员之间的联系。

（4）技能纠错：重视领导技能和人际交往技能，为创新者营造合作性氛围。注重培养领导技能的公司更有可能实现成功的创新。

综上所述，扩大新创意的搜寻范围，把过于严厉的控制和僵化的组织结构变得更加灵活和宽松，加强创新者和主流业务之间的联系，培养创新者的沟通和合作技能，开展技能纠错，这四种方式可以成为老牌公司的制胜之道，能够让公司避免落入创新的"陷阱"。

创新设计的是创造未来的理念。但是，除非致力于创新的管理者肯花时间向过去学习，否则对创新的追求多会失败。在挖掘（从当前业务中获得最高回报）和探索（开辟新业务领域）之间保持合理的平衡，这需要一个灵活的组织结构和对人际关系的密切关注，无论是过去、现在和将来都是如此。

2. 创新"陷阱"的经验教训

作为企业增长的一项战略驱动因素，如果高管能注意吸取过去的教训，创新其实是可以蓬勃发展的。

（1）吸取战略教训。①并非每项创新理念都要一鸣惊人。小规模或渐进式创新达到足够的数量也可以创造巨额利润；②不要只盯着新产品开发：变革创意可以来自任何职能部门，如营销、生产、财务或分销；③成功的创新者会建造一座"创新金字塔"，在金字塔中，创意和影响力可以上下流动。

（2）吸取流程教训。①过于严格的控制会扼杀创新，对现有业务中采用的规划、预算和评估流程会夺去创新活动的生命力；②企业应该对偏离计划的情况有所预见并宽容对待：假如员工在工作中只是机械地兑现自己做过的承诺，不懂得随机应变，而企业却因此对他们进行奖励，那么创新就会遭到扼杀，甚至被拒之门外。

（3）吸取结构教训。①在放宽控制的同时，企业应该在创新业务和其他业务之间加强人际关系的建设；②改变游戏规则的创新常常以崭新的方式突破既有形式，或把几种现有模式加以组合；③如果公司分化出两个阶层（新业务和老业务部门的员工），当企业为创新者提供更多的补贴、特权和更高的地位时，旧有业务部门的员工就会想方设法地去压制创新。

（4）吸取技能教训。①即使是技术成分最多的创新项目，也需要拥有出色的社交技能和沟通技能的卓越管理者；②在成功的创新团队中，成员需要自始至终地参与创意推出的完整过程，即使公司从职业发展角度考虑，也需要更快一些的岗位轮换速度；③创新需要联络人——那些懂得如何在企业的主流业务或外部世界中寻找合作伙伴的人；而且创新只有在鼓励合作的文化中才能繁荣发展。

【案例】

柯达在创新中转型

2007年1月19日晚，在广州林和中路凯悦酒家，柯达全球副总裁、北亚区主席叶莺向出席柯达新年晚宴的广州媒体的中高层管理者们发表了动情的演讲。她说，所有能来出席晚宴的朋友都是对柯达的雪中送炭，因为柯达正处于公司成立以来最困难的转型时期，也正因如此，这次只能请大家吃"粗茶淡饭"。1997—1999年，笔者曾多次参加柯达的活动，知道这是一家出手大方的公司。按当年的标准，当天的晚宴称为"粗茶淡饭"也并不为过。

1995年，富士公司在快速发展的中国胶卷及冲扩市场上占据了60%以上的市场份额。建立了近2000家冲印连锁店。1996年，柯达大举进军中国，1998年完成了对除乐凯外的中国胶片业的全行业收购，数年间共投入12亿美元。自此，柯达一举击溃富士，最高峰时柯达在中国建立了上万家冲印连锁店，占据了70%的市场份额。

在笔者的记忆中，那时的柯达可谓"高歌猛进，春风得意"。

但是，数码技术的广泛应用却让柯达的财富迅速变成了包袱。当消费者纷纷把手中的传统相机换成数码相机时，柯达巨大的胶卷相纸生产线也就失去了用途。

叶莺讲到了柯达从传统化学影像业务向数字化业务的痛苦转型，"有一次去位于纽约州罗切斯特市的公司总部，看到一名老工人趴在工厂的墙上哭泣，因为他自己、他的父亲和祖父都在这家工厂干了一辈子。但由于业务转型，这家工厂要被拆除了。"这名老工人后来拿了一块墙砖回家做纪念。这样做的人有很多，他们和其家人都为柯达工作了不止一生。

柯达成立于1880年，凭借在成像领域的技术优势和"你只要按下快门，剩下的交给柯达来做"的经营理念，柯达发展成影像业的"黄色巨人"，一度占据了全球市场的2/3份额。1989年，柯达高居财富500强排行榜第18位。但是，传统越是辉煌，对传统的依赖就会越严重，摆脱传统的难度就越大。柯达高层显然对20世纪90年代开始的数字技术的革命性影响估计不足，直到2002年底，柯达高层才意识到传统胶卷的辉煌时代已经一去不返了。对技术革命反应迟钝招致了灾难性后果，2005年，柯达在500强中的排名已下降到第483位，销售额只比最后一名高出6亿美元。当年9月，传出了惠普有意收购柯达的消息，柯达这个百年老店、影像业的代名词、500强的常青树已经到了岌岌可危的境地。

正所谓"福兮祸所伏、祸兮福所倚"。在柯达的凌厉攻势下，富士的传统影像市场大量丢失，但这却加速了富士的数字化转型。到2002年，富士产品的数字化率已达60%，而柯达只有25%。1998年，富士的销售额只有100亿美元出头，在财富500强排名中占第400位左右。到2005年，富士的销售额却增长到236亿美元，排名也上升到第258位。

俗话说，"三十年河东，三十年河西"，但在数码时代，富士仅仅用了七八年时间就实现了黄绿大战的逆转。

叶莺说："和那个老工人一样，柯达的CEO也是一辈子只有一个妻子、一个公司、一份事业，他对传统业务的感情太深，他知道公司要转型，但他下不了手。"

叶莺指的是2000年接任CEO职位的邓凯达。2005年，邓凯达57岁，在柯达工作了35年。邓凯达的不同凡响在于，他知道谁能完成自己无法完成的任务。一年前，他苦心孤诣地从惠普挖来了彭安东，并竭力将其扶上自己的位子。"他比我强，因为他整个职业生涯都与数码业务联系在一起。他因此很可能成为柯达历史上最好的 CEO。"

2005 年 5 月，彭安东接任 CEO，12 月，又接任董事长职位。

到 2006 年三季度，柯达已连续亏损 8 个季度，但该季度"数码业务利润的增长速度第一次超过了传统业务利润的下降速度"。

彭安东能带领柯达成功转型吗？叶莺说："我不能说我们一定能成功，但我们不这样做的话，就一定不能成功。"

根据截至 2008 年 5 月从柯达的业绩来看，彭安东关于 2005—2007 年三年转型的规划基本如愿，正如其总结："初步表明，柯达已处在成长的轨道上。"

我们衷心期待着已近 130 岁的柯达能获得这场重病的康复，期待着如其所愿，实现由摄影产品公司向高科技数字成像技术提供商的成功转型。

思考：

1. 柯达如何根据市场需求状况和竞争状况进行管理创新？

2. 根据现在的时代特点讨论柯达的转型是否彻底。

参考文献

1. 财政部会计资格评价中心编. 财务管理[M]. 北京：中国财政经济出版社，2016.
2. 陈惠湘. 中国企业批判[M]. 北京：北京大学出版社，1998.
3. 陈伟. 创新管理[M]. 北京：科学出版社，1996.
4. 程国平. 生产与运作管理[M]. 2版. 武汉：武汉理工大学出版社，2016.
5. 戴颖达. 质量管理实务[M]. 2版. 北京：科学出版社，2013.
6. 单凤儒. 管理学基础[M]. 5版. 北京：高等教育出版社，2014.
7. 单凤儒. 管理学基础[M]. 北京：高等教育出版社，2003.
8. ［法］H. 法约尔. 工业管理与一般管理[M]. 周安华，等译. 北京：中国社会科学出版社，1982.
9. 菲利普·科特勒，加里·阿姆斯特朗. 市场营销——原理与实践[M]. 16版. 楼尊，译. 北京：中国人民大学出版社，2015.
10. 冯仑. 冯仑商业三部曲：岁月凶猛[M]. 北京：中信出版社，2017.
11. 关善勇. 企业管理实务[M]. 北京：北京大学出版社，2012.
12. 郭克沙. 人力资源[M]. 北京：商务印书馆，2003.
13. 郭咸纲. 西方管理学说史[M]. 北京：中国经济出版社，2003.
14. 黄津孚. 现代企业管理原理[M]. 4版. 北京：首都经济贸易大学出版社，2002.
15. 季辉. 现代企业管理[M]. 成都：西南师范大学出版社，1995.
16. 荆新，王化成，刘俊彦. 财务管理学[M]. 7版. 北京：中国人民大学出版社，2015.
17. 李关党. 管理就是带团队 2：带团队就是带人心[M]. 北京：人民邮电出版社，2017.
18. 李自如，关健. 现代企业管理学[M]. 长沙：中南大学出版社，2010.
19. 李祖滨，汤鹏. 聚焦于人：人力资源领先战略[M]. 北京：电子工业出版社，2017.
20. 罗锐韧. 哈佛管理全集[M]. 北京：企业管理出版社，1999.
21. 马钧. 中外最新管理模式全集[M]. 武汉：武汉大学出版社，2007.
22. 马忠. 公司财务管理案例分析[M]. 北京：机械工业出版社，2015.
23. ［美］D. 肯尼迪. 美国企业文化[M]. 黎红雷等，译. 广州：广东高等教育出版社，1989.

24.[美]F. W. 泰勒. 科学管理原理[M]. 曹丽顺，译. 北京：中国社会科学出版社，1984.

25.[美]H. A. 西蒙. 管理决策新科学[M]. 李柱流，等，译. 北京：中国社会科学出版社，1982.

26.[美]H. 孔茨，等. 管理学[M]. 郝国华，译. 北京：经济科学出版社，1993.

27.[美]I. 爱迪生. 企业生命周期[M]. 赵睿，译. 北京：中国社会科学出版社，1997.

28.[美]J. F. 穆尔. 竞争的衰亡——商业生态系统时代的领导与战略[M]. 梁骏，等，译. 北京：北京出版社，1999.

29.[美]J. 科特. 变革的力量：领导与管理的差异[M]. 方云军，等，译. 北京：华夏出版社，1997.

30.[美]J. 科特. 总经理[M]. 李晓涛，等，译. 北京：华夏出版社，1997.

31.[美]J. 熊彼特. 经济发展理论[M]. 何畏，等，译. 北京：商务印书馆，1990.

32.[美]K. 普瑞斯，等. 以合作竞争[M]. 武康平，等，译. 沈阳：辽宁教育出版社，1998.

33.[美]L. 米勒. 美国企业精神[M]. 尉腾蛟，译. 北京：中国友谊出版公司，1985.

34.[美]M. 波特. 竞争优势[M]. 陈小悦，等，译. 北京：华夏出版社，1997.

35.[美]P. 德鲁克. 管理：任务、责任、实践[M]. 孙耀君，等，译. 北京：中国社会科学出版社，1987.

36.[美]P. 德鲁克. 有效的管理者[M]. 北京：求实出版社，1985.

37.[美]R. 卡兹，等. 哈佛管理论文集[M]. 孟光裕，译. 北京：中国社会科学出版社，1987.

38.[美]S. P. 罗宾斯，等. 管理学[M]. 北京：清华大学出版社，2001.

39.[美]安妮·玛丽·弗朗西斯科，巴里·艾伦·戈尔德. 国际组织行为学[M]. 北京：中国人民大学出版社，2003.

40.[美]彼得·圣吉. 第五项修炼——学习型组织的艺术与实务[M]. 上海：上海三联书店，2000.

41.[美]杜拉克. 杜拉克管理应用词典[M]. 北京：九州出版社，2002.

42.[美]哈罗德·孔茨，海因茨·韦里克. 管理学[M]. 9版. 北京：经济科学出版社，1993.

43.[美]加里·德斯勒. 人力资源管理[M]. 6版. 北京：中国人民大学出版社，1999.

44.[美]迈克尔·波特. 竞争战略[M]. 北京：华夏出版社，1997.

45.[美]斯蒂芬·P. 罗宾斯. 管理学[M]. 7版. 北京：中国人民大学出版社，2003.

46.［美］斯蒂芬・P. 罗宾斯. 组织行为学［M］. 7 版. 北京：中国人民大学出版社，2002.

47.［美］斯蒂芬・P. 罗宾斯. 组织行为学［M］. 7 版. 北京：中国人民大学出版社，2002.

48. 钱学森，等. 论系统工程［M］. 长沙：湖南科技出版社，1982.

49. 秦志敏，牛彦秀. 财务管理习题与案例［M］. 3 版. 大连：东北财经大学出版社，2013.

50. 阮喜珍. 生产与运作管理实务［M］. 3 版. 大连：东北财经大学出版社，2011.

51. 斯蒂芬 A. 罗斯，伦道夫 W. 威斯特菲尔德，杰弗利 F. 杰富. 公司理财［M］. 吴民农，译. 9 版. 北京：机械工业出版社，2012.

52. 孙茂竹，范歆. 财务管理学［M］. 北京：中国人民大学出版社，2012.

53. 孙平. 管理组织论［M］. 成都：四川人民出版社，1996.

54. 孙耀君. 西方管理学名著提要［M］. 南昌：江西人民出版社，1995.

55. 涂平，等. 北大工商管理论丛［M］. 北京：北京大学出版社，2002.

56. 王棣华. 财务管理案例精析［M］. 2 版. 北京：中国市场出版社，2014.

57. 王吉鹏. 企业文化建设：从文化建设到文化管理［M］. 北京：中国人民大学出版社，2017.

58. 王霞，周永胜，张显锋，张震. 现代质量管理［M］. 长沙：湖南师范大学出版社，2017.

59. 王效昭，赵良庆. 现代企业管理学［M］. 合肥：安徽人民出版社，2008.

60. 吴勇. 市场营销［M］. 4 版. 北京：高等教育出版社，2014.

61. 席酉民. 管理之道：仙人掌集［M］. 北京：机械工业出版社，2000.

62. 肖祥伟. 企业管理理论与实务［M］. 广州：中山大学出版社，2007.

63. 谢建华. 企业经营管理结合 ISO 9001：2015 应用实务［M］. 北京：中国经济出版社，2017.

64. 徐二明. 企业战略管理［M］. 北京：中国经济出版社，1998.

65. 徐培江. 财务管理［M］. 武汉：武汉理工大学出版社，2012.

66. 杨国胜. 财务管理［M］. 厦门：厦门大学出版社，2013.

67. 姚小凤. 质量管理职位工作手册［M］. 3 版. 北京：人民邮电出版社，2015.

68.［英］P. 乔恩特，等. 跨文化管理［M］. 卢长红，等，译. 大连：东北财经大学出版社，1999.

69. 尤金・布里格姆，乔尔・休斯敦. 财务管理［M］. 佟岩，译. 12 版. 北京：中国人民大学出版社，2014.

70. 俞文钊. 管理的革命［M］. 上海：上海教育出版社，2003.

71. 曾国藩. 曾国藩家训［M］. 向志柱，等，注释. 长沙：岳麓书社，1998.

72. 张继辰. 华为员工培训读本系列：华为的时间管理［M］. 北京：海天出版

社，2017.

　　73. 张建华，杨频. 企业管理原理与实务[M]. 苏州：苏州大学出版社，2007.

　　74. 张苏宁. 老 HR 教你轻松做招聘（实操案例版）[M]. 北京：中国铁道出版社，2017.

　　75. 张一弛. 人力资源管理教程[M]. 北京：北京大学出版社，1999.

　　76. 郑晓明. 现代人力资源管理导论[M]. 北京：机械工业出版社，2002.

　　77. 周三多，等. 管理学——原理与方法[M]. 4 版. 上海：复旦大学出版社，2003.

　　78. 朱榕基. 管理现代化[M]. 北京：企业管理出版社，1985.

　　79. 宗蕴章. 质量管理[M]. 4 版. 北京：高等教育出版社，2003.

　　80. 邹非. 生产与运作管理实训[M]. 杭州：浙江大学出版社，2011.

官方微信公众号

官方微博

地址：北京市海淀区信息路甲 28 号科实大厦 C 座 12B
电话：010–62979006\ 8030　传真：010–62978190
网址：www.jswsbook.com　　邮箱：jswsbook@163.com

教师样书申请表

　　请您在我社网站上所列的高校教材中选择样书（每位教师每学期限选 1–2 种），以清晰的字迹真实、完整填写下列栏目，并由所在院（系）的主要负责人签字或盖章。符合上述要求的表格将作为我社向您提供免费教材样书的依据。本表复制有效，可传真或函寄，亦可发 E–mail。

姓名：＿＿＿＿＿＿　性别：＿＿＿＿＿　年龄：＿＿＿＿＿　职务：＿＿＿＿＿　职称：＿＿＿＿＿

院校名称：＿＿＿＿＿＿＿大学（学院）＿＿＿＿＿＿学院（系）＿＿＿＿＿＿教研室

通信地址：＿＿＿＿＿＿＿＿＿＿＿＿＿＿＿＿＿＿＿＿＿＿＿＿＿＿＿＿＿＿＿＿

邮编：＿＿＿＿＿＿＿　座机：＿＿＿＿＿＿＿＿　手机：＿＿＿＿＿＿＿＿

E–mail：＿＿＿＿＿＿　微信：＿＿＿＿＿＿＿＿　QQ：＿＿＿＿＿＿＿＿

教授课程	学生层次	学生人数 / 年	用书时间
＿＿＿＿＿＿	□研究生　□本科　□高职	＿＿＿＿＿＿	□春季　□秋季
现使用教材	版本	换教材意向	
		出版社　□有 □无	

换教材原因

课程＿＿＿＿＿＿＿＿＿＿＿＿＿＿＿＿＿＿＿＿＿＿＿＿＿＿＿＿＿＿＿

原因＿＿＿＿＿＿＿＿＿＿＿＿＿＿＿＿＿＿＿＿＿＿＿＿＿＿＿＿＿＿＿

曾编教材情况

书名	出版社	主编 / 副主编 / 参编	出版时间

您是否愿意参加我们的教材编写计划：　　□愿意　　　　□目前无意向

希望编写教材名称：＿＿＿＿＿＿＿＿＿＿＿＿＿＿＿＿＿＿＿＿＿＿＿＿＿

所需样书

书名	书号（ISBN）	作者	定价